Crimimal Law

武汉大学刑法学博士文库

侵犯商业秘密罪研究

周铭川/著

WUHAN UNIVERSITY PRESS

武汉大学出版社

《武汉大学刑法学博士文库》总序

　　《武汉大学刑法学博士文库》以出版武汉大学刑法学博士研究生的学位论文，促进刑法学的研究，扶植刑法学新生力量为宗旨。

　　刑法是国家的基本法律之一，刑法学是研究刑法所规定的犯罪、刑事责任和刑罚的法律科学。它既有深邃的理论，又与司法实践具有极为密切的关系。所以刑法学的研究，一直为法学工作者所重视。1979 年《中华人民共和国刑法》公布后，发表和出版了大量的刑法学论文和著作。80 年代中期以后，几所法学院系招收了刑法学博士研究生，给刑法学的研究注入了新鲜血液。一些博士生年轻有为，思想敏锐，功底扎实，研究深入，所撰博士论文，对刑法理论的研究具有相当深度。一本一本的博士论文出版成书，使刑法学的研究生机勃勃，呈现更加繁荣的景象。

　　武汉大学刑法学博士生是从 1987 年开始招生的。这些博士生都很注意学位论文的撰写，他们的论文大多具有真知灼见，理论水平较高。一部分论文出版之后，在社会上得到颇好的评价。但由于学术著作出版较难，致使有些论文未能付梓；研究成果无法与读者见面，实在令人婉惜。有鉴于此，遂筹措刑法学基金，用于资助优秀刑法学博士论文的出版。同时考虑到过去我们的几位博士生虽然出版了几本博士论文，但由于各自为战，分散在不同的出版社出版成书，未能集结一起，形成一股学术力量，因而与武汉大学出版社洽商，设立《武汉大学刑法学博士文库》，出版社慨然允诺，给予支持。这样每年出版两三本刑法学博士论文，积土成山，集腋成裘，经过若干年，便可形成一套洋洋可观的丛书，为刑法学界增添较有分量的学术成果。

　　《武汉大学刑法学博士文库》，由武汉大学法学院法律系刑法学教授组成编委会，负责编辑出版事宜，以每年答辩的刑法学博士论文为选题范围，审慎选择其中优秀的博士论文逐年编辑出版。希望我们的刑法学博士生，在攻读博士学位期间，认真学习，刻苦钻研，锐意进取，勇于探索，写出高质量的博士论文，使这套文库不断有优秀著作问世。

　　最后需要说明：《武汉大学刑法学博士文库》是由刑法学基金资助，在武汉大学出版社大力支持下出版的。刑法学基金是关心我校刑法学发展的校友、校外有识之士与刑法教研室的老师捐款成立的。没有这些同志的资助和出版社的支持，就没有这套文库的出版。对于他们的贡献，我们会铭记于心，永志不忘。这里谨向为建立刑法学基金出资出力的同志们和武汉大学出版社表示由衷的感谢！

马克昌
1997 年春于珞珈山

目　　录

引　言 ……………………………………………………………………… 1

第一章　侵犯商业秘密罪概述 ………………………………………… 1

　第一节　中外侵犯商业秘密犯罪的立法概况 ……………………… 2

　　一、各国和地区侵犯商业秘密犯罪的立法概况 ……………… 2

　　二、我国侵犯商业秘密罪的立法概况 ………………………… 14

　　三、各国和地区侵犯商业秘密犯罪刑事立法比较 …………… 16

　第二节　侵犯商业秘密罪的概念 …………………………………… 21

　　一、侵犯商业秘密罪概念的有关争议 ………………………… 21

　　二、侵犯商业秘密罪的概念界定 ……………………………… 25

　第三节　商业秘密刑事保护的基本原则 …………………………… 32

　　一、预防犯罪与打击犯罪并重原则 …………………………… 32

　　二、维护商业道德原则 ………………………………………… 36

　　三、鼓励发明创造原则 ………………………………………… 39

　　四、平衡权利人利益与社会利益原则 ………………………… 40

第二章　侵犯商业秘密罪的客体和对象 …………………………… 42

　第一节　侵犯商业秘密罪的客体 …………………………………… 42

　　一、侵犯商业秘密罪客体的争议 ……………………………… 42

　　二、侵犯商业秘密罪的客体探讨 ……………………………… 47

　第二节　侵犯商业秘密罪客体的属性 ……………………………… 54

　　一、商业秘密权的概念和特征 ………………………………… 54

　　二、商业秘密权的性质 ………………………………………… 58

　　三、商业秘密权的主体 ·························· 64

　　四、商业秘密权的内容 ·························· 66

　　五、商业秘密权的限制 ·························· 67

　第三节　侵犯商业秘密罪的对象 ················· 69

　　一、商业秘密的概念 ························· 70

　　二、商业秘密的特征 ························· 84

第三章　侵犯商业秘密罪的客观方面 ··············· 106

　第一节　侵犯商业秘密罪的行为方式 ············· 106

　　一、以不正当手段获取商业秘密 ················· 109

　　二、非法披露、使用和允许他人使用权利人的商业秘密 ··· 119

　　三、"以侵犯商业秘密论"的行为 ·············· 131

　第二节　侵犯商业秘密罪的犯罪结果 ············· 137

　　一、"重大损失"的含义和范围 ·············· 137

　　二、认定损失大小应考虑的因素 ················· 145

　　三、不同侵犯商业秘密行为造成的损失的认定 ······· 150

　　四、侵犯商业秘密罪的加重结果 ················· 157

第四章　侵犯商业秘密罪的主体和主观方面 ·········· 158

　第一节　侵犯商业秘密罪的主体 ················· 158

　　一、侵犯商业秘密罪主体的有关争议 ·············· 158

　　二、侵犯商业秘密罪的主体辨析 ················· 160

　　三、侵犯商业秘密罪主体的特点 ················· 166

　　四、侵犯商业秘密罪的单位犯罪主体 ·············· 168

　第二节　侵犯商业秘密罪的主观方面 ············· 170

　　一、侵犯商业秘密罪主观方面的争议 ·············· 171

　　二、侵犯商业秘密罪的主观方面辨析 ·············· 173

　　三、侵犯商业秘密罪的认识错误问题 ·············· 184

第五章　侵犯商业秘密罪的犯罪形态 ··············· 188

第一节　侵犯商业秘密罪的停止形态问题·················· 188

一、侵犯商业秘密罪有无未遂形态··················· 188

二、侵犯商业秘密的未遂行为并非一概不可罚 ·········· 192

三、侵犯商业秘密的预备、中止行为不可罚 ············ 197

四、侵犯商业秘密罪停止形态中的其他问题 ············ 198

第二节　侵犯商业秘密罪的共犯形态····················· 199

一、侵犯商业秘密罪的共同正犯问题 ················· 199

二、侵犯商业秘密罪的教唆犯问题··················· 203

三、侵犯商业秘密罪的帮助犯问题··················· 206

四、侵犯商业秘密罪共犯竞合问题··················· 207

第六章　侵犯商业秘密罪与相关犯罪的界限··············· 209

第一节　侵犯商业秘密罪与财产犯罪的界限·············· 209

一、侵犯商业秘密罪与盗窃罪的区别 ················· 209

二、侵犯商业秘密罪与其他财产犯罪的区别 ··········· 223

三、侵犯商业秘密罪与赃物罪的区别 ················· 224

第二节　侵犯商业秘密罪与侵犯国家秘密犯罪的界限········ 226

一、国家秘密与商业秘密的关系 ···················· 227

二、侵犯商业秘密罪与侵犯国家秘密犯罪的罪数形态······ 230

三、侵犯商业秘密罪与侵犯国家秘密犯罪的具体比较 ······ 236

主要参考文献 ·· 239

后记·· 255

引　言

　　从某种意义上说，市场经济就是竞争经济，在当前我国建设社会主义市场经济的过程中，市场主体之间的经济竞争尤其激烈。作为一种能为权利人带来经济利益和竞争优势的重要财富，商业秘密在市场竞争中的地位日益重要，所起的作用也越来越大。与此同时，各种践踏商业道德准则、违背诚实信用原则、不择手段获取他人商业秘密或者以其他方式侵犯他人商业秘密权的行为也越演越烈，极大地破坏了公平诚信的市场竞争秩序，损害了市场主体之间的信任关系，助长了不劳而获的投机思想。为此，有必要加强对商业秘密的法律保护。相对于其他法的部门来讲，我国商业秘密保护的立法、司法实践及理论研究尚处于起步阶段，在商业秘密保护的基本原理、商业秘密的概念和构成要件、商业秘密的实体法和程序法保护等诸多基本问题上，仍然存在不少争议。

　　刑法作为我国法律体系中最重要的部门法之一，理应在商业秘密的法律保护中有所作为，以充分发挥其为社会主义市场经济建设保驾护航的作用。尽管在 1997 年刑法修正之前，就有学者对以盗窃等形式侵犯他人商业秘密的行为的定性问题有过精辟分析，1997年刑法增设侵犯商业秘密罪后，更是有越来越多的学者对本罪进行了研究，其中亦不乏真知灼见者，但就总体而言，刑法学界对本罪的研究现状仍不尽如意，主要体现在以下几个方面：一是对作为本罪犯罪对象的商业秘密的概念和构成要件的认识差异较大；二是对本罪的主观特征争议较大，从两种故意、两种过失到混合罪过，均有学者主张；三是对本罪的客观构成特征的认识也不尽一致，尤其是对重大损失的认定，争议较大而难以形成多数意见；四是对本罪的停止形态、共犯形态、罪数形态等的研究较为薄弱；五是对从理论与实践相结合的角度去研究问题的重要性认识不够，在形成观点时没有充分考虑司法实践中的做法，难以给司法实践提供有效指导。这在一定程度上影响了对侵犯商业秘密犯罪的惩治力度。

本书坚持刑法理论与知识产权法理论并重，既立足于当今中国的社会现实，又注重比较研究其他国家和地区的重要立法、理论和实践；既从学术之争的视野介绍、评论有关理论学说，借鉴该论题的最新研究成果，又注重观点的创新或者更有说服力的论证；既阐述有关法学理论的重点与难点，又紧密联系实际，预测和解决司法实践中已经遇到或可能遇到的疑难复杂问题。希望能对理论研究和司法实践有所裨益。

第一章　侵犯商业秘密罪概述

作为一种能够为权利人带来经济利益和竞争优势的无形财产，商业秘密并非现代社会的产物，而是产生于奴隶社会，是随着生产资料私有制和商品交换的产生和发展而产生发展的。虽然对商业秘密进行保护的历史至少可以追溯到罗马法时期，尽管现代意义的商业秘密法律保护制度起源于 19 世纪末期英美国家的判例法，但商业秘密法律保护制度的真正发展和完善却是进入 20 世纪以后的事情。从世界各国商业秘密保护的发展进程来看，商业秘密的法律保护呈现出如下特点：一是保护范围逐步扩大，从起初的技术秘密逐渐扩大到经营秘密、管理信息等一系列具有商业价值的秘密信息；二是呈现出从判例法向成文法发展的轨迹；三是经历了一个从英美法系国家向大陆法系国家渗透并最终向全世界辐射的进程。① 而从商业秘密的部门法保护来看，先是刑法旗帜鲜明地迈出了商业秘密保护的第一步，然后才是对盗窃、使用、披露他人商业秘密等行为追究民事责任的进一步发展。② 早在 18 世纪，由于工业革命的爆发，引起了世界范围内的国际经济竞争，英国就用刑事责任禁止将技术秘密输往他国，特别禁止引诱英国工匠到国外就业，对引诱者和被引诱者均可处以拘禁和罚金刑，迈出了商业秘密刑事保护的第一步。而随着科学技术的发展和国际经济竞争的加剧，随着商业秘

---

① 参见张耕等著：《商业秘密法》，厦门大学出版社 2006 年版，第 71-76 页。

② 参见赵秉志、田宏杰著：《侵犯知识产权犯罪比较研究》，法律出版社 2004 年版，第 309 页。

密的财产价值日益引起人们的关注和重视，各国纷纷试图建立一个适当而普遍的保护商业秘密的法律体制，时至今日，世界上大多数国家已经建立、健全了商业秘密法律保护制度，并呈现出将商业秘密纳入刑法保护且形成独立的经济犯罪类型的发展趋势。① 至于商业秘密刑法保护的法律渊源，在英美法系国家，主要是刑事判例法以及成文法中的刑事条款；在大陆法系国家，主要是刑法典或反不正当竞争法等经济法律中的有关规定。

第一节　中外侵犯商业秘密犯罪的立法概况

我国和其他主要国家和地区的侵犯商业秘密犯罪在罪名、犯罪构成要件和立法特点等方面均有所差异，相比较而言，我国关于侵犯商业秘密罪的立法是比较完善的，主要体现在立法内容和立法技巧等方面。

一、各国和地区侵犯商业秘密犯罪的立法概况②

迄今为止，美国是世界上对商业秘密保护理论研究最为深入、立法规定最为完备的国家，其对商业秘密的法律保护，既体现在众多的商业秘密判例中，同时也形成了一系列示范性规定。而就商业秘密的刑事保护而言，德国被认为是世界上最完备的国家，其不仅对侵犯商业秘密犯罪的各种主体、各种情形作了规定，而且对侵犯商业秘密犯罪的未遂、预备等形态作了规定。

（一）德国

德国有关商业秘密的刑事立法，主要体现在《反不正当竞争法》和刑法中。《反不正当竞争法》（下文简称《竞争法》）第 17

---

① 参见倪才龙主编：《商业秘密保护法》，上海大学出版社 2005 年版，第 209-210 页。

② 由于我国台湾和澳门特别行政区的侵犯商业秘密犯罪立法等方面有其自身特点，因此本书将之归入到其他国家和地区中进行研究。

条规定了侵犯商业秘密的三种基本情形，即非法披露因雇佣关系获知的商业秘密罪、非法获取或保存商业秘密罪、非法披露或利用以不正当手段获取的商业秘密罪；第18条规定了擅自利用或披露商业秘密样品资料罪；第19条规定了实施前两条行为的损害赔偿责任；第20条规定了引诱他人侵犯商业秘密罪等罪名。《刑法》则在第十五章"侵害人身和隐私的犯罪"第201条至第206条中规定了侵害言论秘密罪、侵害通信秘密罪、非法探知数据罪、非法泄露因职务或业务获知的秘密罪、非法利用因职务或业务获知的秘密罪、侵害邮政或电信秘密罪等罪名，其中的秘密均可包括商业秘密，但最主要的罪名还是第203条规定的非法泄露因职务或业务获知的秘密罪和第204条规定的非法利用因职务或业务获知的秘密罪。

1. 非法披露因雇佣关系获知的商业秘密罪。《竞争法》第17条第1款规定，企业的职员、工人或学徒，在雇佣关系存续期间，为竞争目的、图个人私利、为第三人谋利，或者为损害企业所有人的利益，擅自披露其因雇佣关系而获知的商业上或经营上的秘密的，处3年以下自由刑或者罚金。这里的企业包括从事市场交易的所有企业形态。职员、工人和学徒应作扩大解释，泛指企业内的任何职工，无论其工作性质、职位高低、聘期长短或报酬多少，既包括普通职工，也包括股份公司的董事会成员、监事会成员以及有限责任公司的经理，因为他们都是根据与公司订立的雇佣合同或聘用合同从事劳动的；但不包括无限公司、两合公司或股份公司的股东，也不包括企业的业主，因为他们不属于企业职工。主观方面必须具有擅自披露企业商业秘密的故意，并且具有与企业竞争、为第三人谋利、损害企业利益以及追求其他个人利益的动机或目的。侵犯的客体是商业秘密权。客观方面表现为将因雇佣关系而获知的商业秘密擅自向第三人披露，披露的方式不限，只要能使第三人知悉商业秘密的内容即可，第三人可以是商业秘密所有人以外的任何人，甚至包括同一企业中的代理人或者同事。犯罪时间限于在雇佣关系存续期间，否则不构成该款规定的犯罪。是否存在雇佣关系应从法律角度判断，一般应以雇佣合同的存续为准。所披露的商业秘密必须是因雇佣关系获知的，如果不存在雇佣关系，或者虽存在雇佣关系但其商业秘密的获知并非由于雇佣关系，而是采用其他手段，比如擅自复制、盗窃等手段获知的，也不适用本款。

2. 非法获取或保存商业秘密罪。《竞争法》第 17 条第 2 款规定，为竞争目的、图个人私利、为第三人谋利或者为损害企业所有人的利益，通过使用技术手段、制作商业秘密载体的副本或者盗取载有商业秘密的物品等方式，擅自获取或保存他人商业秘密的，处 3 年以下自由刑或罚金。该款是 1986 年《竞争法》修订时新增的。主体是一般主体，包括企业内部职工和企业以外的人。客观方面表现为擅自以录音、录像、摄影、窃听等技术手段，或以复印、复制等方式制作商业秘密载体的副本，或者直接连同商业秘密的载体一并窃走等手段，获取或保存他人商业秘密。所谓"保存"，是指行为人已经知道商业秘密的内容，但仍通过制作副本等方式保留或进一步了解商业秘密的内容。所谓"擅自"，是指违反商业秘密所有人明示或可推知的意思，采取上述不正当手段获取或保存商业秘密；以诈骗、计谋等不正当方式，骗取商业秘密所有人的许可或同意而获取商业秘密的，也构成擅自获取行为。

3. 非法披露或利用以不正当手段获取的商业秘密罪。《竞争法》第 17 条第 2 款规定，为竞争目的、图个人私利、为第三人谋利或者为损害企业所有人的利益，擅自披露或利用以不正当手段获取的商业秘密的，处 3 年以下自由刑或罚金。主体是一般主体，包括企业内部职工和企业以外的人。客观方面表现为非法披露或利用以不正当手段获取的商业秘密。所谓"不正当手段"，既包括从擅自披露因雇佣关系而获知商业秘密者处获取和自己采用录音录像等技术手段、以复印复制等方式制作副本或连同载体一并盗窃等方式获取或保存，也包括从其他非法获取或保存商业秘密者处获取。总之，凡是一切不正当地将他人商业秘密据为己有的手段，都是不正当手段。"披露"是指将商业秘密告知他人，"利用"包括自己使用、出售或免费赠送给他人等，其含义与我国侵犯商业秘密罪中的"使用"的含义有所不同。

上述三种情形，根据《竞争法》第 17 条第 3 款、第 4 款的规定，行为未遂的也应定罪处罚；情节特别严重的，则处 5 年以下自由刑或罚金。所谓"情节特别严重"，包括行为人在披露时明知该秘密将在国外利用，或者自己准备在国外利用等情形。根据"反法"第 22 条的规定，上述侵犯商业秘密的行为，告诉的才处理，但出于维护特殊公共利益的需要者除外。

4. 擅自利用或披露因商业交易关系获取的商业秘密样品资料罪。"反法"第 18 条规定，为竞争目的或图个人私利，擅自利用或披露因商业交易关系而取得的图纸、模型、模版、剪裁样式、配方、截面图等技术样品或技术资料的，处 2 年以下自由刑或罚金。此条为 1909 年《竞争法》修订时新增。主体为一般主体，但一般为样品或资料所有人以外的人，不包括所有人企业内部职工；主观方面具有擅自利用或披露的故意，并且具有竞争或图个人利益等动机或目的；客体为商业秘密权；客观方面表现为将自己因商业交易关系受托而取得的样品或技术资料自己利用或向他人披露。所谓"样品"是指制造新产品所使用的样品，比如女子套装的式样、计算机工作台的设计图等；"技术资料"是指对某一技术过程所作的口头或书面说明；"受托"指因商业交易关系而占有他人交付的技术样品或资料。

5. 引诱他人侵犯商业秘密罪等罪。《竞争法》第 20 条规定："为竞争目的或图个人私利，企图引诱他人实施第 17 条或第 18 条规定的犯罪行为，或者对他人自愿实施的意思表示予以接受者，处 2 年以下自由刑或者罚金。为竞争目的或图个人私利，表示自愿实施第 17 条或第 18 条规定的犯罪行为，或者对他人的实施要求表示接受者，处以同样刑罚。"可见，该条共规定了四种行为：一是企图引诱他人侵犯商业秘密；二是对他人愿意侵犯商业秘密的意思表示加以赞同；三是主动向他人表示自己愿意侵犯商业秘密；四是应他人要求向他人表示自己愿意侵犯商业秘密。可见，该条所欲处罚的，实际上只是一些勾结同伙的犯罪预备行为，比如教唆和接受教唆，引诱和接受引诱，要求他人表示和向他人表示愿意实施侵犯商业秘密犯罪等。

综上可见，德国《竞争法》对侵犯商业秘密犯罪的规定是极为繁琐而严厉的，比如第 17 条，既然不同犯罪主体、不同犯罪动机、不同行为方式的法定刑幅度完全一样，区分不同犯罪主体、不同犯罪动机实无必要，反而徒增理论上的繁琐与实践中的麻烦；又如第 20 条，无非是想处罚一些勾结同伙的犯罪预备行为，却规定了四种行为，实无必要，且处罚预备行为也过于严厉，理论上有矫枉过正之嫌，实践中也难有实益。① 刑法中的规定同样极为繁琐，可参见德国刑法典第十五章第 201 条至第 206 条的规定。

（二）美国

在美国，保护商业秘密的著名法律有 1939 年《侵权法重述》、1985 年《统一商业秘密法》、1995 年《反不正当竞争法重述》以及 1996 年《反经济间谍法》等，其中，《反经济间谍法》是专门适用于商业秘密刑事保护的法律。在此之前，商业秘密的刑事保护主要委之于各州刑法和判例法。《反经济间谍法》出台后，虽然各州仍可适用本州法律处理商业秘密刑事案件，但大多数案件均可适用反经济间谍法的规定。该法主要规定了经济间谍罪和侵犯商业秘密罪两个罪名。其第 1831 条规定："1. 任何人意图或明知其行为将有益于外国政府、外国机构或外国代理人，仍故意实施下列行为的，处 50 万美元以下罚金或 15 年以下监禁，或两者并处：

（1）盗窃商业秘密，或者未经许可侵占、取得、带出、藏匿商业秘密，或者以伪造、阴谋、欺骗手段，获取商业秘密的；

（2）未经许可抄写、临摹、复制、草绘、绘制、拍摄、下载、上传、改变、破坏、影印、传送、递送、托送、邮寄，或以通信或口头方式传递商业秘密的；

（3）知道商业秘密是未经许可盗窃、侵占、获取或传递的结果，仍然接受、购买或占有该商业秘密的；

---

① 参见邵建东著：《德国反不正当竞争法研究》，中国人民大学出版社 2001 年版，第 304-318 页。

（4）上述（1）、（3）项行为的预备行为；

（5）上述（1）、（3）项行为的共谋行为，或为达到共谋之目的而实施的任何行为。

2. 任何组织实施上述行为的，处 1000 万美元以下罚金。"

该法第 1832 条规定，任何人意图或明知其行为将有损于其产品是为州际或国际贸易生产的或产品处于州际或国际贸易中的商业秘密的所有人，仍为所有人以外的人的经济利益，以传递有关该产品或包含于该产品中的商业秘密为目的，故意实施与第 1831 条规定的行为相同的行为的，处罚金或 10 年以下监禁；任何组织犯前款罪的，处 500 万美元以下罚金。

以上两个罪名，除了犯罪目的有区别，一个是为了外国的利益，一个是为了犯罪人自己或第三人的利益之外，犯罪行为方式完全相同，但惩罚力度却不一样，表明了美国政府保护本国商业秘密，打击外来经济间谍行为的决心。该法分别从两个角度规定侵犯商业秘密的行为：一个是行为的方式，如盗窃、侵占、欺骗等，另一个是行为的表现形式，如抄写、复制、传送或传递等；不仅制裁直接获取商业秘密者，也制裁"被动"接受披露者；不仅惩罚实行行为，而且惩罚预备行为和共谋行为；不仅处罚自然人犯罪，也处罚组织犯罪；且量刑最高可达 15 年监禁和 1000 万美元罚金，可见是非常严厉的。

此外，美国联邦及各州还可适用以下罪名打击侵犯商业秘密的行为：一是《国家被盗财产法》中的非法运送被盗财产罪，对在州际或国际贸易中非法运送价值超过 5000 美元的商业秘密等财产的行为，可以判处 10 年以下监禁或 1 万美元以下罚金，或者两者并处；二是《联邦窃听法》中的非法窃听罪，对故意窃听、企图窃听或促使他人窃听或企图窃听权利人商业秘密内容的行为，可以判处 5 年以下监禁或 1 万美元以下罚金，或者两者并处；[①] 三是对

---

① 参见储槐植著：《美国刑法》（第 3 版），北京大学出版社 2005 年版，第 230-231 页。

盗窃或侵占等侵犯商业秘密有形载体所有权的行为，可以适用传统财产犯罪如盗窃罪、侵占罪、诈骗罪等罪名；四是各州刑法中的有关规定，如非法侵占、盗用商业秘密罪等。

（三）日本

日本有关商业秘密的刑事立法，主要体现在《反不正当竞争法》（以下简称"反法"）和刑法中。日本 1993 年修订的"反法"第 2 条第 1 款规定了四种侵犯商业秘密的情形：（1）以盗窃、欺诈、胁迫或其他不正当手段获取权利人的商业秘密，以及使用、披露以不正当手段获取的商业秘密；（2）出于不正当竞争、谋求其他不正当利益或者损害权利人利益的目的或动机，披露或使用合法知悉的商业秘密；（3）知道或因重大过失而不知道有关商业秘密已经存在不正当获取或披露行为，仍然获取、使用或披露该商业秘密；（4）取得商业秘密之后，知道或因重大过失而不知道该商业秘密存在不正当获取或披露行为，而使用或披露该商业秘密。实施上述四类情形的行为之一，即可处 3 年以下惩役或 300 万日元以下罚金。其中，第一种情形相当于我国《刑法》第 219 条第 1 款第 1、2 项规定的行为，即以不正当手段获取权利人商业秘密的行为，以及获取之后继续实施的披露或使用行为；第二种情形相当于我国《刑法》第 219 条第 1 款第 3 项规定的行为，即合法知悉权利人的商业秘密的人实施的披露或使用行为，只是多了关于犯罪动机或目的的规定；第三种情形相当于我国刑法第 219 条第 2 款规定的"以侵犯商业秘密论"的行为，其所谓不正当获取和披露，既包括第一种情形中的不正当获取和披露，也包括第二种情形中的披露，从逻辑上看，甚至包括第三种情形中的披露，即第三人获取权利人的商业秘密本来就是间接的，是从第二人手中获取而不是直接从权利人手中获取，而其他人再从第三人手中获取该商业秘密；第四种情形相当于我国理论上善意第三人转为恶意第三人的情形，即第三人获取商业秘密时是善意的，既无侵权故意也无重大过失，但在获取之后，因接到权利人关于侵权的通知或媒体广泛报道等原因，主观上转为故意或因重大过失而不知。所谓"重大过失"，是指违反注意义务程度严重的过失，即具有最低注意能力的一般人均可预见而行为人由于疏忽大意等原因没有预见，没有注意到自己的行为会侵犯他人的商业秘密权。这种注意义务只要求注意到自己的行为可能侵犯他人商业秘密权即可，不要求注意到受侵害的权利人是谁，也不要求知道之前的侵权者是谁。其与我国以及德国、美国等国家商业秘密刑事立法的重大区别在于，在主观罪过方面规定了故意和重大过失，而我国以及德国、美国等国家均只处罚故意行为，不处罚过失行为。

日本现行刑法中没有直接针对侵犯商业秘密行为的条款，且理论上一般认为作为无形财产的商业秘密不是有形的财物，不能适用传统财产犯罪的罪名，故司法实践中对仅侵犯商业秘密而不侵犯商业秘密有形载体的行为，不能以财产犯罪论处，仅对受所有人委托处理事务者实施的披露商业秘密行为可以背信罪论处，因为这种行为侵犯了所有人的全体财产；但如果还同时侵犯了有形载体的所有权，则可适用财产犯罪的罪名，如盗窃罪、诈骗罪、恐吓罪、强盗罪等。① 此外，日本现行刑法中的泄露秘密罪与贿赂犯罪等罪名，在一定范围内也可用来间接保护商业秘密；日本 1974 年的改正刑法草案也增设了泄露企业秘密罪，其第 318 条规定："企业的职员或从业人员，无正当理由向第三人泄露企业的生产方法或其他技术秘密的，处 3 年以下惩役或 50 万日元以下罚金；曾经处于这种地位的人，违反应当保守企业的生产方法或其他技术秘密的法律义务，向第三人泄露该秘密的，亦同。"

（四）其他国家和地区

英国虽然是商业秘密刑事保护的发源地，但由于其判例法传统以及不重视成文立法等原因，尚未有成文的刑事条款针对侵犯商业秘密的行为；又由于认为无形的商业秘密本身不是财物，甚至不认为是一种财产，而认为保护商业秘密必须以行为人与商业秘密持有

① 参见［日］神山敏雄：《侵害企业秘密的犯罪》，陆一心译，荣颂安校译，载《现代外国哲学社会科学文摘》1997 年第 4 期，第 21-22 页。

人之间存在信任关系为前提，因而对侵犯商业秘密的行为不能适用财产犯罪的罪名，故对仅侵犯商业秘密本身的行为，无法追究刑事责任，只有对侵犯商业秘密同时侵犯有形载体的行为，才能适用财产犯罪的罪名，故英国在商业秘密的刑事保护方面比较保守。① 对此，我国有学者认为："英国刑法几乎仅仅关注存储资料的物质，即诸如文件档案、计算机、磁盘、微芯片等有形财产，而不注重这些物质上储存的无形财产，即资料（信息）本身。因此，在英国对于以盗窃、诈骗手段获取他人商业秘密的物质载体的行为，可以按照侵犯财产罪论处，处以拘役、罚金或 5 年以下监禁。但是，利用复制、记忆、拍照等方法获取他人的商业秘密的行为尚不能构成犯罪。"②

我国台湾地区的商业秘密保护立法则较为完善，已形成了以 1996 年"营业秘密法"为主保护民事权益，以 1991 年"公平交易法"和"刑法"中的有关规定追究侵权者刑事责任的格局。根据"公平交易法"第 36 条的规定，对以胁迫、利诱或其他不正当方法，获取他人事业之产销机密、交易相对人数据或其他有关技术秘密之行为，经中央主管机关"命其停止、改正其行为或采取必要更正措施，而逾期未停止、改正其行为或未采取必要更正措施，或停止后再为相同或类似违反行为者"，可处 2 年以下有期徒刑、拘役或科或并科新台币 5000 万元以下罚金。第 38 条规定对法人犯罪的，实行双罚制。台湾地区"刑法"第 28 章"妨害秘密罪"第 315 条规定了妨害文书秘密罪、窥视窃听窃录罪、便利窥视窃听窃录罪，第 316 条规定了泄露业务秘密罪，第 317 条规定了泄露工商秘密罪，第 318 条规定了公务员泄露工商秘密罪、泄露电脑秘密罪，并规定利用电脑或相关设备犯第 316 条至 318 条之罪者，加重

---

① 参见赵秉志、田宏杰著：《侵犯知识产权犯罪比较研究》，法律出版社 2004 年版，第 309-311 页。

② 赵永红著：《知识产权犯罪研究》，中国法制出版社 2004 年版，第 329 页。

其刑至 1/2。其中，第 317 条规定："依法令或契约有守因业务知悉或持有工商秘密之义务，而无故泄露之者，处 1 年以下有期徒刑、拘役或 1000 元以下罚金。"第 318 条规定："公务员或曾任公务员之人，无故泄露因职务知悉或持有他人之工商秘密者，处 2 年以下有期徒刑、拘役或 2000 元以下罚金。""无故泄露因利用电脑或其他相关设备知悉或持有他人之秘密者，处 2 年以下有期徒刑、拘役或 5000 元以下罚金。"此外，台湾学者认为，尚可依窃盗罪、侵占罪等罪名追究侵犯营业秘密同时侵犯有形载体者的刑事责任，依背信罪追究侵犯营业秘密者的刑事责任，① 这与德、日及英国学者的看法是一致的。

《俄罗斯联邦刑法典》第 183 条侵犯商业秘密罪规定：1. 以泄露或不法使用为目的，以盗窃文件、收买、威胁或其他不法手段，收集商业或银行的秘密信息的，处最低劳动报酬 100 倍至 200 倍或行为人 1 个月至 2 个月工资或其他收入的罚金，或处 2 年以下剥夺自由刑。2. 为图私利或其他个人利益，未经所有人同意而不法泄露或使用商业或银行的秘密信息，给权利人造成巨大损失的，处最低劳动报酬 200 倍至 500 倍或行为人 2 个月至 5 个月工资或其他收入的罚金，或处 3 年以下剥夺自由刑，可以并处最低劳动报酬 50 倍以下或行为人 1 个月以下工资或其他收入的罚金。

《挪威一般公民刑法典》第二十八章"恣意破坏罪"第 294 条规定：有下列情形之一的，处罚金或 6 个月以下监禁：1. 非法引起或者强化他人的错误认识，诱骗他人为一定行为，致其遭受经济损失的；或者帮助实施的。2. 未经授权，雇员在雇佣期间或者雇佣关系解除后 2 年内，利用所在企业的商业或经营秘密的；企业参与人在参与期间或退出参与后 2 年内，将企业的商业或经营秘密泄露给他人使用的；以及采取误导、教唆的手段帮助实施的。3. 未经授权，利用其在担任企业技术或商业顾问时或在有关活动中知悉

---

① 参见戴永盛著：《商业秘密法比较研究》，华东师范大学出版社 2005 年版，第 199-200 页。

的商业或贸易秘密的，或者泄露该秘密给他人使用的；以及采取误导、教唆的手段帮助实施。前述行为被害人请求才能提起公诉，为了公共利益提起公诉的除外。

《西班牙刑法典》第三节"与市场和消费者相关的犯罪"第278条规定：1. 利用各种数据媒体、文字或者电子文件、信息载体或者使用第197条第1项规定的其他方式获取企业秘密的，处2年以上4年以下徒刑，并处12个月至24个月罚金。2. 向第三人传播、展示或者转让所获取的秘密的，处3年以上5年以下徒刑，并处12个月至24个月罚金。3. 占有和破坏信息资料，同时触犯本条规定的，数罪并罚。第279条规定：1. 依法或者依照合同规定，有保守秘密义务却传播、展示或者转让企业秘密的，处2年以上4年以下徒刑，并处12个月至24个月罚金。2. 为自己使用而触犯本条的，在法定刑幅度内，减轻其刑至1/2。

《芬兰刑法典》第4条规定：1. 有下列不正当获取他人商业秘密情形之一的，以商业间谍罪论处，处罚金或2年以下监禁，法律另有更严厉的处罚规定者除外：（1）擅自进入未经授权不得进入的区域，或擅自进入未经授权不得访问的信息系统，获取他人商业秘密的；（2）以占有或复制载有商业秘密的文件或其他记录，或其他类似方式获取他人商业秘密的；（3）意图不正当地泄露或使用，采用特殊的技术设备获取他人秘密的。2. 前款行为处罚未遂。第5条规定：1. 以为本人或他人牟取经济利益或者以损害他人为目的，非法泄露或利用在下列情形中知悉的商业秘密的，以侵犯商业秘密罪论处，处罚金或2年以下监禁，法律另有更严厉的处罚规定者除外：（1）在为他人工作时；（2）在作为执行委员会的成员、董事会的成员、执行董事、公司或基金会的审计员或破产财产管理人，或行使类似职责时；（3）代表他人履行职责，或行使商业信托关系的其他职责时；（4）在有关公司的重组程序中。2. 本条不适用于第1款第1项中涉及的人在其服务期结束之日起2年以后实施的行为。3. 本条规定的行为处罚未遂。第6条规定：凡不正当地在商业活动中使用通过本法规定的可罚性行为所获取的或被泄露的商业秘密，或为本人或他人牟取经济利益而泄露该秘密的，以滥用商业秘密罪论处，处罚金或 2 年以下监禁。第 11 条规定：在本章中，商业秘密是指商业或职业秘密以及商人作为秘密保守的其他商业信息，这些信息的披露将导致对他或者对将该信息委托给他的其他商人造成经济损失。

《奥地利联邦共和国刑法典》第 122 条侵害商业或企业秘密罪规定：1. 公开或使用在履行法律规定或行政机关委托的监督、审核或征收工作中被告知或知悉的商业或企业秘密（本条第 3 款）的，处 6 个月以下自由刑或 360 单位日额金以下罚金。2. 为使自己或他人获取财产利益，或使他人遭受不利而实施该行为的，处 1 年以下自由刑或 360 单位日额金以下罚金。3. 本条第 1 款所述商业或企业秘密，是指行为人根据法律负有保密义务，公开或使用此等秘密将侵害受监督、审核或征收的当事人的利益的秘密。4. 根据内容和形式，公开或使用此等秘密有利于公众或合法的私人利益的，行为人不受处罚。5. 非经保密利益受到侵害之人的请求，不得对行为人进行追诉。第 123 条刺探、使用、提供、公开商业或企业秘密罪规定：1. 故意刺探、使用商业或企业秘密，或将此等秘密提供给他人使用，或披露给公众的，处 2 年以下自由刑或 360 单位日额金以下罚金，或者两者并处。2. 非经被害人请求不得对行为人进行追诉。第 124 条为有利于外国而刺探商业或企业秘密罪规定：1. 为了在外国利用、使用或作其他利用，故意刺探商业或企业秘密的，处 3 年以下自由刑，可附加科处 360 单位日额金以下罚金。2. 对商业或企业秘密负有保密义务的人，出卖商业或企业秘密，使之在外国被利用、使用或作其他利用的，处与前款相同之刑罚。

我国澳门特别行政区《刑法典》第 189 条泄露职务秘密罪规定：未经同意，泄露因自己之身份、工作、受雇、职业或技艺而知悉之他人秘密者，处 1 年以下有期徒刑或 240 日以下罚金。第 190 条不正当利用职务秘密罪规定：未经同意，利用因自己之身份、工作、受雇、职业或技艺而知悉之他人之商业、工业、职业或艺术等活动的秘密，而给他人或本地区造成损失者，处 1 年以下有期徒刑或 240 日以下罚金。

二、我国侵犯商业秘密罪的立法概况

我国商业秘密保护的刑事立法起步较晚，1979 年刑法中没有关于侵犯商业秘密犯罪的规定，对于秘密信息的保护仅规定了泄露国家机密罪和间谍罪两个罪名。① 而随着改革开放的大步前行，随着经济建设的高速发展，侵犯商业秘密案件也不断增多，给权利人造成的损失也越来越大，侵犯商业秘密行为的社会危害性也日益引起人们的关注，要求对侵犯商业秘密行为予以刑事制裁的呼声也日益高涨。为此，在司法实践中开始尝试以国家秘密的形式来保护一部分商业秘密，如 1988 年 9 月 5 日颁布、1989 年 5 月 1 日实施的《中华人民共和国保守国家秘密法》，1989 年 10 月 6 日国家科委、国家保密局颁布实施的《国家秘密技术出口审查暂行规定》，都将科学技术中的重要秘密作为国家秘密予以保护，1988 年 9 月 5 日颁布实施的《全国人民代表大会常务委员会关于惩治泄露国家秘密犯罪的补充规定》增设了为境外窃取、刺探、收买、非法提供国家秘密罪。随后，一些司法解释或司法性文件纷纷明确规定盗窃技术成果的，应以盗窃罪论处。如 1992 年 12 月 11 日颁布实施的《最高人民法院、最高人民检察院关于办理盗窃案件具体应用法律的若干问题的解释》第 1 条第（4）项规定："盗窃的公私财物，既指有形财物，也包括电力、煤气、天然气、重要技术成果等无形

---

① 1979 年刑法第 186 条泄露国家机密罪规定："国家工作人员违反国家保密法规，泄露国家重要机密，情节严重的，处 7 年以下有期徒刑、拘役或者剥夺政治权利。非国家工作人员犯前款罪的，依照前款的规定酌情处罚。"第 97 条间谍罪规定："进行下列间谍或者资敌行为之一的，处 10 年以上有期徒刑或者无期徒刑；情节较轻的，处 3 年以上 10 年以下有期徒刑；1. 为敌人窃取、刺探、提供情报的；2. 供给敌人武器军火或者其他军用物资的；3. 参加特务、间谍组织或者接受敌人派遣任务的。"其中，"情报"也是一种秘密信息。

财物。"1994 年 6 月 17 日颁布实施的《最高人民检察院、国家科学技术委员会关于办理科技活动中经济犯罪案件的意见》第 5 条规定:"对非法窃取技术秘密,情节严重的,以盗窃罪追究刑事责任。上述技术秘密,是指不为公众所知悉,具有实用性,能为拥有者带来经济利益或竞争优势,并为拥有者采取保密措施的技术信息、计算机软件和其他非专利技术成果。"1994 年 9 月 29 日颁布实施的《最高人民法院关于进一步加强知识产权司法保护的通知》第 3 条规定:"对盗窃重要技术成果的,应当以盗窃罪依法追究刑事责任。"上述司法解释或司法性文件出台后,尽管实践中对盗窃技术秘密的行为可以按盗窃罪追究刑事责任,但理论上的争议从未结束。反对者认为:第一,技术秘密不是财物,不能成为盗窃罪的对象。因为所有权是一种物权,物权与其他财产权如债权、知识产权的区别之一是权利标的不同,物权的标的只能是物,不能是智力成果或行为,而技术秘密等智力成果不是物。第二,技术秘密不可能被盗窃,因为技术秘密被"盗"后,其所有者仍可行使占有、使用、收益或处分等权能。赞同者则认为,技术秘密同有形财物一样,都是一种财产,都具有经济价值,能够作为商品用于交换,都应成为盗窃罪的对象。而对一盗卖工厂技术图纸的案件,其定性则有贪污罪、盗窃罪、受贿罪、泄露国家秘密罪、诈骗罪、不应定罪等多种意见。① 这说明许多人并不赞同对盗窃技术秘密的行为以盗窃罪论处。

由于以盗窃罪,泄露国家秘密罪,为境外窃取、刺探、收买、非法提供国家秘密罪,贪污罪,受贿罪等罪名对侵犯商业秘密行为追究刑事责任毕竟只是一种权宜之计,且理论与实践中争议较大,远远满足不了同日益猖獗的侵犯商业秘密犯罪作斗争的需要,为此,1997 年刑法修订时适时地增设了侵犯商业秘密罪,其第 219 条规定:"1. 有下列侵犯商业秘密行为之一,给商业秘密的权利人

① 参见温旭编著:《技术秘密的秘密及其法律保护》,中国政法大学出版社 1992 年版,第 110-121 页。

造成重大损失的，处 3 年以下有期徒刑或者拘役，并处或者单处罚
金；造成特别严重后果的，处 3 年以上 7 年以下有期徒刑，并处罚
金：（1）以盗窃、利诱、胁迫或者其他不正当手段获取权利人的
商业秘密的；（2）披露、使用或者允许他人使用以前项手段获取
的权利人的商业秘密的；（3）违反约定或者违反权利人有关保守
商业秘密的要求，披露、使用或者允许他人使用其所掌握的商业秘
密的。2. 明知或者应知前款所列行为，获取、使用或者披露他人
的商业秘密的，以侵犯商业秘密论。3. 本条所称商业秘密，是指
不为公众所知悉，能为权利人带来经济利益，具有实用性并经权利
人采取保密措施的技术信息和经营信息。4. 本条所称权利人，是
指商业秘密的所有人和经商业秘密所有人许可的商业秘密使用
人。"另在第 220 条规定："单位犯本罪的，对单位判处罚金，并
对其直接负责的主管人员和其他直接责任人员依照本条的规定处
罚。"从此，我国有了专门针对侵犯商业秘密犯罪的刑事条款。而
且，刑法中的其他条款仍可用来保护商业秘密。比如，对盗窃、侵
占商业秘密载体的行为，对载体本身价值较大的，可以按盗窃罪、
侵占罪追究刑事责任；对盗卖公司技术图纸，所得数额较大的，可
以按职务侵占罪或贪污罪追究刑事责任；对非法使用窃听、窃照专
用器材窃取他人商业秘密，造成严重后果但尚未给权利人造成重大
损失的，可以按非法使用窃听、窃照专用器材罪追究刑事责任；对
所侵犯的商业秘密同时也构成国家秘密的，在符合侵犯国家秘密犯
罪的犯罪构成时，可以按故意或过失泄露国家秘密罪，为境外窃
取、刺探、收买、非法提供国家秘密、情报罪，非法获取国家秘密
罪等罪名追究刑事责任；对接受间谍组织及其代理人的任务而侵犯
商业秘密的，可以按间谍罪追究刑事责任；等等。

综上可见，迄今为止，我国商业秘密保护的刑事立法已较完
备。

三、各国和地区侵犯商业秘密犯罪刑事立法比较

综观以上各国和地区商业秘密保护的刑事立法，可以看出，各

国和地区商业秘密保护的刑事立法主要有如下特点：

一是根据行为的不同表现形式设置不同的罪名。如德国设立了非法披露因雇佣关系获知的商业秘密罪、非法获取或保存商业秘密罪、非法披露或利用以不正当手段获取的商业秘密罪、擅自利用或披露因商业交易关系获取的商业秘密样品资料罪；美国设立了经济间谍罪和侵犯商业秘密罪；芬兰设立了商业间谍罪、侵犯商业秘密罪、滥用商业秘密罪，等等。且基本上都处罚以下三种行为，即非法获取、非法使用和非法披露行为，不管这些行为的具体表现形式如何。

二是根据为国内人利益及为国外人利益设置不同罪名和刑罚，或设置不同刑罚。如美国设立了经济间谍罪与侵犯商业秘密罪；德国规定对为国外利益侵犯商业秘密者加重刑罚；奥地利设立了"为有利于外国而刺探商业或企业秘密罪"，等等。体现了这些国家保护本国商业秘密，打击为国外利益而侵犯商业秘密行为的决心。

三是根据行为主体的不同身份设置不同罪名或者仅设置身份犯。如德国规定了非法披露因雇佣关系获知的商业秘密罪，我国台湾和澳门地区以及挪威等国家均只处罚雇员或其他合法知悉商业秘密者的不正当利用或披露行为。说明这些国家和地区更注重惩罚合法知悉他人商业秘密者违背信任而实施的行为，似乎认为侵犯商业秘密主要是违背了权利人的信任。

四是与刑事立法仅定性不定量的立法传统一致，除俄罗斯外，大多数国家和地区仅规定了侵犯商业秘密的行为方式，而没有规定诸如"给权利人造成重大损失"之类的对行为或行为结果的量的要求，这与我国刑事立法既定性又定量的通常做法不同。

五是有些国家明确规定处罚侵犯商业秘密犯罪的未遂和预备行为，如德国、美国、芬兰等国家。

相对于其他国家而言，我国刑法第219条侵犯商业秘密罪的规定是比较完善的，其立法技术也比较可取。

第一，规定以不正当手段获取商业秘密的行为本身即可构成犯罪，这是一个很大的进步，反映了立法者对商业秘密保护理论的理解较为精深，表明立法者认识到商业秘密的财产性质，认识到仅非法获取他人商业秘密就可能给他人造成重大损失，故需从根本上禁止。因为重大损失"不仅包括物质损失，还应当包括领先地位的丧失、保密成果的扩散等无形损失"，[①] 而且"实践中商业秘密总是依附于一定的载体，如果这种载体是唯一的，行为人采用不正当方法取得后，即使不披露、不使用，而是销毁，也会使权利人遭受重大损失，同样构成侵犯商业秘密罪"。[②]认为仅非法获取他人商业秘密，尚未使用或披露就不会给权利人造成重大损失的观点，无疑过于简单而不切实际。

　　第二，除规定禁止非法获取、非法披露、非法使用他人商业秘密之外，我国刑法还将非法"允许他人使用"规定为犯罪，这表明立法者认识到"允许他人使用"与"使用"或"披露"等行为在主观内容、客观表现以及行为的社会危害性等方面的差异，表明立法者试图区分不同行为方式的努力，这比其他国家笼统地将"允许他人使用"包含于"利用"或"披露"之中更为可取，更符合我国刑法理论所倡导的主客观相统一原则。

　　第三，既巧妙地规定了合法知悉商业秘密者擅自披露、使用或允许他人使用权利人商业秘密的行为可构成犯罪，又避免了将本罪设置成身份犯的麻烦，因为其不像德国反不正当竞争法第 17 条第 1 款那样将犯罪主体限于"企业的职员、工人或学徒"，也未像我国台湾和澳门地区以及挪威等国家那样仅设置身份犯而将本罪主体限于"依法令或契约有守因业务知悉或持有工商秘密之义务"的人或"公务员、雇员"；并且对具有特定身份者也仅强调"违反约定或违反权利人有关保守商业秘密的要求"而未强调"违反法定或约定义务"之类。因为从商业秘密权的财产权及绝对权性质出

---

　　① 张玉瑞著：《商业秘密的法律保护》，专利文献出版社 1994 年版，第 281 页。

　　② 杜国强、廖梅、王明星著：《侵犯知识产权罪比较研究》，中国人民公安大学出版社 2005 年版，第 334 页。

发，任何人都负有不得侵犯他人商业秘密权的义务，这种义务根本无需权利人与其他人一一签订合约，更不是只有合法知悉者才负有不得侵犯的义务，故将侵犯商业秘密犯罪规定为特殊主体犯罪是不科学的，仅处罚合法知悉者的披露、使用行为而不处罚其他人的侵犯行为就更值得商榷。至于认为刑法第 219 条第 1 款第 3 项处罚的是违约行为的观点，一方面没有考虑到商业秘密权的财产权、绝对权性质；另一方面也忽略了该项惩罚的是"披露、使用或允许他人使用"等侵权行为的实质。

第四，与我国刑事立法既定性又定量的传统做法一致，规定只有可能给权利人造成重大损失的侵犯商业秘密行为，才能构成犯罪，这同将盗窃罪、诈骗罪等主要通过财产损失大小来反映行为社会危害性大小的犯罪规定为数额犯一样，是十分必要的，可以避免刑罚打击扩大化，可以使刑事制裁与行政制裁之间合理衔接过渡，而没有盲目照搬其他国家的立法仅定性不定量的传统做法。至于认为国外都是设置行为犯，而我国将本罪设置成只有给权利人造成重大损失才能构成犯罪的结果犯不科学、不利于有效打击和预防犯罪的观点，一方面忽略了我国大量规定数额犯、情节犯等的立法实际；另一方面也忽略了犯罪形态的基本理论。其实，刑法规定的"给权利人造成重大损失"应理解为本罪既遂的要素，正如"致人死亡"是故意杀人罪既遂的要素一样，即"造成重大损失"不仅指实际上已经造成了重大损失，还应包括行为可能造成重大损失，正如"致人死亡"不仅指实际上已经致人死亡，还包括行为可能致人死亡一样，否则未遂、预备等形态就无法理解了。因此，对"造成重大损失"应作如下理解：如果实际上已经造成了重大损失，就构成犯罪既遂；如果行为不可能造成重大损失，就为不能犯或未遂犯；如果行为可能造成重大损失但实际上仅造成了轻微损失或尚未造成任何损失，就构成犯罪未遂。至于司法实践中一般不处罚本罪的未遂等未完成形态的做法，主要是出于证据等方面的考虑，而与本罪有无犯罪形态、能否处罚未遂是不同问题。行为可不可能给权利人造成重大损失是行为本身的属性，实际上是否造成了重大损失是与行为相脱离的犯罪结果，不应把行为本身的属性和行为所造成的结果混为一谈。如此理解，则对在客观上可能给权利人造成重大损失而实际上尚未造成重大损失的侵犯商业秘密行为，必要时也可依本罪的未遂犯追究刑事责任，不会妨碍预防犯罪和打击犯罪目的的实现。

第五，与德国等国家的规定相比，我国刑法第 219 条的规定是相当简约的，没有区分不同的行为动机，没有区分特殊主体与一般主体，也没有将同一性质的行为规定为多种行为，从而有效地避免了理论上的繁琐与实践中的麻烦，有效地避免了对同时实施获取、披露、使用等侵犯同一权利人同一项商业秘密的行为应定一罪还是数罪、应否数罪并罚等争议，符合我国在定罪时要求简单、明确的司法实际。至于应否根据不同行为的社会危害性设置不同的罪名并设置不同的刑罚，应否将侵犯商业秘密的犯罪设置成类罪名，只是个立法选择问题。如德国"反法"第 17 条区分了不同主体、不同动机、不同行为表现形式和罪名，但法定刑都是处 3 年以下自由刑或者罚金，情节特别严重者，处 5 年以下自由刑或者罚金；芬兰刑法设置了商业间谍罪、侵犯商业秘密罪、滥用商业秘密罪等三个罪名，但法定刑幅度没有区别，都是处罚金或 2 年以下监禁；而西班牙刑法规定对非法获取企业秘密的行为与合法知悉者的披露行为处 2 年以上 4 年以下徒刑，并处 12 个月至 24 个月罚金，而对非法获取者的披露行为处 3 年以上 5 年以下徒刑，并处 12 个月至 24 个月罚金。故不能说哪种立法较好，哪种立法较次，而应根据各国国情而定。

当然，我国刑法第 219 条的规定也有可商榷之处。比如为了保护本国利益，许多国家都区分为国外利益而侵犯商业秘密与为国内利益而侵犯商业秘密，对前者规定更重的法定刑，我国应借鉴这一做法，以更好地保护我国利益；又如该条第 2 款将司法解释中的"应知"这一规定司法推定的术语照搬入刑法，导致许多学者认为本罪也包括过失犯罪，引发了许多不必要的争论；再如既没有明确规定处罚本罪的未遂，又使用"给权利人造成重大损失"这一容易引起误解的表述，致使学界对该罪是否存在未遂形态争论不休，可见立法技术还有待改进。

第二节　侵犯商业秘密罪的概念

概念是对事物本质特征的抽象概括，是揭示一事物与他事物之区别的基本方法，研究侵犯商业秘密罪，首先要准确地把握该罪的概念。

一、侵犯商业秘密罪概念的有关争议

对于本罪的概念，刑法学界观点不一。

第一种定义认为：侵犯商业秘密罪，是指以盗窃、利诱、胁迫、披露、擅自使用或者擅自允许他人使用等不正当手段，侵犯商业秘密，给商业秘密权利人造成重大损失的行为。[1]

第二种定义认为：侵犯商业秘密罪，是指非法获取、披露、使用权利人的商业秘密，给商业秘密权利人造成重大损失的行为。[2]

第三种定义认为：侵犯商业秘密罪，是指行为人非法获取、披露、使用或者允许他人使用权利人的商业秘密，给权利人造成重大损失的行为。[3]

第四种定义认为：侵犯商业秘密罪，是指采取不正当手段，获取、披露、使用或者允许他人使用权利人的商业秘密，给商业秘密

---

[1]　李晓明主编：《中国刑法罪刑适用》，法律出版社 2005 年版，第 318 页。

[2]　马克昌主编：《经济犯罪新论——破坏社会主义经济秩序罪研究》，武汉大学出版社 1998 年版，第 541 页。

[3]　杜国强、廖梅、王明星著：《侵犯知识产权罪比较研究》，中国人民公安大学出版社 2005 年版，第 291 页；张天虹著：《经济犯罪新论》，法律出版社 2004 年版，第 207 页。

权利人造成重大损失的行为。①

　　第五种定义认为：侵犯商业秘密罪，是指以不正当手段获取、披露、使用或者允许他人使用权利人的商业秘密，给权利人造成重大损失的行为。②

　　第六种定义认为：侵犯商业秘密罪，是指违反法律规定，侵犯他人商业秘密，给商业秘密权利人造成重大损失的行为。③

　　第七种定义认为：侵犯商业秘密罪，是指违反有关法规或者法律规定，侵犯商业秘密，给商业秘密权利人造成重大损失的行为。④

　　第八种定义认为：所谓侵犯商业秘密罪，是指违反保护商业秘密法律法规，以盗窃、利诱、胁迫或者其他不正当手段，侵犯他人商业秘密，给商业秘密的权利人造成重大损失的行为。⑤

　　第九种定义认为：侵犯商业秘密罪，是指通过不正当手段获取、泄露或者未经允许擅自使用他人商业秘密，给商业秘密权利人造成重大损失的行为。⑥

　　第十种定义认为：侵犯商业秘密罪，是指以盗窃、利诱、胁迫或者其他不正当手段获取权利人的商业秘密，或者披露、使用或者

---

①　高铭暄主编：《新型经济犯罪研究》，中国方正出版社 2000 年版，第 828 页；陈兴良主编：《罪名指南》（上册），中国政法大学出版社 2000 年版，第 552 页。

②　刘家琛主编：《新刑法常用罪认定与处理》（上册），人民法院出版社 1998 年版，第 548 页。

③　孙国祥、魏昌东著：《经济刑法研究》，法律出版社 2005 年版，第 529 页。

④　陈兴良主编：《刑法疏议》，中国人民公安大学出版社 1997 年版，第 375 页。

⑤　王昌学主编：《市场经济犯罪纵横论》，法律出版社 2001 年版，第 606 页。

⑥　裴广川主编：《经济犯罪的认定与处罚》（下），吉林人民出版社 2002 年版，第 663 页。

允许他人使用以不正当手段获取的权利人的商业秘密，或者违反约定或违反权利人有关保守商业秘密的要求，披露、使用或者允许他人使用其所掌握的商业秘密，给商业秘密权利人造成重大损失的行为。①

第十一种定义认为：侵犯商业秘密罪是指采取不正当手段，获取、使用、披露或者允许他人使用权利人的商业秘密，或者通过不正当手段获取、泄露或者未经允许擅自使用他人商业秘密，给商业秘密权利人造成重大损失的行为。②

第十二种定义认为：侵犯商业秘密罪，是指非法获取或者泄露、出卖他人商业秘密，给权利人造成重大损失的行为。③

从上述定义可以看出，学界对本罪概念的争议主要集中在以下几个方面：

第一，是否有必要强调违反有关法律法规。对此，上述第六种定义强调"违反法律规定"，第七种定义强调"违反有关法规或法律规定"，第八种定义强调"违反保护商业秘密法律法规"。这三种定义，从笼统地说"违反法律规定"，到区分"违反有关法规"与"违反法律规定"，再到明确提出"违反保护商业秘密法律法规"，定义越来越具体、明确。而其余诸种定义均未强调违反有关法律法规。

第二，是否有必要单独列出"允许他人使用"。对此，上述第一、三、四、五、十、十一种定义均将"允许他人使用"单列出来，作为与获取、披露、使用等行为相并列的一种侵犯商业秘密行为方式，而第二、六、七、八、九、十二种定义均未单独列出

① 陈立主编：《财产、经济犯罪专论》，厦门大学出版社 2004 年版，第 324 页。

② 曹子丹、侯国云主编：《中华人民共和国刑法精解》，中国政法大学出版社 1997 年版，第 203 页。

③ 于志刚主编：《新刑法典拆解比较与适用》，中国经济出版社 1997 年版，第 711 页。

"允许他人使用",而未单列的理由不尽一致:或者认为"允许他人使用"可概括于"披露"行为之中,因为允许他人使用的前提是先向他人披露,如第二种定义;或者认为"允许他人使用"可概括于"泄露、出卖"行为之中,因为允许他人使用的前提是向他人泄露或出卖,如第九、第十二种定义;或者因仅笼统地说"侵犯他人商业秘密"未具体列举披露、使用等侵犯商业秘密的行为方式而未列出"允许他人使用",如第六、七、八种定义。

第三,是强调"非法"还是强调"不正当"。对此,上述第二、三、十二种定义强调获取、披露、使用或允许他人使用等行为的"非法"性,第一、四、五、八、九、十、十一种定义强调侵权手段或行为方式的"不正当"性,第六、七种定义则由于强调违反法律或法规规定而未提及"非法"和"不正当",实则仍是强调"非法",因为违反法律法规当然是非法的。其中,第一、八种定义中的"不正当手段"是指获取、披露、使用或允许他人使用等各种侵犯商业秘密的行为方式本身,是将刑法规定的本罪的四种行为方式本身视为不正当手段;第四种定义中的"不正当手段"则是用来修饰获取、披露、使用或允许他人使用等侵犯商业秘密的行为方式的,强调这四种侵权行为方式的不正当性;第十种定义中的"不正当手段"则仅用来修饰获取行为,强调获取手段的不正当性;第十一种定义中的"不正当手段"分别具有两种含义,在前半句中用来修饰获取、披露、使用或允许他人使用等侵犯商业秘密的行为方式,在后半句中则仅用来修饰获取行为,表明论者区分第二人侵权与第三人侵权的不同行为方式的努力;第五、九种定义中的"不正当手段"是仅用来修饰获取行为,还是同时用来修饰获取、披露、使用或允许他人使用等行为方式,从其定义表述上难以得知,因为这两种定义在"不正当手段获取"与"披露"或"泄露"之间使用的是顿号,不像其他几种定义中的表述那般明确,但从论者对本罪客观行为方式的论述来看,应是仅用来修饰获取行为的,强调的是获取手段的不正当性,因为论者是按刑法条文规定的顺序依次论述本罪的四种行为方式的,并未予以概括;第

二、三、十二种定义中"非法"的含义没有什么差别，都是用来修饰获取、披露、使用或允许他人使用等行为的，强调整个侵犯商业秘密行为本身的非法性，并非仅用来修饰获取行为，这从持这三种定义者对"以不正当手段获取"行为的论述可以看出，因为他们仍是强调获取手段的不正当性，而未强调获取手段的非法性。

第四，能否将"披露"概括为"泄露"。对此，大多数定义都按刑法条文的表述，使用"披露"而非"泄露"，仅第十一、十二种定义将"披露"概括为"泄露"，究其原因，也许是在持这两种定义者看来，"允许他人使用"也是一种"披露"，或者"允许他人使用"的前提是先披露，故可用"泄露"来概括"披露"与"允许他人使用"，以求定义表述简洁明了。

第五，是否有必要在定义中重复"侵犯他人商业秘密"。对此，大多数定义未予重复，仅第一、六、七、八种定义在其定义项中使用了"侵犯商业秘密"或"侵犯他人商业秘密"字样，而重复使用的原因不尽相同，在第一、八种定义中是为了强调，在第六、七种定义中则是定义项本身，即以"侵犯商业秘密"来定义侵犯商业秘密罪。

第六，能否同时概括定义刑法第219条第1款规定的第二人侵犯商业秘密行为与第2款规定的第三人侵犯商业秘密行为。对此，大多数定义都是同时概括的，仅第十、十一种定义例外。其中，第十一种定义将刑法第219条第1、2款规定的行为分开概括，将第1款规定的行为概括为"采取不正当手段，获取、使用、披露或者允许他人使用权利人的商业秘密"，将第2款规定的行为概括为"通过不正当手段获取、泄露或者未经允许擅自使用他人商业秘密"；第十种定义则仅给第1款规定的行为下了定义，而遗漏了第2款规定的行为。

二、侵犯商业秘密罪的概念界定

如上所述，尽管刑法第219条对本罪的规定采用的是叙明罪状，在罪状中较为详细地列举了侵犯商业秘密的各种行为方式，但是由于学者们对本罪本身以及对商业秘密保护的基本理论、下定义的方式方法等方面的理解不同，因而导致给本罪所下的定义很不统一，形成"各说各话"的局面，以上只是列举了常见的 12 种定义，应该说尚未列举周全，但足以看出学界对本罪的概念的研究还不够深入。这不是一个简单的、可以忽略的问题，而是一个值得深入研究的问题。因为一个好的定义，不仅应全面、准确、明确地概括本罪的基本特征，让人一看即能大致明白本罪在犯罪构成方面的特征，所谓"窥一斑而知全貌"，而且应简洁、明了，不显重复、拖沓。下面从学者们争议较大的六个方面对本罪的定义问题作一探讨。

第一，是否有必要强调违反有关法律法规。一般来说没有必要。凡犯罪必然是违反有关法律法规的，断无构成犯罪却不违反有关法律法规之理，无论是侵犯人身权、财产权的犯罪还是侵犯其他权利的犯罪，也无论是自然犯、刑事犯还是法定犯、行政犯，都是首先侵犯了保护某种权利或利益的法律法规才进一步构成犯罪的。因为刑法是其他部门法的后盾法，它以其特殊的手段调整着社会生活各个领域内的重要社会关系，包括政治、经济、人身、财产及婚姻家庭等各个方面的社会关系，当一般的部门法不能充分保护某种权益或者不足以抑止某种危害行为时，立法就会转而求助于刑法，故刑法在根本上与其说是一种特别的法律，不如说是对违反其他法律的行为的最后制裁手段。① 故在犯罪的定义中强调违反有关法律法规显得多此一举，此其一。其二，就本罪定义而论，上述第六、七、八种定义均既强调违反有关法律法规，又强调侵犯商业秘密，也显得重复，因为两者无非都是要说明侵犯商业秘密行为的非法性，取其一即可。其三，在犯罪定义中是否有必要强调违反有关法律法规，不能一概而论，应视不同情形而定：一看犯罪性质。一般来说，在自然犯如盗窃罪、诈骗罪和抢劫罪等大家比较熟悉的罪名中，只需简单地描述该罪的本质特征即可，无需强调违反有关法律

---

① 孙国祥主编：《刑法学》，科学出版社 2002 年版，第 2-3 页。

法规；而在法定犯如破坏环境资源保护罪、危害公共卫生罪、非法经营罪等犯罪中，由于大家比较陌生，不说明所违反的法律法规就不容易使人明白犯罪的行为内容，因此有必要强调所违反的法律法规。二看该罪的罪状是叙明罪状还是空白罪状。叙明罪状由于较为详细地描述了犯罪某一方面的构成特征，比如犯罪行为、犯罪对象或主观罪过等，仅需对刑法所规定的内容进行归纳概括就行了，无需强调所违反的法律法规；而空白罪状由于刑法条文本身指明要参考其他法律法规中的规定，才能确定某一犯罪的构成特征，故只有说明行为所违反的法律法规，才能清楚准确地说明某一犯罪的本质特征。就本罪而言，由于我国对商业秘密权的保护并无统一专门的立法，不像专利权、商标权和著作权那样，有专门的法律进行保护，即使强调违反其他法律法规也无法找到专门的法律法规，还是得回到刑法本身的规定上来；并且本罪的罪状是叙明罪状，在罪状中已较详细地列举了本罪的各种行为方式，根据刑法规定即可大致明了本罪的主要特征，也无需强调违反有关法律法规。

第二，是否有必要单独列出"允许他人使用"。回答是肯定的。给个罪下定义的要求之一就是全面，只有全面才能真实地反映立法原貌，才能使人全面了解该罪的构成特征。就本罪而言，刑法第 219 条第 1 款第 2 项、第 3 项均将"允许他人使用"与"披露"、"使用"行为并列，说明立法者充分看到了这三种行为方式之间的差异，不愿意将"允许他人使用"包含于"披露"或"使用"之中。实际上，无论在主观方面还是在客观表现上，"允许他人使用"与"披露"都有较大差异：主观方面，前者通常是明知对方获取商业秘密的目的是为了使用而将商业秘密作为交换物以换取某种利益，后者则较为复杂，或者是为了破坏权利人的商业秘密，或者是为了逞强，或者是希望或放任他人使用，不一而足；客观方面，前者一般是为了换取某种利益而告知获取者对方，除此之外不会向其他人透露，后者的披露对象则无限制，既可以是特定的个人，也可以是不特定的小部分人抑或社会公众。① 因此，尽管允许他人使用的前提是先向他人披露，但两者并不等同，不能相互包含或替代。故在定义中不单独列出"允许他人使用"就不够全面。

第三，是强调"非法"还是强调"不正当"。在此问题上，应强调准确，即所下定义应准确地再现立法原意，而要准确地再现立法原意，就得紧密结合立法规定来下定义，不应撇开立法规定自搞一套。首先，前述第二、三、十二种定义强调"非法"虽不算错，因为无论是以不正当手段获取还是擅自披露、使用或允许他人使用权利人的商业秘密，都是一种非法行为，否则不可能构成犯罪。但是，用"非法"来修饰获取行为则略嫌不够准确，因为"非法获取"容易使人误认为以非法手段获取，而非法手段与不正当手段的含义是有差别的，许多不正当手段并非同时也构成非法手段，不容易找到所违反的法律法规，甚至可能是一种合法手段，故不能用非法手段来概括不正当手段。② 其次，刑法第219条规定中的"不正当手段"是仅用来修饰获取行为的，是指以不正当手段获取，强调的是获取手段的不正当性，而不是用来修饰获取、披露、使用或允许他人使用等行为方式本身的，尽管可以笼统地说这些行为本身都是不正当的、是非法的，但毕竟与立法规定中的表述不符。故此，前述第五、九、十种定义使用"以不正当手段获取"字样是正确的，较准确地理解了立法原意；第一、八种定义将获取、披露、使用和允许他人使用等行为方式本身视为侵犯商业秘密的不正当手段，明显不妥；第四种定义用不正当手段一并修饰获取、披露、使用和允许他人使用，也不准确，并且容易引起误解，因为未经允许披露、使用或允许他人使用权利人的商业秘密本身就是非法的，再用不正当手段来修饰这几种行为，是想表明披露等行为本身

---

① 关于两者的区别，详见本书第三章第一节对"允许他人使用"的论述，此处不赘。

② 关于非法手段与不正当手段的差异，详见本书第三章第一节对"不正当手段的含义和种类"的论述。

就是不正当手段还是说要再采取一些不正当手段才能实施披露等行为，不够明确；第十一种定义前半部分的不足之处同第四种定义一样，后半部分认为不正当手段仅修饰获取行为，则是正确的。

第四，能否将"披露"概括为"泄露"。从下定义的准确性要求出发，应当认为不可。披露与泄露的含义，据《现代汉语词典》的解释，"披"是指"打开、散开"，"披露"是指"①发表，公布：全文披露、披露会谈内容；②表露：披露肝胆"。"泄露"是指"不应该让人知道的事情让人知道了：泄露机密、泄露风声。也作泄漏"。① 可见，即便在日常用语中，披露和泄露也仅是近义词而非同义词，不能相互混用，在刑法中就更不能混用了。刑法在第219条侵犯商业秘密罪中使用"披露"商业秘密而在第398条故意、过失泄露国家秘密罪中使用"故意或者过失泄露"国家秘密，在第432条故意、过失泄露军事秘密罪中使用"故意或者过失泄露"军事秘密，这并不是立法者随意变换词语以求变化，而是因为认识到披露与泄露并不等同，认识到两者在主客观方面有所差异。结合两者的词语含义及在本罪和泄露国家秘密罪中的含义，似可认为：1. 披露是故意的，泄露既可以是故意又可以是过失；2. 披露的对象不限，可以是特定个人、少数人，更可以是社会公众，因为"发表、公布"的对象显然是社会公众，泄露的对象一般是特定的个人或少数人，当然过失泄露行为不在此限；3. 披露的道德谴责意义较弱，泄露的道德谴责意义较强，因而泄露秘密犯罪的可谴责性比披露秘密犯罪的可谴责性更大。至少，在没有充分理由论证披露与泄露可以混用的情况下，还是尊重立法的语言习惯，沿用刑法第219条所使用的"披露"较为妥当，否则不够严谨。

第五，是否有必要在定义中重复"侵犯商业秘密"。回答是否定的。因为本罪定义中的被定义项是"侵犯商业秘密罪"，若在定义项中出现"侵犯商业秘密"，等于以被定义项本身来定义被定义

---

① 《现代汉语词典》，商务印书馆1996年版，第962、963、1395页。

项，既显得重复又无法准确、全面地揭示本罪的本质特征，因而不符合下定义的基本要求。正如用"盗窃罪是指盗窃他人财物，数额较大的行为"来给盗窃罪下定义一样，除了能让人明白数额较大的盗窃行为可以构成盗窃罪之外，对何谓盗窃，仍是不甚了了。故此，上述第六、七种定义以"违反法律法规，侵犯商业秘密，给权利人造成重大损失"来定义本罪，除了能够传递给权利人造成重大损失的侵犯商业秘密行为可以构成本罪的信息之外，仍不能使人明白到底什么是侵犯商业秘密，实际上未给本罪下定义；第一、八种定义虽然比第六、七种定义详细，但也仅能传递哪些手段是侵犯商业秘密的手段以及只有给权利人造成重大损失才能构成本罪的信息，仍不能使人明白到底什么是侵犯商业秘密，故也不全面，不符合下定义的基本要求。

第六，能否同时概括刑法第 219 条第 1 款、第 2 款规定的内容。对此，大多数学者的意见是正确的，作为一个定义，应力求简洁、明了，不应拖沓、重复，从这一要求出发，有必要同时概括第 1 款和第 2 款的内容。而从刑法规定的本罪的四种行为方式来看，也是能够概括的。如本书第三章第一节对本罪客观行为的论述所言，对他人商业秘密权的侵犯，都是直接侵犯，不存在所谓间接侵犯，并且尽管第三人是被动地从第二人手中获取商业秘密，没有直接从权利人手中获取，但同样属于"以不正当手段获取"，因为只有自己开发、反向工程、合法受让等手段才能称为正当手段，故第三人同第二人一样，无论是获取行为，还是获取之后的披露、使用或允许他人使用行为，都是侵犯他人商业秘密权的行为，没有将第二人与第三人的侵犯商业秘密行为分开概括的必要。

综上，对上述十二种定义可简要评析如下：

第一种定义的不妥之处在于：其一，将披露、使用等行为方式本身看成侵犯商业秘密的不正当手段，与刑法中不正当手段仅被用来修饰获取行为的规定不符；其二，在定义中仅列举盗窃等获取商业秘密的手段，而遗漏了获取行为本身；其三，将盗窃等获取行为的不正当手段与披露等行为并列，混淆了不同的层次，因为只有获取行为才与披露等行为属于同一层次，才能与披露等行为并列；其四，用以不正当手段侵犯商业秘密来定义本罪也显得重复并且不够全面。

第二种定义的不足之处在于：第一，用非法获取来概括以不正当手段获取，不够准确；第二，没有单列允许他人使用行为，略嫌片面。

第三种定义的不足之处是，用非法获取来概括以不正当手段获取，不够准确。

第四种定义的不妥之处是，用不正当手段同时修饰获取、披露、使用和允许他人使用，不够准确，且容易引起到底是这几种行为本身就是不正当手段还是实施这几种行为还得采取不正当手段，是否除了不正当手段还存在以正当手段侵犯商业秘密的误解。

第五种定义较为全面，但如果能在"以不正当手段获取"与"披露"之间使用逗号而非顿号，则其表达将更明确。

第六、七种定义强调违反法律规定或法律法规规定，没有必要，且以侵犯商业秘密来定义本罪，实际上并未给本罪下定义。即便强调违反法律法规也应指明违反哪一方面的法律法规，才够明确。

第八种定义的不妥之处有：第一，强调违反保护商业秘密法律法规，没有必要；第二，用"以不正当手段侵犯商业秘密"给本罪下定义，意味着论者认为披露等行为都是侵犯商业秘密的不正当手段，存在与第一种定义相同的不足；第三，仅列举盗窃、利诱、胁迫等获取行为的不正当手段而未列举获取行为本身，也未列举披露、使用和允许他人使用行为，既不够准确也不够全面。

第九种定义的不妥之处有：一是用泄露来概括披露，不准确；二是没有单列允许他人使用，不全面；三是在获取与泄露之间使用顿号，表述不够明确。

第十种定义完全照搬刑法第219条第1款的规定而没有对本罪的行为方式进行概括，显得啰嗦、拖沓，且遗漏了该条第2款的规定。

第十一种定义的前半段存在与第四种定义相同的缺点，后半段用泄露来概括披露不够准确，且整个定义略显啰嗦，以一并概括为好。

第十二种定义用非法获取来概括以不正当手段获取，不够准确，用泄露、出卖来概括披露，既不准确也过于随意，且未单列使用与允许他人使用，也很不全面。

综上，笔者认为，本罪的定义应当是："侵犯商业秘密罪，是指以不正当手段获取，或者非法披露、使用或允许他人使用权利人的商业秘密，给权利人造成重大损失的行为。"强调披露等行为的非法性，为的是与合法的披露、使用与允许他人使用行为相区别，而用"以不正当手段获取"足可表明获取行为的非法性，无需另行强调，并且与立法规定相符。

第三节　商业秘密刑事保护的基本原则

所谓商业秘密刑事保护的基本原则，是指对侵犯商业秘密行为追究刑事责任所应遵循的基本准则，也是贯穿于侵犯商业秘密罪的理论研究与司法实践中定罪量刑整个过程的基本要求。

一、预防犯罪与打击犯罪并重原则

这一原则主要是针对我国商业秘密刑事保护实践中存在的制裁过度与制裁不足并存这一矛盾现象提出的。据统计，我国商业秘密刑事案件中的 60% 与人才跳槽有关，面对人才跳槽引发的如此之多的刑事案件，专门从事商业秘密保护研究的张玉瑞教授认为："这是制度缺陷造成的。我国现行的商业秘密法律制度设计，一方面表现为对以不正当手段获取商业秘密的刑事制裁不足，但同时，对没有明显不正当手段，仅属雇员跳槽引发的案件，却存在以国家公权力介入，刑事制裁过度的问题。"①笔者认为，虽然存在着保护

---

① 参见李立：《立法聚焦：侵权还是犯罪全凭一个数字——制裁过度与制裁不足并存——中国商业秘密刑事保护亟待解惑》，中国法制网 http://www.iolaw.org.cn/shownews.asp? id = 14946。

过度与保护不足并存这一矛盾现象，但矛盾的主要方面，恐怕还是保护不足问题。正如专门从事知识产权诉讼代理的朱妙春律师所言："商业秘密案件难度大，对原告的举证要求比较高……原告首先要证明自己是权利主体，其次要证明客体的有效性，第三还要证明被告有侵权行为，这可以称作举证三步曲，这三点在实际操作中都是比较困难的。"①上海市长宁区人民检察院副检察长李飞也认为："在司法实践中侵犯商业秘密案成诉率低、撤诉率高的问题相当突出。一些实践部门对侵犯商业秘密行为犯罪化审理虽然投入较多，但问题仍然很多，造成许多案件难以及时办结，甚至出现许多显性和隐性超期羁押现象。"②保护不足的原因无疑是多方面的。其中，立法不够明确具体无疑是重要原因之一。比如，由于立法中规定了"给权利人造成重大损失"这一要素，又未明确规定处罚本罪的未遂，导致许多学者认为，侵犯商业秘密只有给权利人造成重大损失的，才能构成犯罪，否则就不成立犯罪。③又如，立法中有"违反约定或违反权利人有关保守商业秘密的要求"这一表述，导致有的学者认为，只有合同中约定了保密义务，合法知悉权利人商业秘密者才不得侵犯权利人的商业秘密。④加上司法解释规定重大损失的标准是 50 万元，导致"尽管有人明显是以盗窃、利诱、胁迫等不正当手段获取他人商业秘密的，但只要给权利人造成的损失

①　朱妙春著：《商业秘密诉讼案代理纪实—朱妙春律师办案辑（五）》，知识产权出版社 2004 年版，第 394 页。

②　王俊民、李飞、赵宁：《侵犯商业秘密罪若干问题三人谈》，载《中国刑事法杂志》2005 年第 1 期，第 55 页。

③　参见刘宪权主编：《中国刑法理论前沿问题研究》，人民出版社 2005 年版，第 480 页；陈兴良主编：《罪名指南》（上册），中国政法大学出版社 2000 年版，第 556 页；周光权：《侵犯商业秘密罪疑难问题研究》，载《清华大学学报（哲学社会科学版）》2003 年第 5 期，第 66 页。

④　参见力心：《刑法的谦抑原则在经济领域中的体现——"跳槽"引发的侵犯商业秘密案件研讨会综述》，载《法学》2002 年第 9 期，第 73 页。

在 50 万元以下,按现行法律,就可以不追究刑事责任"。①因为很多不正当获取商业秘密者尚未进一步实施披露、使用或允许他人使用行为即被抓获,或者商业秘密虽被使用但使用时间不长,给权利人造成的实际损失尚未达到 50 万元的定罪标准,而无法追究刑事责任。

笔者认为,要有效解决保护过度的问题比较容易,因为目前所谓保护过度问题实质上只是以国家公权力介入雇员涉嫌侵犯商业秘密案件的调查、处理有所不当罢了,实际上要真正追究雇员的刑事责任还是比较困难的,因为当前公、检、法部门的实际工作人员商业秘密保护理论水平普遍偏低,相当一部分人对商业秘密的构成要件、重大损失的计算标准、本罪的犯罪构成等知识掌握不够,在目前法制状况较为完善的情况下,很少有人敢在没有足够把握的情况下对被告人定罪量刑,而是往往根据疑罪从无原则,作出有利于被告人的处理。因此只要把握商业秘密刑事保护的基本原则,注重平衡权利人利益与社会利益,把握商业秘密的认定标准,严格区分雇员的一般知识、经验、技能和雇主的商业秘密的界限,再把握本罪的构成要件和刑事证明标准,一般来说问题不大。但是要有效解决保护不足的问题,则需要理论上加深认识,思想上树立起积极运用法律武器保护商业秘密的基本观念,并牢牢把握预防犯罪与打击犯罪并重原则。

预防犯罪与打击犯罪并重原则的理论基础主要是刑法的任务与刑罚的目的。根据刑法规定,我国刑法的任务是打击犯罪,保护人民,保护各种合法权益,维护各种社会秩序和经济秩序。而实践中大量发生的侵犯商业秘密行为,不仅极大地扰乱了公平竞争的市场经济秩序,侵犯了权利人的合法权益,而且破坏了人们的道德水准,助长了人们不劳而获的投机心理,严重干扰了经济发展和社会进步,故应强调打击犯罪,用刑罚同各种侵犯商业秘密行为作斗

---

① 参见李立:《立法聚焦:侵权还是犯罪全凭一个数字——制裁过度与制裁不足并存——中国商业秘密刑事保护亟待解惑》,中国法制网 http://www.iolaw.org.cn/shownews.asp? id = 14946。

争。但打击并非主要目的，"刑期无刑"，通过打击犯罪以预防犯罪、尽量减少犯罪的发生才是国家制定刑法以及对犯罪人适用刑罚的主要目的。预防犯罪包括两个方面：一是特殊预防，通过对犯罪人适用刑罚以预防其再次实施犯罪；二是一般预防，通过对犯罪人适用刑罚警告社会上一般人不要步其后尘。犯罪是社会的一种病症，完全消灭犯罪是不现实的，人们所能努力的，仅是尽量预防、减少犯罪的发生而已。而预防犯罪，犹如预防疾病，重在防患于未然，不能等到危害结果发生了，才想起去惩罚，而是应在行为一开始就予以制止打击，如此方能有效避免危害结果的出现。

预防犯罪和打击犯罪并重，要求注意刑事制裁与民事赔偿的区别。两者的区别，简言之，刑事制裁重在预防，注重行为人的主观恶性和行为可能给社会造成的危害，注重防患于未然，民事赔偿重在补偿，注重行为实际上给权利人造成的损害，注重事后赔偿而非事前预防。二者的区别，举一例足可说明：甲朝乙头部连开三枪，均未击中，刑事上无疑应追究甲故意杀人未遂的责任，民事上乙却无法要求甲赔偿损失！因此，我们一方面要注意民法和刑法的差异，另一方面也应积极探索综合利用刑法和民法惩治侵犯商业秘密行为的有效办法。

预防犯罪与打击犯罪并重原则还要求从思想上树立商业秘密是一种财产权、一种绝对权的观念。根据这一观念应当认为，任何人都负有不得侵犯他人商业秘密权的义务，并非只有法律明文规定以及只有与权利人达成了保守商业秘密协议者才负有这一义务。

预防犯罪与打击犯罪并重原则还要求积极利用刑法中的有关条款打击各种侵犯商业秘密的行为。尤其是对那些在证明上确有困难，无法认定侵犯商业秘密的事实存在或者无法认定损失的确切数额，以及那些在性质上不可能给权利人造成重大损失，并且根据行为人的故意内容又不宜以本罪未遂犯追究刑事责任的侵犯商业秘密案件，不能一概不予定罪，而应视情况适用刑法中的相应罪名。比如，对公司、企业或其他单位的工作人员擅自披露单位商业秘密，从中索取或收受财物的，可以考虑定非国家工作人员受贿罪；对盗卖单位商业秘密，所得钱款据为己有的，可以考虑定贪污罪或职务侵占罪；对利用窃听、窃照专用器材窃取他人商业秘密，后果严重的，可以考虑定非法使用窃听、窃照专用器材罪；对涉及同时构成国家秘密的案件，可以考虑定侵犯国家秘密类犯罪；对利用权利人的商业秘密非法经营同类营业，可以考虑定非法经营同类营业罪，等等。总之，应积极利用刑法的相应条款，灵活运用刑法理论，以有效地预防与打击侵犯商业秘密行为。

二、维护商业道德原则

维护商业道德原则是指在商业秘密的刑事保护过程中，应特别注意对商业道德的维护。因为商业秘密保护的目的，或者说商业秘密保护法的立法宗旨，就在于维护商业道德，保障公平有序的市场竞争秩序。许多国家的法律和判例都将维护商业道德作为商业秘密保护的出发点，反映出将侵犯商业秘密行为评价为不道德行为的普遍价值倾向。例如，美国1985年统一商业秘密法在评论中指出，商业秘密法的主要目的之一是"维护商业道德的水准"；德国反不正当竞争法第1条规定，对营业中违反善良风俗的不正当竞争行为，可以请求制止或赔偿损害；我国1986年《民法通则》第4条规定："民事活动应当遵循自愿、公平、等价有偿、诚实信用的原则。"1993年《反不正当竞争法》第2条规定："经营者在市场交易中，应当遵循自愿、平等、公平、诚实信用的原则，遵守公认的商业道德。"第1条规定其立法目的之一为"鼓励和保护公平竞争，制止不正当竞争行为"。而在著名的 Kewanee Oil Co. v. Bicron Corp 一案中，法官明确指出："维护产业伦理标准和鼓励创造发明是商业秘密法背后的重要政策基础。" 在 Abbott Lab. v. Norse Chem. Corp 一案中，法官同样指出，"商业秘密法的理论基础在于努力增进商业道德"。①

---

① 参见张耕等著：《商业秘密法》，厦门大学出版社2006年版，第36页。

维护商业道德原则的理论基础在于，保护商业秘密根植于个人自由、诚信关系以及商业道德、公平竞争等理念。在没有商业秘密保护的情况下，公众特别是竞争对手为了获取他人具有价值的商业秘密，可能会以牺牲基本的社会道德标准为代价，例如以盗窃、刺探、利诱、胁迫等不正当手段获取他人商业秘密，或背信弃义地擅自披露、使用他人商业秘密。只有禁止这些不正当地侵犯他人商业秘密的行为，才能维护良好的商业道德秩序，更好地促进商业秘密的开发与转让，促进整个社会财富的积累。因为任何一个社会的道德规范，最终都直接或间接地受到经济生活的规定和制约，反过来又对经济生活产生影响。如果在经济生活中缺少起码的商业道德，不正当、不道德行为盛行，势必人人自危，怀疑和恐惧将渗透到每一项交易中，整个社会经济秩序势必陷入极度混乱之中，如此则经济发展、科技进步必是一句空话。故在市场经济条件下，良好的市场竞争秩序是经济健康发展的保证，而良好的商业道德又是市场竞争秩序的必要条件。另外，由于伦理道德规则根源于人类共同生活的冲突协调，缘起于人类欲望之间的冲突，包括人与人之间的冲突以及本人不同时间甚至相同时间内的欲望冲突，故尊重他人权利，不侵犯他人商业秘密也是一项基本的道德诉求，其核心体现为"不侵犯他人财产"、"信守诺言"以及"己所不欲，勿施于人"这三项道德法则。① 当然，诚实信用原则与公平原则是适用于任何民商事领域的基本道德准则，商业秘密法也不例外。

刑法作为其他部门法的后盾法，其立法目的与宗旨应与其他部门法保持一致，故商业秘密的刑事保护同样应将维护商业道德作为其基本原则之一。而且刑法理论同样认为，犯罪是道德行为或伦理行为的类型，具有伦理品性，危害行为的反伦理性是其之所以被规定为犯罪行为的原因之一，故犯罪不但是违反刑法的行为，而且首先是不道德的行为，必须遭到严厉的道德谴责；犯罪的故意和过失

---

① 参见张耕等著：《商业秘密法》，厦门大学出版社 2006 年版，第 37 页。

原本属于伦理的道义的价值判断，最终要依靠对具体事实的观念的制约；刑法从根本上讲是以伦理关系中的实践的道理或条理为根基的，故刑法应作为维护伦理道德的坚强后盾。①

在司法实践中，维护商业道德原则主要体现在商业秘密的认定和侵权行为的举证责任等方面。如果行为的不道德性比较明显，比如明显是以盗窃、利诱或胁迫等不正当手段获取商业秘密的，则对被害人商业秘密的秘密性、实用性和保密措施的严密程度的要求就比较低，公诉方的证明责任也比较轻；反之，如果行为的不道德性轻微，则对商业秘密构成要件的把握就比较严格，公诉方就要负较重的证明责任。因为商业秘密的秘密性是相对的，只要不被同一行业或领域内的大多数人知悉即可满足秘密性要求，而这种相对性究竟应相对到何种程度，应认为与侵权行为的不道德程度成反比，才对双方比较公平；而保密措施也仅要求是合理的保密措施，在激烈的商战中，面对恶意的有准备的侵权行为，任何具体保密措施都可能显得苍白无力，过分强调保密措施的严密性，无异于取消对权利人的保护，故从公平原则出发，应仅要求权利人采取合理的保密措施。这一点还体现在商业秘密的新颖性方面。虽然新颖性不是商业秘密的构成要件之一，但作为一项商业秘密，至少需具备一点新颖性，以使其与公知信息相区别，使其从公知信息中脱离出来，才能获得法律保护。而商业秘密的新颖性与他人是否侵权存在一定的反比关系，即新颖性越低，他人靠自身努力而非抄袭掌握的可能性就越大，反之，新颖性越高，他人通过正当途径获取的可能性就越小，意味着抄袭的可能性更大。② 故在诉讼中，对新颖性很低的商业秘密，公诉方要负更重的举证责任，反之，如果新颖性很高，则公诉方的举证责任就轻，甚至只要证明被告人掌握了与被害人的商

---

① 参见许发民著：《刑法的社会文化分析》，武汉大学出版社 2004 年版，第 205-207 页。

② 参见张玉瑞著：《商业秘密法学》，中国法制出版社 1999 年版，第 141-144 页。

业秘密实质相同的信息就行了，剩下的，应由被告人自己举证证明其是通过正当途径获取商业秘密的，否则即可被认定为侵权。只有这样，才能体现诚实信用与公平原则。

三、鼓励发明创造原则

鼓励发明创造原则是指在商业秘密的刑事保护过程中，要注意鼓励发明创造的成果。发明创造是社会经济发展的动力，是社会进步的条件。商业秘密中的技术信息和经营信息是人们通过智力活动进行研究和开发的成果，是人们投入大量人力、财力和精力或通过长期积累而获得的具有商业价值的秘密信息。法律对商业秘密进行保护，在很大程度上是保护投资者、开发者的劳动成果，以鼓励人们投资于技术开发，从事发明创造。如果盗窃等侵犯商业秘密的行为普遍存在，人人都可通过不正当手段轻易获取他人劳动成果而不受制裁，或人人都可通过挖走他人雇员获取他人商业秘密而不受惩罚，势必严重影响人们投资、开发的积极性，势必妨碍技术进步，影响生产的发展和商业的繁荣，故法律应当保护商业秘密，制止以盗窃、利诱等不正当手段获取他人商业秘密以及未经允许擅自使用、披露他人商业秘密的不正当竞争行为。

但另一方面，在保护商业秘密权利人利益的同时，也不应忽视保护他人以及社会利益，不应忽视商业秘密法鼓励发明创造的目的。保护商业秘密有利于鼓励发明创造，但有时也会阻碍发明创造。因为信息处于不为公众所知的秘密状态是商业秘密获得法律保护的前提，故保护商业秘密在客观上会产生限制信息自由流动的结果，这与专利法鼓励公开发明创造、促进信息自由流通的效果完全相反，因此在商业秘密的保护过程中，应注意是否会起到鼓励发明创造的作用，否则，应适时地放弃对商业秘密权利人的保护。对此，加拿大统一商业秘密法草案第8条第1款第（5）项和第3款、英国违反保密义务法草案第15节第2、3、4条关于"调整判决"的规定值得我们借鉴。根据这些规定，如果判定被告侵权后禁止被告使用将不利于满足国家或社会利益，例如在被告的研究开发能力大大强于原告，由被告继续大量投资开发更能满足国家和社会的需要时，就可以不判令被告停止使用，而判令其向原告支付合理的使用费以补偿原告开发商业秘密的投资，也可视情况调整原被告双方的权利义务。这体现在刑事诉讼中，自然就是不认定被告人的行为构成犯罪，或者虽认定其行为构成犯罪但免于刑事处罚或适用缓刑等，以便其可继续利用被害人的商业秘密进行研究开发。也可借鉴我国专利法中的强制实施许可制度，允许被告人使用并向被害人支付一定的使用费，此时也不宜认定被告人构成犯罪。

此外，鼓励发明创造原则还体现在商业秘密法只禁止他人以不正当手段获取或违法披露、使用权利人的商业秘密，对于他人以独立开发、反向工程、合法受让、权利人采取保密措施不当等原因而获得商业秘密的行为以及之后的使用、披露行为，权利人无权制止。

四、平衡权利人利益与社会利益原则

平衡权利人利益与社会利益原则是指在商业秘密的刑事保护过程中，应注意权利人利益与社会利益之间的平衡，对商业秘密权的保护应当适度，不应过度与不及，这一原则体现在刑事诉讼中，主要是对被告人的行为不认定为侵犯商业秘密。

这一原则的理论基础在于，从本质上说，知识产权法是平衡权利人利益与社会公众利益的法律工具，其一方面要保护权利人的利益以鼓励发明创造、激励研究开发，另一方面要保护社会公众自由获得相关信息的权利，这两方面的适当结合才能更好地促进科技发展和社会进步。商业秘密法也不例外，同样是平衡权利人对秘密信息的垄断利益与社会公众自由获取信息的利益的一种法律工具。商业秘密保护制度产生伊始，就是作为协调和平衡知识创造者和使用者的利益关系、平衡知识创造者的专有利益或者说垄断利益与社会公共利益的制度安排而出现的。商业秘密权人的利益与社会公共利益是整个商业秘密法律制度中的一对主要矛盾，这两者之间的平衡是商业秘密法赖以实现其立法宗旨的保障。商业秘密法需要实现对信息流动的限制与公众自由获得信息的利益平衡，实现商业秘密权人的私权利益与完全和不受限制地获得信息的公众权利之间的平衡，这种平衡的原理与其他知识产权法的利益平衡原理一样，都表现为将权利的保护水准、保护范围限制在一定的范围内，即对商业秘密的保护要适度而合理，在有限地限制信息流动中最终促进信息流动、促进公众对信息的获得、促进对革新的鼓励，而不是出现危及社会公共利益的情形，用经济学的术语来说，就是商业秘密保护的社会利益应当大于商业秘密保护的社会成本，尤其是对信息流动的限制而产生的社会成本，否则即可能损害社会公共利益。①

　　平衡权利人利益与社会利益的原则在司法实践中主要体现为对商业秘密权的限制。一是对违法和不正当的秘密信息不予保护。有些技术信息和经营信息从形式上看具备了商业秘密的构成条件，但其内容违法或使用违法，或者虽不违法但其使用会产生不利于社会公德的后果，比如偷税的诀窍、制造毒品的方法、不合格的酒精检测仪等，对这些信息均不能给予保护。二是根据法律规定或社会公共利益的需要，可以向有关部门披露某些商业秘密而不被认定为侵权，比如证人出庭作证披露某些秘密，向消费者协会披露产品存在的瑕疵或服务过程中的欺诈行为，国家根据需要对商业秘密实施强制许可或强制披露等。三是商业秘密的保护水平不宜过高，比如我国刑法不保护否定性信息即那些不具有实用性的信息，而这些信息在民事方面完全可能被认定为商业秘密。四是在涉及雇员侵犯雇主商业秘密的案件时，要特别注意保护作为弱势一方的雇员的利益，要注意区分雇员的一般知识、经验、技能与雇主的商业秘密之间的界限，对区分较为困难乃至极难区分的，应不认定为商业秘密，以保障雇员的生存权和劳动就业权，促进劳动力的自由流动。

---

　　①　参见冯晓青：《商业秘密法平衡机制之探讨》，载《北京交通大学学报（社会科学版）》2004 年第 3 期，第 52-54 页。

第二章 侵犯商业秘密罪的客体和对象

犯罪客体是指刑法所保护而为犯罪行为所侵犯的社会关系，即人与人之间体现于法律上的权利义务关系。犯罪对象是指犯罪行为具体作用的人、物或者信息。本章探讨侵犯商业秘密罪的客体和对象问题。

第一节 侵犯商业秘密罪的客体

根据社会关系的范围不同，可以将犯罪客体分为三种：一般客体、同类客体和直接客体。个罪研究所要探讨的，主要是直接客体，即受到侵犯的具体权利问题。

一、侵犯商业秘密罪客体的争议

关于本罪的客体，刑法学界争议很大，概括说来，有简单客体说与复杂客体说两大阵营，各大阵营内又有不同观点。

具体说来，简单客体说主要有以下几种观点：

第一种观点认为，本罪的客体是反不正当竞争法所保护的商业秘密的保密权。[1]

第二种观点认为，本罪的客体是商业秘密所有者的保密权及其

---

① 汤友洪、胡朗民：《侵犯商业秘密罪初探》，载《人民司法》1994 年第 9 期，第 25 页。

合法权益;① 也有人认为，本罪的客体是商业秘密所有人的保密权和相关的经济利益。②

第三种观点认为，本罪侵犯的客体是商业秘密权利人的权利。③

第四种观点认为，本罪的客体是商业秘密权利人的无形资产专有权。④

第五种观点认为，本罪的客体是社会主义的经济秩序。⑤

第六种观点认为，本罪的直接客体是商业秘密权利人对其商业秘密的所有权;⑥ 或者认为，本罪的直接客体是商业秘密权利人对其商业秘密的专用权;⑦ 或者认为，本罪的客体是他人的商业秘密权，即他人对商业秘密的专有权。⑧

第七种观点认为，本罪的客体是商业秘密权，包括商业秘密的所有权人所享有的专有权和商业秘密的许可使用人所享有的使

------

① 转引自张天虹著：《经济犯罪新论》，法律出版社 2004 年版，第 208 页。

② 龙洋：《侵犯商业秘密罪辨析》，载《西安政治学院学报》1999 年第 5 期，第 60 页。

③ 转引自杨凯：《析侵犯商业秘密罪的定义与构成要件》，载《湘潭大学社会科学学报》2001 年第 1 期，第 82 页。

④ 转引自张天虹著：《经济犯罪新论》，法律出版社 2004 年版，第 208 页。

⑤ 转引自张天虹著：《经济犯罪新论》，法律出版社 2004 年版，第 208 页。

⑥ 高铭暄主编：《新型经济犯罪研究》，中国方正出版社 2000 年版，第 828 页。

⑦ 张天虹著：《经济犯罪新论》，法律出版社 2004 年版，第 208-209 页。

⑧ 马克昌主编：《经济犯罪新论——破坏社会主义经济秩序罪研究》，武汉大学出版社 1998 年版，第 541 页。

用权。①

　　复杂客体说就更为复杂了，又可概括为两小类：

　　第一类观点认为本罪侵犯的客体是国家对商业秘密的管理制度（或管理秩序）和权利人的合法权益（或专有权、专用权等），具体表述如以下几种：

　　本罪侵犯的客体是复杂客体……在损害权利人合法权益的同时，也侵犯了国家对商业秘密的管理制度，后者就是此罪所侵犯的间接客体。②

　　本罪侵犯的客体是商业秘密权利人对商业秘密的专用权和国家对商业秘密的管理制度。③

　　本罪的客体是双重客体，即国家对商业秘密的管理制度和权利人的合法权益。④

　　本罪侵犯的客体是复杂客体，包括商业秘密权利人的合法权益和国家对商业秘密的管理制度。⑤

　　本罪侵犯了国家对市场的管理秩序以及商业秘密权利人的无形资产专有权。⑥

　　第二类观点认为本罪侵犯的是市场秩序（或经济秩序、市场运行秩序、竞争秩序等）和权利人的合法权益（或专有权、专用

---

　　①　孙国祥、魏昌东著：《经济刑法研究》，法律出版社 2005 年版，第529 页。

　　②　转引自杨凯：《析侵犯商业秘密罪的定义与构成要件》，载《湘潭大学社会科学学报》2001 年第 1 期，第 82 页。

　　③　转引自杨凯：《析侵犯商业秘密罪的定义与构成要件》，载《湘潭大学社会科学学报》2001 年第 1 期，第 82 页。

　　④　詹复亮：《侵犯商业秘密罪若干问题探析》，载《人民检察》1997 年第 9 期，第 44 页。

　　⑤　赵秉志主编：《侵犯知识产权罪研究》，中国方正出版社 1999 年版，第 295 页。

　　⑥　转引自杨凯：《析侵犯商业秘密罪的定义与构成要件》，载《湘潭大学社会科学学报》2001 年第 1 期，第 82 页。

权、所有权等），常见表述如下：

本罪的客体是公平竞争的市场运行秩序以及权利人对商业秘密的所有权。①

本罪客体应为公平竞争的市场秩序和商业秘密权利人的所有权、使用权。②

本罪的客体是公平竞争的社会经济秩序和商业秘密的所有权。③

本罪侵害的法益是社会主义市场经济秩序和权利人对商业秘密的各种权利，包括所有权、使用权及秘密权等。④

本罪的客体是权利人的商业秘密权和国家的市场秩序。商业秘密权的核心是权利人对其采取保密措施的技术信息和经营信息的使用优势权，且由于侵犯商业秘密行为采取的都是不正当手段，故同时也侵害了商业道德和公平竞争的市场秩序⑤。

本罪侵犯的客体是市场秩序和商业秘密权利人的合法权利⑥。

本罪的犯罪客体是商业秘密权利人的所有权和相关的产权利益以及市场经济秩序，即权利人的资产所有权和相关经济利益以及市场经济公平竞争秩序。⑦

---

① 转引自杨凯：《析侵犯商业秘密罪的定义与构成要件》，载《湘潭大学社会科学学报》2001年第1期，第82页。

② 转引自孙国祥、魏昌东著：《经济刑法研究》，法律出版社2005年版，第529页。

③ 转引自张天虹著：《经济犯罪新论》，法律出版社2004年版，第208页。

④ 李晓明主编：《中国刑法罪刑适用》，法律出版社2005年版，第318页。

⑤ 刘家琛主编：《新刑法常用罪认定与处理》（上册），人民法院出版社1998年版，第549页。

⑥ 转引自杨凯：《析侵犯商业秘密罪的定义与构成要件》，载《湘潭大学社会科学学报》2001年第1期，第82页。

⑦ 王昌学主编：《市场经济犯罪纵横论》，法律出版社2001年版，第606页。

　　本罪侵犯的客体是复杂客体，即权利人对其商业秘密的占有、使用、收益、处分等完整的所有权以及该商业秘密给权利人带来的经济利益和竞争优势等。①

　　对于本罪的犯罪客体，有的学者只是表明其观点而未作阐述，有的学者则作了较为详细的分析。如有学者认为："本罪侵犯的直接客体是商业秘密权利人对其商业秘密的专用权。商业秘密一经使用即可取得财产利益，因而商业秘密权是一种财产权，权利人对之具有占有、使用、收益和处分的权利。关于本罪侵犯的客体，刑法学界有单一客体和复杂客体之争……用'专用权'的表述，似乎更能体现权利人对商业秘密的占有、使用、收益和处分的权利……社会主义经济秩序的范围太广，宜作为一类犯罪的同类客体，而不宜作为本罪的直接客体……'国家对商业秘密的管理制度'显然是我国一整套知识产权管理体制中的一部分，它又将商业秘密权利人对其商业秘密的专用权包括在内，显然不如'商业秘密专用权'更为具体，更为鲜明地体现了我国刑法所要保护的社会关系。"②另有学者认为，简单客体说的共同特征是强调刑法保护的社会关系的权利人性，突出对商业秘密权利人财产权利的保护，复杂客体说的共同特征是强调刑法保护的社会关系的国家性和权利人性的统一。本罪侵犯的客体应为商业秘密权，包括商业秘密的所有权人所享有的专有权和商业秘密的许可使用人所享有的使用权。因商业秘密的使用可给权利人或使用人带来巨大的财产利益，故商业秘密权是一种财产权，是权利人对之享有占有、使用、收益和处分的权利。③

---

　　①　裴广川主编：《经济犯罪的认定与处罚》（下），吉林人民出版社2002年版，第663页。

　　②　张天虹著：《经济犯罪新论》，法律出版社2004年版，第208-209页。

　　③　参见孙国祥、魏昌东著：《经济刑法研究》，法律出版社2005年版，第529页。

又如，有持复杂客体说的学者认为："该罪首先侵犯了权利人的合法权益，但从我国刑法分则将该罪规定于第三章而没有规定于第五章侵犯财产罪来看，表明刑法保护的侧重点并非个人的权益，而是市场经济秩序，国家保护权利人的财产权益，惩罚此类犯罪的最终目的，是通过对权利人财产权益的保护，来鼓励和保护公平竞争的市场秩序。为此，国家颁布了一系列法律法规，如《中华人民共和国反不正当竞争法》和《关于禁止侵犯商业秘密行为的若干规定》，故侵犯商业秘密罪也侵犯了国家对商业秘密的有关管理制度。"①另有学者认为，本罪"犯罪客体是商业秘密权利人的所有权和相关的产权利益以及市场经济秩序。商业秘密是一种无形资产，不但为权利人所有，而且更重要的是随其应用能为权利人带来相关经济利益和增值，并非静态意义上的财产权。与此同时，商业秘密又是市场主体进行公平竞争的资本和支柱，是其战胜竞争对手的'秘密武器'。商业秘密的专有和独用，必然刺激科技的发展，促进市场经济运行的有序和繁荣。不言而喻，商业秘密一旦遭到非法侵犯，势必使其权利人的资产所有权和相关经济利益以及市场经济公平竞争秩序遭到破坏"②。

二、侵犯商业秘密罪的客体探讨

笔者认为，以上各种观点，无论是复杂客体说还是简单客体说，都在一定程度上正确地揭示了本罪的客体特征，都有利于我们加深对本罪的理解，因而都有其合理之处。不过，其中某些提法值得商榷，似有可改进之处，具体分析如下。

（一）对简单客体说的简要评析

其一，该说的第一种观点认为本罪的客体是权利人的保密权，

---

① 杜国强、廖梅、王明星著：《侵犯知识产权罪比较研究》，中国人民公安大学出版社 2005 年版，第 317 页。

② 王昌学主编：《市场经济犯罪纵横论》，法律出版社 2001 年版，第 606 页。

这不够全面。所谓保密权，是指权利人对其商业秘密予以保密的权利。毫无疑问，保密权是商业秘密权中比较重要的内容之一，因为商业秘密的首要特征即秘密性，一旦失密、泄密或窃密，失去秘密性，商业秘密也就不成其为秘密，权利人也就无商业秘密权可言，故商业秘密权因保密而产生、因保密而存在。但是，商业秘密权不仅包括保密权，而且包括人身权以及对商业秘密的控制、使用、收益以及处分等财产权利，况且，保密权相对于商业秘密所有者的所有权或使用者的使用权来说，应是一种派生的权利，正是因为需要所有权或使用权，才派生了保密权。

其二，该说的第二种观点认为本罪的客体是权利人的保密权及其合法权益（或相关经济利益），这也不尽妥当。仅说保密权当然不全面，但加上合法权益或相关经济利益仍然不够妥当。一方面，合法权益的范围太宽泛了，任何犯罪都侵犯了他人的合法权益，没有不侵犯合法权益的犯罪，相关经济利益虽然比合法权益的范围小一些，但仍然过于笼统而不确切，不能够具体指出本罪犯罪客体的内容，而"直接客体是犯罪行为所侵犯而为刑法所保护的具体的社会关系，它既要能包容某种犯罪所侵犯的社会关系的全部内容，又要是最具体的";① 另一方面，无论是保密权加上合法权益还是相关经济利益的表述，都不能代替商业秘密权的全部内容，因而仍不够全面。

其三，该说第三种观点认为本罪侵犯的客体是商业秘密权利人的权利，而未具体指明侵犯了权利人的哪种权利，实际上回避了本罪侵犯的客体是什么这一问题，因为任何犯罪都是侵犯权利主体的某种权利的，没有不侵犯权利的犯罪。② 该种观点还会引起一些不必要的误解。如有学者认为："商业秘密权利人的权利不仅包括权

---

① 马克昌主编：《经济犯罪新论——破坏社会主义经济秩序罪研究》，武汉大学出版社 1998 年版，第 491 页。

② 参见张文显著：《法哲学范畴研究》，中国政法大学出版社 2001 年版，第 335-341 页。

利人对商业秘密的权利，还包括其人身权利、婚姻家庭权利、财产权利等，其虽然能够包容侵犯商业秘密罪所侵犯的全部社会关系的内容，但却不是最具体的。"① 事实上，该种观点所说的商业秘密权利人的权利显然是特指权利人对其商业秘密的权利，而不至于牵扯到所谓人身权或婚姻家庭权等权利。

其四，该说的第四、五、六种观点皆显片面且不够妥当。第四种观点中的"无形资产"的范围远远大于商业秘密，专利、商标、商业秘密、商誉、商号、原产地标记等都可成为一种无形资产，因而用"无形资产专用权"来指代商业秘密权很不确切。第五种观点显然是将社会主义经济秩序这一同类客体混同于本罪的直接客体，其不妥之处无需多言。第六种观点，无论是说权利人对其商业秘密的所有权，还是说权利人对其商业秘密的专用权，还是说他人对其商业秘密的专有权，都不能概括商业秘密使用人对商业秘密的权利，因而不够全面。因为商业秘密权利人既包括商业秘密的所有人，又包括经所有人许可的商业秘密使用人，对于所有人而言，本罪的确侵犯了其所有权，无论是侵犯所有权中的控制、使用、收益或处分权能中的一项或几项，都是对整个所有权的侵犯；但是对经所有人许可的商业秘密使用人来说，其商业秘密权受到侵犯，则主要是侵犯其使用权以及保密权等权利，但显然不能说侵犯了使用人的所有权，尽管任何侵犯使用人商业秘密权的行为，都会同时侵犯所有人的所有权，因为一般不会出现只有使用权人而无所有权人的情况。

其五，该说中的第七种观点认为本罪侵犯的客体是权利人的商业秘密权，比之其他各种观点，这种观点最为妥当，既能全面概括商业秘密权的诸项具体内容，又与立法规定相符。但是，该种观点同时又将商业秘密权解释为商业秘密的所有权人所享有的专有权和商业秘密的许可使用人所享有的使用权，则不尽妥当。因为，商业

---

① 杨凯：《析侵犯商业秘密罪的定义与构成要件》，载《湘潭大学社会科学学报》2001 年第 1 期，第 83 页。

秘密权是一个开放而发展的权利体系，不仅包括财产权法上的权利，还包括侵权法上的权利和合同法上的权利,① 不仅包括财产权利，还包括一定的人身权利，比如在商业秘密文件上写明自己是开发人或发明人的权利，以及保密权等,② 仅用所有权或使用权来概括商业秘密权的内容，也是不够全面的。

（二）对复杂客体说的简要评析

如前所述，尽管复杂客体说的观点众多，但要么可归类于侵犯权利人的合法权益加上国家对商业秘密的管理制度（或管理秩序）之中，要么可归类于侵犯权利人的合法权益加上市场秩序（或经济秩序、竞争秩序等）之中，因而各种观点实质上大同小异，都是认为本罪一方面侵犯了商业秘密权利人的某种权益，另一方面侵犯了国家或社会的某种利益。前文对简单客体说的评析实际上已经分析了复杂客体说中侵犯权利人合法权益的那部分，下文主要对复杂客体说中侵犯国家权益的那部分进行分析。

复杂客体说认为本罪除侵犯权利人的合法权益外，还侵犯了国家对商业秘密的管理制度或市场秩序、经济秩序等。那么，国家对商业秘密的管理制度或市场秩序、经济秩序等内容能不能作为本罪的直接客体呢？笔者认为，这要从犯罪客体的分类说起。通说认为，根据犯罪客体所包含的社会关系的范围不同，犯罪客体可分为一般客体、同类客体和直接客体。一般客体是指一切犯罪所共同侵犯的客体，也即我国刑法所保护的社会关系的整体；同类客体是指某一类犯罪所共同侵犯的客体，也即我国刑法所保护的社会关系的某一部分或某一方面；直接客体是指某一种犯罪所直接侵害或威胁的客体，也即我国刑法所保护的某一具体的社会关系，是整个社会

---

① 参见张玉瑞著：《商业秘密法学》，中国法制出版社 1999 年版，第 89-91 页；赵永红著：《知识产权犯罪研究》，中国法制出版社 2004 年版，第 353-354 页。

② 参见徐朝贤：《商业秘密权初探》，载《现代法学》2000 年第 6 期，第 110 页。

关系的最小组成部分。而同类客体之下又可分为不同的小类，如刑法第三章规定的犯罪所侵犯的同类客体是社会主义市场经济秩序，其下又可分为金融管理秩序、市场秩序、税收征管秩序等不同小类。直接客体与同类客体的关系大致有三种类型：一种是直接客体与同类客体完全一致，如大多数侵犯财产罪的直接客体和同类客体都是财产所有权；一种是直接客体只是同类客体的表现形式之一，如侵犯公民人身权利中的各个罪名；一种是直接客体与同类客体中有一致之处也有不同之处，如侵犯财产罪中的抢劫罪，既侵犯公民的财产权利又侵犯公民的人身权利。而简单客体与复杂客体则是根据某种犯罪行为所直接侵犯的具体社会关系的多寡对直接客体的一种划分，如果只侵犯某一种具体的社会关系，则称为简单客体，如果同时侵犯两种或两种以上具体的社会关系，则为复杂客体。① 可见，简单客体与复杂客体只是对直接客体的一种分类。在分析某一种犯罪的客体时，必须牢记犯罪客体的分类标准，避免把同类客体当成直接客体、进而将简单客体犯罪当成复杂客体犯罪。

那么，本罪是否同时直接侵犯两种以上具体社会关系，是否同时侵犯个人和国家的某种权益呢？答案是否定的，这得结合刑法所规定的本罪的行为方式来考虑，看刑法规定的行为方式是否同时直接针对某种个人权益和国家利益。而从刑法第219条规定的四种行为方式来看，无论是以不正当手段获取，还是非法披露、使用或允许他人使用权利人的商业秘密，其行为所直接侵犯的都是权利人的商业秘密权，而不是国家的某种利益，更不是国家的某种制度。因此，所谓国家对商业秘密的管理制度或市场秩序、经济秩序、竞争秩序等国家利益，至多只能作为本罪的同类客体而不是本罪的直接客体，因为它们都只是侵犯权利人商业秘密权的附带产物，是间接受到侵犯而非直接受到侵犯。对此，有学者指出，国家对市场的管理秩序，从广义上说，就是社会主义市场经济秩序，是刑法第三章

———————

① 参见马克昌主编：《犯罪通论》，武汉大学出版社1999年版，第113-119页。

所规定的破坏社会主义市场经济秩序罪的同类客体,从狭义上说,就是市场秩序,包括市场交易、竞争和市场管理秩序,是刑法第三章第八节所规定的扰乱市场秩序罪的亚同类客体,而公平竞争的市场运行秩序实质上就是市场竞争秩序,它们都不是本罪的直接客体。并认为,"国家对商业秘密的管理制度"本身不可能是本罪的客体,只有"国家对商业秘密的管理制度"所调整的社会关系,才可能是本罪的直接客体。① 这种看法是正确的。同理,各种社会秩序本身也不可能成为犯罪的直接客体,只有社会秩序所体现的具体的社会关系,才可能成为犯罪客体,显然,本罪在直接侵犯权利人的商业秘密权时,并不同时侵犯某种制度或秩序,只有在权利人的商业秘密权受到侵犯后,作为其后果,才可能体现为国家对商业秘密的管理制度或公平竞争的市场秩序受到某种程度的破坏。此外,对于什么是国家对商业秘密的管理制度也许容易解释,但对于什么是市场秩序、市场经济秩序、市场运行秩序或竞争秩序,其解释就不那么容易了,这也许是持复杂客体说的观点众多而措词难以统一的原因之一。

这里有必要回应一下前文所举复杂客体说的一种观点。该观点认为,从我国刑法分则将该罪规定于第三章而没有规定于第五章侵犯财产罪来看,表明刑法保护的侧重点并非个人的权益,而是市场经济秩序,国家保护权利人的财产权益、惩罚此类犯罪的最终目的,是通过对权利人财产权益的保护,来鼓励和保护公平竞争的市场秩序。为此国家颁布了一系列法律法规,如《中华人民共和国反不正当竞争法》和《关于禁止侵犯商业秘密行为的若干规定》,故侵犯商业秘密罪也侵犯了国家对商业秘密的有关管理制度。②这种观点的不妥之处有:第一,从"刑法的最终目的是通过对权利

---

① 参见杨凯:《析侵犯商业秘密罪的定义与构成要件》,载《湘潭大学社会科学学报》2001年第1期,第82-83页。

② 杜国强、廖梅、王明星著:《侵犯知识产权罪比较研究》,中国人民公安大学出版社2005年版,第317页。

人财产权益的保护，来鼓励和保护公平竞争的市场秩序"中并不能当然推出本罪的直接客体包括国家对商业秘密的管理制度的结论，否则，刑法规定盗窃罪、诈骗罪、故意杀人罪等犯罪都是有其"最终目的"的，是否这些犯罪的直接客体也同时包括财产权、人身权和国家对财产的管理制度或对人身的保护制度呢？要知道，国家关于财产管理或人身保护方面的法律法规或规章，远比国家对商业秘密的管理制度方面的规定多得多。第二，以本罪规定在刑法章节中的位置来推论本罪的直接客体，也是不切实际的。因为各种犯罪在刑法章节中的位置，主要是由其同类客体的性质决定的，如故意杀人罪规定在侵犯公民人身权利、民主权利罪一章中，因为其同类客体是人身权利。但规定在哪一章节中至多只能表明该罪的同类客体是什么，而不能表明该罪的直接客体是什么，否则，就没有必要去探讨各种犯罪的直接客体了，看看该罪规定在刑法的第几章第几节就行了。第三，若能仅因刑法将本罪规定在第三章第三节中，就认为本罪侵犯的是复杂客体，则同样可以认为，刑法第三章第一至八节、第六章第一至九节所规定的全部犯罪都是复杂客体犯罪，没有简单客体犯罪存在的余地，这实际上是将同类客体与直接客体混为一谈。因此，认定某种犯罪的直接客体是简单客体还是复杂客体，只能从分析该种犯罪是否同时直接侵犯两种或两种以上具体的社会关系入手，而不是看该罪在刑法章节中的位置或刑法设置该罪的最终目的。

综上，笔者基本上赞同简单客体说中的第七种观点，认为本罪侵犯的客体是权利人的商业秘密权，包括商业秘密所有人的所有权和许可使用人的使用权，以及其他方面的权利。至于商业秘密权性质和具体内容，详见本章第二节。至于本罪侵犯的亚同类客体，应是竞争秩序或者说公正的竞争秩序，[①] 因为本罪除了侵犯权利人的商业秘密权之外，还扰乱或破坏了公平竞争的市场竞争秩序；其同

---

① 参见［日］神山敏雄：《侵害企业秘密的犯罪》，陆一心译、荣颂安校译，载《现代外国哲学社会科学文摘》1997 年第 4 期，第 23 页。

类客体则是社会主义市场经济秩序。

第二节　侵犯商业秘密罪客体的属性

上一节提出本罪的客体是商业秘密权，这里有必要从民刑结合的角度，对商业秘密权的概念、特征、性质、内容及权利限制等问题作一探讨。

一、商业秘密权的概念和特征

所谓商业秘密权，简言之，是指权利人对其商业秘密享有的权利，详言之，是指权利人依法享有的控制、使用、收益或处分其商业秘密并禁止他人非法侵犯等权利。商业秘密权是知识产权的重要组成部分，具有知识产权的一般特征，但也具有一些不同于其他知识产权的特点：①

（一）主体的复杂性

商业秘密权的主体是指商业秘密权的权利人，即商业秘密的所有人和经商业秘密所有人许可的商业秘密使用人。对于商业秘密，只有当其持有人采取合理的保密措施使其处于秘密状态时，法律才给予保护。这一特性使得商业秘密权的权利主体具有以下特点：一是主体不一定单一。传统的知识产权，比如专利权、商标权和著作权，都是同一项权利只能有一个权利主体，而同一项商业秘密却可能出现多个权利主体并存的情况，某一权利主体对他人自行创造构思或通过反向工程等合法方式取得的商业秘密，只能相互尊重、互不侵犯，更无权请求有关机关禁止他人行使权利。二是主体具有隐蔽性，不像传统知识产权那样具有公开性，通常是在权利受到侵害

---

① 参见张耕等著：《商业秘密法》，厦门大学出版社2006年版，第104-106页；倪才龙主编：《商业秘密保护法》，上海大学出版社2005年版，第58-61页；徐朝贤：《商业秘密权初探》，载《现代法学》2000年第6期，第108-109页。

后,主体才显现出来。三是主体十分广泛,既包括商业秘密所有人又包括商业秘密许可使用人,既包括原始权利人又包括继受权利人。

（二）客体的非物质性

商业秘密是符合法定构成要件的技术信息或经营信息,是人类智力活动所创造的一种精神财富,虽然通常要通过有形的物质载体表达出来以便人们感知,但商业秘密本身则有别于动产、不动产等有体物,不具有物质形态,不占据一定的空间,不发生有形控制的占有或有形损耗,而可以同时被多人所知悉、掌握。商业秘密被侵占、盗窃时,从表面上看,商业秘密的占有、使用等功能没有受到侵犯,权利人的所有权也没有丧失,照样可以利用该商业秘密进行生产经营,似乎没有财产损失,但实际上,权利人或多或少地丧失了实际或潜在的经济利益或竞争优势,而有体物受到侵犯时往往表现为所有权的丧失或者说占有、使用、收益、处分等诸多功能的行使受到侵害。所有权的最终消灭往往是由于有体物的灭失,而商业秘密权的消灭则是由于信息被公开而为同一行业或领域内大多数人知悉或可轻易获知,导致丧失秘密性而失去法律的保护,但信息本身一般不会灭失,仍可为权利人和其他人利用并从中获得收益,只是信息变成人人得而用之的公有信息而已。

（三）权利取得的自发性和保护的自力性

商业秘密权的取得不需要经过像专利、商标那样的法定确认或授予程序,权利人开发、研制出商业秘密后就自动取得商业秘密权,他人不得侵犯。由于权利是自发取得的,且处于秘密状态,外人无从知晓,故法律要求权利人自行采取合理的保密措施以维持商业秘密的秘密性,否则,对于因权利人自身原因而导致丧失秘密性的信息,法律不予保护。

（四）专有性、时间性和地域性

商业秘密权的专有性主要体现在两个方面:一是由于权利人采取严格的保密措施使商业秘密事实上处于外人无从知晓的秘密状态,如著名的"可口可乐"饮料配方已保持秘密性达一百多年,一直为其权利人专有;二是法律禁止以盗窃、利诱、胁迫等不正当手段获取权利人的商业秘密，禁止未经权利人允许披露、使用或允许他人使用权利人的商业秘密，即所谓"事实上的专有与法律上的专有的统一"。商业秘密权的时间性表现在如果保密措施得当，商业秘密权可以一直持续下去，或者因保密措施不当等原因使商业秘密丧失秘密性而不再受法律保护，还可能因他人研制、开发出更先进更有创造性的商业秘密使权利人的商业秘密失去价值性而不再受法律保护。商业秘密权的地域性突出体现在在某国或某地可以构成商业秘密的信息，在另一国或另一地完全可能由于技术或法律等方面的原因而不构成商业秘密。因此，对同一信息能否取得商业秘密权也会受地域的限制。

笔者认为，从定罪量刑的角度来看，商业秘密权的以下特征应引起足够重视：

第一，商业秘密权是一种智力成果权。商业秘密作为一种智力劳动创造的精神财富，从物质与意识二分法来说，属于意识范畴，不具有物质性，是一种既无体也无形的东西，是人类在生产实践活动中对物质世界的一种正确认识与反映，仅存在于人的头脑之中。它与煤气、天然气、冷气等有体无形，电力、热能、太阳能等无体无形的物质性财产不同，后者尽管有体无形或无体无形，但仍属于物质范畴，仍然是独立于人脑之外的客观物质实在，是人类认识和反映的对象，而商业秘密则是认识和反映本身。因此，商业秘密权本质上是一种对意识的权利，而不是一种对物质的权利，这一点对理解本罪与传统财产犯罪的区别十分重要。

第二，商业秘密权不同于物权。物权是物的所有人直接支配其物并排除他人干涉的权利。物权的客体主要是有体物，不包括无体物特别是权利，也不包括债权和智力成果。①物权法实行物权法定、一物一权和公示、公信等原则。其中，一物一权主义是指物权的客体仅为独立的特定之物，在同一个物上只能设立一个所有权，不能

---

① 参见王利明著：《物权法论》，中国政法大学出版社 1998 年版，第39-42 页。

同时存在数个不同的物权。①简言之，在一独立特定之物上只能存在一个所有权主体。而商业秘密属于意识范畴，不同的主体可以同时拥有完全相同的商业秘密。由客体的差异所导致的法律保护方面的差异，突出体现在客体的价值计算方面。有体物的价值一般是固定的，体现为具有相对稳定的市场价格，侵犯所有权造成的损失，一般仅以财物的价值计算；而对商业秘密的侵犯，其损失则不仅要计算商业秘密本身的价值，还要计算权利人预期可获得的收益等直接或间接经济损失。比如，盗窃一台正在出租的电视机，盗窃数额仅为电视机本身的价值，预期可收取的租金不得计入；而盗窃一项商业秘密，其数额计算则不仅要考虑该商业秘密的开发成本，更主要是要考虑其他方面的损失。体现在定罪量刑标准上，侵犯财物所有权的犯罪是一种重罪，侵犯商业秘密罪是一种轻罪，如我国司法解释规定，盗窃、抢夺数额 500 元至 2000 元的财物即可定罪，而侵犯商业秘密，只有给权利人造成损失 50 万元以上才能定罪，而两者的起点刑幅度相同，都是处 3 年以下有期徒刑或拘役，并处或单处罚金。500 元与 50 万元，竟相差千倍！因此，作为精神财富的商业秘密并不是有体物所有权的客体，将商业秘密视为财物是极不妥当的。

第三，商业秘密权不同于债权。商业秘密权和债权同属意识范畴，同样无体无形，同属一种为法律所保护的特定利益，同样不属物权的客体。但两者有较大区别：其一，债权所反映的利益的量一般是固定的，比如，张三借了李四 5 元钱，李四打了 1 个小时的电话，王五打伤了李六得赔 100 元等；商业秘密权所反映的利益的量则是不固定的，具有"钱能生钱"的资本性。比如，赵七知道如何去北京，凡想去北京的人都得向他咨询，每次收费 10 元，赵七就凭这个养活一家老小。所谓资本，是指能够创造价值和剩余价值的财产，商业秘密如同企业的固定资产、流动资金一样，能够为其

---

①　参见王利明著：《物权法论》，中国政法大学出版社 1998 年版，第 109-114 页。

持有人源源不断地创造价值和剩余价值。因此，商业秘密的价值主要体现在两个方面：一是商业秘密本身的价值，这是由研究、开发商业秘密所需要的社会必要劳动时间决定的；二是商业秘密的利用能够给权利人带来的收益，这主要取决于产品或服务的创新程度、社会供求关系、权利人所占的市场份额等。因此，商业秘密具有较强的资本性，理解这一点，对于理解侵犯商业秘密给权利人造成的损失数额的计算十分重要。其二，商业秘密权是一种绝对权、对世权，权利人能够对任何不法侵犯其权利的人主张侵权责任，而债权是相对权、对人权，权利人只能对与之具有合同关系的违约方或者其他种类之债的义务方主张债权。如果权利人与知悉其商业秘密的人签订合同，要求后者承担保密义务，不得披露、使用或者允许他人使用权利人的商业秘密，而后者违反约定实施了披露、使用或者允许他人使用等行为，则后者同时构成违反合同与侵犯商业秘密权，形成违约责任与侵权责任竞合，权利人既可提违约之诉，又可提起侵权之诉。理解这一点，对于理解我国侵犯商业秘密罪的主体为何是一般主体非常重要。

二、商业秘密权的性质

商业秘密权的性质是商业秘密法律保护理论中最根本的问题之一，它往往决定一国商业秘密保护的基本理论，也是明确商业秘密法律保护的依据、方式和程度的关键性问题。[①] 对于商业秘密权的性质，在长期的理论研究与司法实践中，逐渐产生和形成了种种学说，概括说来，主要有以下几种。[②]

---

① 参见罗玉中、张晓津：《TRIPS 与我国商业秘密的法律保护》，载《中外法学》1999 年第 3 期，第 25 页。

② 参见孔祥俊著：《商业秘密保护法原理》，中国法制出版社 1999 年版，第 152-161 页；戴永盛著：《商业秘密法比较研究》，华东师范大学出版社 2005 年版，第 74-81 页；徐朝贤：《商业秘密权初探》，载《现代法学》2000 年第 6 期，第 107-108 页；付慧妹、陈奇伟：《论商业秘密权的性质》，载《南昌大学学报（人文社会科学版）》2005 年第 2 期，第 77-78 页。

（一）财产权说

该说认为商业秘密是一种无形财产，具有与有形财产一样的价值与意义，认为商业秘密权是一种无形财产权，是商业秘密持有人依法享有的控制、使用、收益和处分其商业秘密并排除他人非法侵犯或干涉的权利。财产权说里面又有几种不同观点。

1. 不稳定的财产权说。此说认为，商业秘密权在性质上与专利权、商标权、著作权相同，都是人们对其智力成果享有的一种权利，都可以成为转让、继承、信托、遗赠、课税的对象，是一种具有财产价值的财产权。但是，由于其随着商业秘密的公开而消灭，因而是一种不稳定的财产权，且商业秘密是以财产的形式进行交易的，故应是企业财产的一个权利客体。该说只是笼统地说商业秘密权是一种财产权，未明确表明商业秘密权是一种知识产权。

2. 无形财产权说。此说认为，商业秘密是一种无形财产，具有无形财产的共有属性，商业秘密权是一种无形财产权，权利人对其商业秘密享有充分的权利，包括占有、使用、收益和处分权能。并且认为，商业秘密权具有知识产权的某些特征，但又不具备传统知识产权的全部特征，因而还不是一种知识产权。

3. 财产价值权说。此说认为，商业秘密是一种具有竞争财产的价值，虽不具有支配性，但其秘密性能使持有人获得竞争上的优势，能够转让，能够在事实上被独占使用，类似于"事实上的财产"，故商业秘密权应是一种与财产价值有关的权利。

4. 准财产权说。此说认为，商业秘密只具有类似于财产的性质，商业秘密权只是一种准财产权，因为对商业秘密的保护主要来源于竞争法，而不是财产法，保护的理论基础是被告破坏了其与原告之间的信赖关系，违反了保密义务，而不是侵犯了商业秘密持有人的财产权利。从该说认为商业秘密权存在于具有信任关系者之间来看，该说实际上认为商业秘密权是一种债权，但未明确提出。

5. 相对财产权说。此说认为，由于商业秘密权不具有独占性，不属于物权或准物权，而是一种相对性的债权。对商业秘密的保护多是基于契约关系，认定侵权人的行为是否构成不正当行为也主要是根据行为人的主观状况以及交易安全的需要。这种相对财产权虽然是一种可以对不特定人主张的权利，但这种不特定人的范围应限于主观上具有故意、客观上采用了不正当手段侵犯他人商业秘密的人。只有同时具备主观故意和客观上采取了不正当手段这两个条件，才能构成侵犯商业秘密行为。之所以认为是一种相对性的债权，是因为在传统上，债权是一种相对权，只能对特定人主张权利，而商业秘密权则具有一定的对世性，可以对不特定的侵权人主张权利。

（二）知识产权说

该说认为，商业秘密权在性质上与专利权、商标权、著作权等其他知识产权一样，都是人们对其智力成果享有的一种权利。该说已为众多学者接受，逐渐成为学界通说，并为一些新近出台的法律文件和国际条约所肯定。尽管有学者基于商业秘密权不具备与专利权、商标权、著作权等传统知识产权相同的"三性"而认为商业秘密权是一种特殊的知识产权，但越来越多的学者认为，知识产权是一个开放、发展的权利体系，随着社会的发展和科技的进步，将不断有新的权利及其客体涌现出来，融入知识产权大家庭。而且，所谓知识产权的专有性、时间性和地域性等"三性"并不是知识产权的本质属性。比如，专有性不是绝对的，专利权要受在先使用权的限制，同一商标可以使用于其他种类的商品或服务；任何权利都是法律的产物，都受主权国家地域范围的限制；至于时间性，著作权中的身份权如署名权、商标权、地理标志权、商品名称权、厂商名称权等均不受时间限制。而商业秘密权本身也具备一定的"三性"。因此，商业秘密权是一种地地道道的知识产权，根本无须加上"特殊"二字进行限制。① 我国刑法学者也大多认为，商业秘密权是一种知识产权，权利人对其商业秘密享有完全的占有、

_____

① 参见崔明霞、彭学龙：《商业秘密权的知识产权属性》，载《中南财经政法大学学报》2002 年第 4 期，第 83-85 页；徐朝贤：《商业秘密权初探》，载《现代法学》2000 年第 6 期，第 108 页。

使用、收益和处分的权利。

（三）人格权说

人格权说认为，不正当竞争行为所侵害的并不是与人格权相分离的存在于外部的权益，而是附着于人格的利益。这里的人格并不是指权利主体的人格，而是指作为客体的人格利益，即具有人格性质的营业活动才是反不正当竞争法所保护的对象。营业活动的目的在于获得顾客，对获得并维持顾客所作出的努力应当作为一种特殊的利益进行保护，应当赋予权利人对侵害其营业活动的不正当竞争行为的排除权，即营业活动权。美国也有判例认为，除了经济因素外，商业秘密还应保护最基本的人权，以惩戒工业间谍。我国也有学者认为，商业秘密权既是法人和非法人组织的一种财产权，又是一种人格权，应当受到民法的保护。

（四）企业权说

企业权说认为，商业秘密权是一种企业权。所谓企业权，又称企业营业权，是指民事主体设立企业和从事经营活动的权利。该说认为，从财产法的观点来看，作为一个有组织的经济单位，企业是一个结合动产、不动产、无体财产权、债权以及企业家的策划、组织与活动而建立起来的集商誉、信用、劳动关系和经营经验于一体的组织。该组织所形成的总体价值，除了构成企业财产的物或权利以外，还有基于企业家人格的策划活动所形成的无体营业价值。因此，企业财产是一种结合财产因素与人格因素、物资因素与非物资因素的价值所形成的更高单位的无体财产。商业秘密本身具有竞争上的客观经济价值，对企业的生存与发展有重大影响，当然是所谓的无体意义上的企业财产的重要组成部分，因此商业秘密权也属于企业权。

（五）信息权说

随着近年信息法学的兴起，有人认为商业秘密权是一种信息权。比如英国律师彭道敦在其《香港工业产权与知识产权法》一书中认为，商业秘密权在本质上属于一种信息权。我国学者张守文等在其《信息法学》中也提出商业秘密权是一种信息权。但总的来看，持该种学说的学者不多。

（六）多重性质说

该说认为，商业秘密权并不只是一种财产权，商业秘密是一个多面体，具有不同性质的侧面，可以根据不同的理论进行保护，故商业秘密权同时具有多种性质。具体说来，商业秘密权可以分解为侵权法上的权利、合同法上的权利和财产法上的权利。在技术合同法和反不正当竞争法实施后，商业秘密权具备了比较完整的财产权特征，且法律也没有禁止对商业秘密主张所有权，故可以将商业秘密权看做是一种财产权。①

笔者认为，以上各说，分别从不同侧面揭示了商业秘密权的属性，这对于从不同角度去分析和认识商业秘密权的性质，对于理解商业秘密保护的有关理论无疑是有益的，只是以上各说都有可商榷之处，简要分析如下：

其一，财产权说正确地揭示了商业秘密权的财产属性，因为从本质上说，财产权是一种受法律保护的经济上的利益关系，无论是物权、债权，还是作为无形财产的知识产权，都属于财产权的范畴。② 商业秘密作为人类智力和社会活动的成果，凝聚着其持有人的创造和智慧，是一种精神形态的劳动产品，具有价值和使用价值，能为持有人带来直接或间接的经济利益或竞争优势，可以单独或随同有形财产或专利权等知识产权一并转让，故商业秘密权具有一定的所有权属性，③ 当然属于一种财产权。只是由于财产权的范围太宽泛了，将商业秘密权定位为财产权，不够准确，不能将商业秘密权与其他形式的财产权区别开来。

---

① 参见张玉瑞著：《商业秘密法学》，中国法制出版社 1999 年版，第 89-90 页。

② 参见朱谢群著：《创新性智力成果与知识产权》，法律出版社 2004 年版，第 35-63 页。

③ 参见冯晓青：《论商业秘密法与公共利益》，载《西南民族大学学报（人文社科版）》2004 年第 2 期，第 44 页。

　　其二，知识产权说作为一种正在形成中的通说，也不是没有争议，其本身也还有许多问题值得探讨，比如其专有性有限、与大多数知识产权类型（比如专利）鼓励信息公开的政策不符等。

　　其三，人格权说揭示了商业秘密具有人身或人格属性的一面，但将商业秘密权归入人格权，则有以偏概全之嫌，无法体现商业秘密权的本质属性。因为商业秘密权与人格权具有很大的不同，比如商业秘密权的客体是符合法定构成要件的特定信息，人格权的客体则是人格利益；商业秘密同时具有商品和财产属性，可以转让、继承或抛弃，人格权则与权利人的人格利益密切相关，不具有商品或财产属性，不能转让、继承或抛弃。因此，尽管商业秘密权中具有一定的人格权内容，比如商业秘密的开发者享有在商业秘密文件上写明自己是开发人或发明人，或在含有其开发的商业秘密的产品或产品包装上标记其名称等身份权利，但不宜将整个商业秘密权都看作人格权。

　　其四，企业权说侧重于从动态角度分析商业秘密，看到了商业秘密的客观经济价值及其对企业生存和发展的影响，认为商业秘密是企业财产的重要组成部分，这是正确的，但并非所有的商业秘密都属于企业，非企业的个人也可拥有商业秘密，并且将商业秘密权当做企业财产权的一种，也不够准确。因此，企业权说也有其局限性。

　　其五，信息权说看到了商业秘密权的客体的本质是一种信息，我国及其他国家也大多将商业秘密定义为一种信息，但信息权作为一种新兴的权利类型，本身尚有许多问题有待探讨，内容还不够明确；并且将商业秘密权定位为信息权，同将商业秘密权定位为财产权一样，过于宽泛而不够准确，因为商业秘密只是信息中的一小部分，只是其中符合法定构成要件的特定信息，因此，无论从理论研究还是实践操作出发，都不宜将商业秘密权归入信息权进行保护。

　　其六，多重性质说看到了商业秘密本身的复杂性，看到了采取多种理论和手段保护商业秘密的必要性，指出商业秘密权可以包括多方面的权利，这是正确的，因为任何事物都具有多种属性，商业

秘密权也不例外。但是，事物的属性有本质属性和非本质属性之
分，决定一事物性质的，只是该事物的本质属性，多重性质说实际
上回避了商业秘密权的本质属性是什么这一问题，因此也不足取。

综上，相比较而言，知识产权说较为可取，① 大多数刑法学者
都赞同此说。

三、商业秘密权的主体

商业秘密权的权利人是指经独立研究开发、反向工程、合法受
让等正当途径取得商业秘密的自然人、法人或其他组织。刑法第
219 条第 4 款规定：“本条所称权利人，是指商业秘密的所有人和
经商业秘密所有人许可的商业秘密使用人。”国家工商行政管理局
《关于禁止侵犯商业秘密行为的若干规定》第 2 条规定：“本规定
所称权利人，是指依法对商业秘密享有所有权或者使用权的公民、
法人或者其他组织。”在商业秘密诉讼中，确定商业秘密的权利人
是谁至关重要，因为只有先确定谁是权利人才能够进一步考虑是否
侵权问题。因此，有必要探讨商业秘密权的权利主体问题。

（一）职务商业秘密和非职务商业秘密

确定商业秘密的权利主体，比较难认定的是在雇佣关系下所完
成的商业秘密属于谁。对此，应注意以下几点：1. 雇员受雇从事
研究开发所作出的商业秘密，是职务商业秘密，应归雇主所有。包
括雇员在本职工作中作出的，履行雇主交付的本职工作之外的任务
作出的，以及在退职、退休或者调动工作后 1 年内作出的与其在受
雇单位承担的本职工作或者受雇单位分配的任务有关的商业秘密。
2. 雇员的工作范围不涉及研究开发，其自行研究开发所取得的商

---

① 认为商业秘密权的本质是一种知识产权，同认为商业秘密权是一种
财产权一样，并不十分准确，因为知识产权也包括许多具体种类。但是，为
了揭示某一事物的本质，通常只能采取属加种差的方式，否则无异于同义语
反复而无法说明问题。与财产权相比，知识产权与商业秘密权的关系还是更
近些。

业秘密一般归雇员所有。但主要是利用雇主的物质技术条件，比如资金、设备、零部件、原材料或者不对外公开的技术资料等所作出的商业秘密，一般应归雇主所有。3. 雇员离职前主要利用了雇主的物质技术条件，而于离职后完成的商业秘密，或雇员离职前已完成了商业秘密的主要部分或基本内容，并于离职后全部完成的商业秘密，一般应归雇员所有。

（二）共同开发的商业秘密

除另有约定以外，数人共同研究开发所作出的商业秘密应属开发各方共有，并且各方所享有的权利份额均等，各共有人均有使用及处分的权利，但在使用和处分前应经其他共有人全体同意，而其他共有人若无正当理由不得拒绝。

（三）委托开发的商业秘密

除另有约定以外，受托人接受委托方的委托所完成的商业秘密，均归受托人所有，但委托方有免费使用权和优先受让权。

（四）分别开发的商业秘密

两个或两个以上的人分别独立研究开发所作出的相同或相似的商业秘密，归各方单独所有，各方均有权独立使用、处分其商业秘密，而不构成对其他方的侵权。①

（五）后续改进的商业秘密

所谓后续改进的商业秘密，是指对合法取得的他人仍享有权利的商业秘密进行改进所形成的商业秘密，该商业秘密一般归改进者所有，但如果实施该改进的商业秘密需使用在先商业秘密，则应征得在先商业秘密权利人的同意。另外，对业已解密、已经进入公共领域的原商业秘密不存在后续改进问题，该类改进产生的是独立的权利。②

---

①　参见戴永盛著：《商业秘密法比较研究》，华东师范大学出版社2005年版，第81-87页。

②　倪才龙主编：《商业秘密保护法》，上海大学出版社2005年版，第65-66页。

对于商业秘密权的主体，我国法律没有明文规定，但可参考合同法、专利法及其实施细则、最高人民法院关于审理技术合同纠纷案件适用法律若干问题的解释、著作权法等有关文件中的相关规定予以认定。尤其是应正确认定经营秘密的归属。

四、商业秘密权的内容

一般认为，商业秘密权的内容主要有：①

1. 身份权。商业秘密是一种人类智力活动的成果，它与开发者的脑力活动与身份密切相关，因此，同作品的创作者享有署名权一样，商业秘密的开发者也应享有一定的身份权，其内容应包括：(1)在自己或许可他人利用自己的商业秘密所制造的产品或产品包装上标明其身份的权利；(2)在商业秘密文件上写明自己是开发人或发明人的权利；③排斥他人假冒其商业秘密的开发者身份的权利。

2. 保密权。保密权是指权利人对其商业秘密予以保密的权利，这是商业秘密权中最核心的内容，因为商业秘密权因保密而产生，因保密而存在，一旦失密、泄密、窃密，则不成其为商业秘密，权利人也就无商业秘密权可言。保密权的内容包括：（1）对商业秘密进行秘密占有、控制和管理的权利；（2）要求知悉其商业秘密的雇员和有关单位对其商业秘密予以保密的权利；（3）要求商业秘密受让方对商业秘密进行保密的权利。

3. 控制权。又称占有权，是指权利人对其商业秘密进行事实上的管领和支配的权利。基于控制权，权利人可采取一定的保密措施来防止他人通过不正当手段获取、披露或使用其商业秘密。前项保密权实际上包括了控制权，只是探讨的角度不同。

4. 使用权。使用权是指权利人按照商业秘密的性能和用途加

---

① 参见张耕等著：《商业秘密法》，厦门大学出版社 2006 年版，第 127-129 页；倪才龙主编：《商业秘密保护法》，上海大学出版社 2005 年版，第 74-75 页；徐朝贤：《商业秘密权初探》，载《现代法学》2000 年第 6 期，第 110 页。

以利用以实现商业秘密的使用价值的权利。其内容主要体现在两个方面：一是只要不违反法律、不妨碍他人合法利益、不损害社会公共利益或公序良俗，任何人都无权干涉这种使用；二是有权要求非法取得其商业秘密的人停止使用商业秘密，并有权要求侵权者赔偿损失。

5. 收益权。收益权是指权利人从商业秘密的占有、使用或处分中获得经济利益的权利。如通过自己使用或许可他人使用获得经济利益，通过转让或投资入股获得经济利益等。

6. 处分权。是指权利人处置其商业秘密的权利，主要包括：（1）转让权，权利人有权将其商业秘密权的整体有偿或无偿转让给他人，自己不再占有和使用；（2）许可使用权，即在保留所有权的前提下，允许他人有偿或无偿使用其商业秘密；（3）公有化权，即将商业秘密的内容公之于众，使之进入公有领域；（4）投资权，权利人可将其商业秘密作为出资以投资入股，实际上是一种特殊形式的转让权；（5）设质权，权利人有权将其商业秘密作为质权的标的质押给债权人；（6）专利申请权，权利人有权将其商业秘密申请专利；（7）排除妨碍权，指权利人在其权利受到不正当获取、披露、使用等形式的侵犯时，享有要求侵权者停止侵害、消除影响、赔礼道歉、赔偿损失的权利，等等。

五、商业秘密权的限制

在法的创制过程中，认识各种社会利益是法的创制活动的起点，以及对各种利益做出取舍和协调，是法的创制的关键。作为协调商业秘密权利人的利益和其他利益主体的利益关系的商业秘密法也不例外。从利益的角度考察，可以将商业秘密法看成是在商业秘密权利人的垄断利益与社会公共利益之间的一种利益分配、法律选择和制度安排。[1] 郑成思教授也认为，"不仅知识产权，任何民事

---

① 参见冯晓青：《商业秘密法平衡机制之探讨》，载《北京交通大学学报》（社会科学版），2004 年第 3 期，第 52 页。

权利（包括物权）均应当有权利限制，如果某种民事权利不受限制，则必然妨碍其他民事权利的存在或行使"。① 因此，同其他权利一样，商业秘密权也要受到各种限制，以平衡权利人利益与社会公共利益。认清这些限制，有助于认定某一行为是否构成侵犯商业秘密行为及其危害程度。

关于商业秘密权的限制原则，有学者总结为以下三个：②

一是注重效率，兼顾公平原则。具体体现在当同一商业秘密有多个权利主体时，各权利人在行使权利时应尊重其他权利人的合法权益；权利人不得滥用其商业秘密所具有的经济和竞争优势，进行不公平竞争和垄断；经营单位在行使商业秘密权利时，应充分尊重相关员工的劳动就业权利和获得劳动报酬权利，更进一步说，经营单位对员工的择业权、劳动权等涉及员工生存的权利，不应进行不合理的限制等方面。

二是有利于科技进步和维护国家整体利益原则。体现在对阻碍科技进步和不利于维护国家整体利益的行为进行限制，对那些对国民经济和社会发展有重大意义的商业秘密实行强制实施许可制度，对危害公共利益的商业秘密不予保护，根据平等互利原则处理对其他国家商业秘密权利人的权利保护问题等方面。

三是保护水平既要适应国际惯例，更应符合中国国情原则。由于《与贸易有关的知识产权协议》（以下简称 TRIPS 协议）已将商业秘密规定为知识产权的重要组成部分，而我国已加入该协议，应承担相应的国际义务，因此，我国对商业秘密的保护水平应符合国际惯例的要求。但是，保护水平又不宜太高，应充分考虑我国的实际需要和保护能力，符合中国国情。例如不必一步到位按 TRIPS 协议的要求把"未公开信息"全部纳入保护范围；对否定性商业

①　郑成思：《私权、知识产权与物权的权利限制》，载《法学》2004 年第 9 期，第 74 页。

②　参见邱平荣、欧阳仁根：《论对商业秘密保护的限制》，载《政法论坛》1997 年第 4 期，第 56-57 页。

秘密是否进行保护应在详细研究和比较之后进行区别处理；对商业秘密侵权人的法律制裁应有针对性地按我国主要发生的该类侵权案件特点进行规定；对其他权利人的权利进行相应保护；有关法律规定既要体现原则性更应具有可操作性等。

另有学者概括，对商业秘密权的限制主要体现在以下一些方面：①

一是源自他人合法权益的限制。主要是指对他人合法取得的商业秘密，权利人应该尊重而不得干涉。他人合法取得包括独立开发、反向工程、合法受让、接受许可、权利人默许、第三人善意取得等。

二是源自公共利益的限制。主要包括：（1）违法的商业秘密不予保护。包括本身违法的商业秘密以及本身不违法但其使用属于违法的商业秘密。（2）不正当的商业秘密不予保护。不正当的商业秘密是指商业秘密本身没有违反现行法律，但却属于不道德的商业秘密，即所谓"丑闻性秘密"。（3）他人披露权利人商业秘密的行为若有利于保护公共利益，则该披露行为不构成侵权。比如，向政府有关主管部门、公安司法机关、专门的监督团体披露有关信息一般是正当的。

第三节 侵犯商业秘密罪的对象

侵犯商业秘密罪的对象是商业秘密。由于各国对商业秘密进行定义，主要是通过界定商业秘密的具体特征和种类来实现的，因此，明了各国对商业秘密的定义，实际上即可大致明了各国法律中商业秘密的特征。

---

① 参见张玉瑞著：《商业秘密法学》，中国法制出版社 1999 年版，第 93-111 页。

一、商业秘密的概念

概念包括内涵和外延，商业秘密的概念同样具有内涵和外延两个方面。

（一）商业秘密的定义

1. 美国立法上关于商业秘密的定义

美国是最早为商业秘密提供法律保护的国家之一，对商业秘密的保护也最为充分。① 其立法上关于商业秘密的定义也是比较完善的，主要法律如下：

第一，美国法律协会 1939 年制定的《侵权行为法第一次重述》。该法制定后曾被美国多数州采用，其在第 757 节的评论 2 中写道："商业秘密可以包括任何配方、图纸、装置或信息的汇编，其被用于某人的经营，因此给该人以机会，相对于不知或未使用的竞争者，获得优势。商业秘密可以是一种化学物质的配方，一种制造、处理或保存物品的方法，一种机器或其他装置的图纸，或一份客户名单。与其他商业上的秘密信息不同，商业秘密并非处理业务上单一或短暂事件的简单信息（例如某项契约秘密投标中的金额或其他条款、特定雇员的薪金、已进行或计划进行的证券投资、出台新政策或推出新产品的确定日期等），而是连续使用于业务经营中的程序或方法，其通常涉及商品的生产，例如生产某种产品的机械或者配方，但也可能涉及商品的销售或其他商业上的营业，例如价目表或目录中决定折扣、回扣的规则或其他让步条件、特殊顾客的名单，会计或企业管理的方法。"但是，学界对该评论中所述是否对商业秘密的定义，存有争议，如有学者指出，要明确定义商业秘密是不可能的，因为任何信息都可能成为商业秘密，有关货物的生产、贩卖、价格的确定等都是商业秘密；该评论 2 下段本身也说

---

① 参见戴永盛著：《商业秘密法比较研究》，华东师范大学出版社 2005年版，第 7 页。

"欲为商业秘密定出确切的定义，几乎是不可能的事"①。

第二，美国统一州法委员会 1979 年制定、1985 年修正的《统一商业秘密法》。该法第 1 条第 4 款将商业秘密定义为："商业秘密意为特定信息，包括配方、模型（或译为样式）、编辑（或译为编辑产品）、计划、设计、方法、技术（或译为工艺）、程序等，且：（1）由于未能被可从其披露或使用中获取经济价值的他人所公知且未能用正当手段已经可以确定，因而具有实际或潜在的独立经济价值；（2）是在特定情势下已尽合理保密努力的对象。"

该定义与前述《侵权行为法第一次重述》中定义的区别主要有：其一，该定义将保护范围延伸至那些尚未有机会或尚未具备手段使用其商业秘密的原告，即那些尚未被实际使用的商业秘密，而后者要求商业秘密已经被使用于生产或经营；其二，该定义亦保护否定性信息，例如长时间和耗费巨资的研究结果表明特定工艺不可行或某方法不可能产生某种效果的信息，而后者只保护能够实际运用于生产或经营的信息；其三，该定义亦保护一次性、短暂的信息，如招投标中的标底或标书、市场调查报告等，而后者只保护能够连续地用于生产或经营的信息；其四，该定义强调的是商业秘密具有实际或潜在的独立经济价值，而后者强调的是商业秘密能使使用者获得竞争优势。

第三，美国法律协会 1995 年制定的《美国法律重述（第三版）——反不正当竞争》。该法第四章第 39 节规定："商业秘密，是指任何可被用于工商经营中的信息，其具有足够的价值性和秘密性，使相对于他人产生现实或潜在的经济优势。"根据该节的评论，该法对商业秘密定义的内涵与外延与《统一商业秘密法》的规定保持一致。

第四，美国国会 1996 年 10 月制定的《反经济间谍法》。该法是美国联邦政府正式制定通过的第一部专门规定运用刑事手段保护

---

① 转引自戴永盛著：《商业秘密法比较研究》，华东师范大学出版社 2005 年版，第 42-43 页。

商业秘密的法律，其在 1839 条中规定："商业秘密，是指所有形式和类型的财务、经营、科学、技术、经济或工程信息，包括样式、计划、编辑产品、程序装置、公式、设计、原型、方法、技术、工艺、流程或编码，无论有形无形，无论是否或怎样得到物理、电子、绘制、照相或书写方式的存放、组织、存储，如果：（1）所有者对该信息采取了合理的保密措施；（2）该信息由于未能被公众所知，且未能用正当手段已经可以确定，因而具有实际或潜在的独立经济价值。商业秘密的所有者，是指由于法定权利或衡平权利，或接受许可而保有商业秘密的人或实体。"从该规定来看，该法除了不厌其烦地列举商业秘密的保护对象和载体形态，以表明其尽力扩大商业秘密保护范围的立法宗旨以外，其定义在实质上与《统一商业秘密法》的规定并无二致。

　　从上述法律可以看出，美国立法上对商业秘密的内涵着重强调秘密性、价值性和管理性，秘密性指信息不被公众所知并且用正当手段不容易获得，价值性指信息具有实际或潜在的独立经济价值，能为权利人带来竞争优势，管理性指权利人采取了合理的保密措施。而商业秘密的外延则有不断扩大的趋势。有学者对美国上述法律进行比较后认为，"美国有关法律文献中对商业秘密实用性、价值性的表述比较具有代表性，其发展经历了这样的过程：一是从优势说到价值说；二是从使用说到潜在说；三是从重要说到'并非微不足道说'"。① 详言之，是从"给该人以机会，相对于不知或未使用的竞争者，获得优势"到"由于未能被可从其披露或使用中获取经济价值的他人所公知且未能用正当手段已经可以确定，因而具有实际或潜在的独立经济价值"，从要求"其被用于某人的经营"到仅要求"具有实际或潜在的独立经济价值"，从要求"秘密信息关系到权利人的重大优势"到仅要求"秘密信息能够给权利人带来并非微不足道的经济优势"。

---

　　① 　张玉瑞著：《商业秘密法学》，中国法制出版社 1999 年版，第 158-159 页。

2. 日本立法上关于商业秘密的定义

日本对商业秘密的保护，最早可追溯到 1911 年，当时在农商部草拟的不正当竞争防止法草案中就提到了对商业秘密的保护问题，1990 年通过修订《反不正当竞争法》的方式正式确立了商业秘密法律保护制度，后于 1993 年再次修订。该法第 2 条第 4 款规定："本法所称商业秘密，是指作为秘密进行管理的生产方法、销售方法以及其他对经营活动有用的技术上或经营上未被公知的信息。"

从该定义可以看出，其所强调的是秘密性、价值性和管理性。秘密性指信息未被公知，尚未进入公众领域，第三人如不采取不正当手段将很难获得。价值性指对经营活动有用，能够帮助权利人降低成本、增进产量、提高劳动生产率，能为权利人带来经济上的收益、赢得竞争中优势地位等。有学者将"对经营活动有用"概括为实用性，这是不够准确的，因为该定义并未像我国的法律规定那样同时强调价值性即"能为权利人带来经济利益"和实用性即"具有实用性"、其所谓"对经营活动有用"在实质上应理解为价值性，否则容易导致日本的商业秘密不要求价值性的误解，仅从字面上也不宜将"有用"理解为"实用"，因为"有用"显然比"实用"的范围宽泛得多。管理性指信息被持有者作为商业秘密进行管理，亦即持有者主观上具有保密意愿，客观上采取了合理的保密措施。在外延上，包括一切符合条件的生产方法、经营方法以及其他对经营活动有用的技术或经营信息。

3. 其他国家和地区立法中关于商业秘密的定义

加拿大 1998 年制定的《统一商业秘密法草案》第 1 条规定："商业秘密是指特定信息，该信息：（1）已经或可能用于商业或经营中；（2）在该商业或经营领域尚未公知；（3）因为尚未公知而具有经济价值；（4）是在特定情势下为防止公知已尽合理保密努力的对象。为定义的目的，商业秘密的信息包括记载、包含或体现于但不限于配方、样式、计划、编辑产品、计算机程序、方法、技术、工艺、产品、装置或机器中的信息。"该草案强调秘密性即尚未公知、价值性即具有经济价值、管理性即为防止公知已尽合理保密努力。

韩国 1991 年修订的《反不正当竞争法》第 2 条规定："商业秘密指生产方法、销售方法以及其他对经营活动有用、未被公众所知、具有独立经济价值且经实质性努力保持其秘密的技术或经营信息。"强调的是秘密性即未被公众所知、价值性即具有独立经济价值、管理性即经实质性努力保持其秘密。

俄罗斯 2004 年制定的《俄罗斯联邦商业秘密法》第 3 条规定："商业秘密是指在现实或可能的情况下能够为其所有人增加收入、避免不必要的损失、保持该信息所有人在商品市场、劳务市场、服务市场上的地位或者获得其他商业利益的秘密信息。构成商业秘密的信息是指具有实际的或潜在的商业价值，不为第三人所知悉和该信息的所有人采取了保密措施的科技、工艺、生产、财经或者其他信息（其中包括生产诀窍、专有技术）。"该法强调的是秘密性即不为第三人所知悉、价值性即具有实际的或潜在的商业价值、管理性即所有人采取了保密措施。

我国台湾地区 1996 年制定的"营业秘密法"第 2 条规定："本法所称营业秘密，系指方法、技术、制程、配方、程式、设计或其他可用于生产、销售或经营之资讯而符合下列条件者：（1）非一般涉及该资讯之人所知者；（2）因其秘密性而具有实际或潜在之经济价值者；（3）所有人已采取合理之保密措施者。"该"法"强调的是秘密性即不为一般涉及该信息领域的人知悉、价值性即具有实际或潜在的经济价值、管理性即权利人采取了合理的保密措施。

4. 有关国际条约中关于商业秘密的定义

随着世界经济一体化进程的加速及国际经贸往来的日益频繁，出于国际经济交往和科技交流与合作的迫切需要，对商业秘密进行保护早已成为国际社会共同关心的话题。为此，有关国际组织制定了一系列有关保护商业秘密的公约或协议。其中，影响较大的是 1994 年世界贸易组织制定的 TRIPS 协议和 1996 年世界知识产权组织以 TRIPS 协议为蓝本制定的《反不正当竞争法示范条款》。

TRIPS 协议中虽未使用"商业秘密"的表述，但学界一致认为，其所谓"未披露的信息"即为商业秘密。该协议第 7 节"未披露的信息的保护"第 39 条第 2 款规定："只要有关信息符合下列条件，则自然人和法人均应有可能禁止他人未经许可而以违背诚实商业行为的方式，披露、获取或使用处于其合法控制下的该信息：（1）其在一定意义上属于秘密，即其整体或作为其中内容的确切体现或组合，未被通常涉及该信息有关领域的人普遍所知或容易获得；（2）因其属于秘密而具有商业价值；（3）合法控制该信息之人，为保密已经根据有关情况采取了合理的措施。"

《反不正当竞争法示范条款》第 6 节"有关秘密信息的不正当竞争"第 3 条规定："构成本节中秘密信息的要求如下：（1）其整体或要素的确切体现或组合，未被通常涉及该信息有关领域的人普遍所知或容易获得；（2）因其属于秘密而具有商业价值；（3）合法控制该信息之人，为保密已经根据有关情况采取了合理的措施。"并在注释中写到"本条中的'秘密信息'的含义，与 TRIPS 协议第 39 条第 2 款中'未披露的信息'的含义相同"。

可见，上述两个定义在表述上几乎完全一致，都强调秘密性，即信息的整体或其组成要素的确切体现或组合，未被通常涉及该信息有关领域的人普遍所知或容易获得；价值性，即具有商业价值；管理性，即合法控制信息之人采取了合理的保密措施。

5. 我国立法和部门规章中关于商业秘密的定义

我国立法和部门规章中关于商业秘密的定义，主要有以下一些：

（1）全国人大常委会 1993 年 9 月通过的《反不正当竞争法》第 10 条第 3 款规定："本条所称的商业秘密，是指不为公众所知悉、能为权利人带来经济利益、具有实用性并经权利人采取保密措施的技术信息和经营信息。"该定义强调的是秘密性即"不为公众所知悉"、价值性即"能为权利人带来经济利益"、实用性即"具有实用性"、管理性即"经权利人采取了保密措施"。

（2）全国人大 1997 年 3 月修订的《刑法》第 219 条第 3 款规定："本条所称商业秘密，是指不为公众所知悉，能为权利人带来经济利益，具有实用性并经权利人采取保密措施的技术信息和经营信息。"第 4 款规定："本条所称权利人，是指商业秘密的所有人和经商业秘密所有人许可的商业秘密使用人。"该法同样强调秘密性、价值性、实用性和管理性。

（3）国家工商行政管理局 1995 年 11 月制定、1998 年 12 月修订的《关于禁止侵犯商业秘密行为的若干规定》第 2 条规定："本规定所称商业秘密，是指不为公众所知悉、能为权利人带来经济利益、具有实用性并经权利人采取保密措施的技术信息和经营信息。本规定所称不为公众所知悉，是指该信息是不能从公开渠道直接获取的。本规定所称能为权利人带来经济利益、具有实用性，是指该信息具有确定的可应用性，能为权利人带来现实的或者潜在的经济利益或者竞争优势。本规定所称权利人采取保密措施，包括订立保密协议，建立保密制度及采取其他合理的保密措施。本规定所称技术信息和经营信息，包括设计、程序、产品配方、制作工艺、制作方法、管理诀窍、客户名单、货源情报、产销策略、招投标中的标底及标书内容等信息。本规定所称权利人，是指依法对商业秘密享有所有权或者使用权的公民、法人或者其他组织。"

该规定同样强调秘密性、价值性、实用性和管理性，只是对各个特性作了进一步的明确，在外延方面，则比较详细地列举了商业秘密的常见种类。比之于反不正当竞争法和刑法中的定义，该定义显然清楚、明白得多，更易让人理解。

（4）国家经贸委办公厅 1997 年 7 月《关于加强国有企业商业秘密保护工作的通知》中规定："商业秘密是指不为公众所知悉，能为权利人带来经济利益，具有实用性并经权利人采取保密措施的技术信息和经营信息。企业在确认商业秘密时，要注意以下几点：①商业秘密主要是指制作方法、技术、工艺、配方、数据、程序、设计、客户名单、货源情报、招投标文件以及其他技术信息和经营信息；②这些信息必须处在秘密和难以为公众知悉的状态；③这些信息必须具有实用性，能给企业带来经济利益；④企业作为权利人，必须对这些信息采取合理的保密措施。"该通知同样强调商业秘密的秘密性、价值性、实用性和管理性，同样采用了概括内涵和列举外延的规定方式。

（5）国家科委 1997 年 7 月《关于加强科技人员流动中技术秘密管理的若干意见》中规定："本单位所拥有的技术秘密，是指由单位研制开发或者以其他合法方式掌握的、未公开的、能给单位带来经济利益或竞争优势，具有实用性且本单位采取了保密措施的技术信息，包括但不限于设施图纸（含草图）、试验结果和试验记录、工艺、配方、样品、数据、计算机程序等。技术信息可以是有特定的完整的技术内容，构成一项产品、工艺、材料及其改进的技术方案，也可以是某一产品、工艺、材料等技术或产品中的部分技术要素。"该意见由于是针对技术秘密的，故其只规定了技术秘密的内涵和外延，其内涵同样强调秘密性、价值性、实用性和管理性。

还有一些国家在立法中未对商业秘密下定义，如德国和英国。一般认为，在德国，所谓商业秘密是指所有人具有保密意识、具有正当经济利益并且与经营有关的尚未公开的信息。该定义强调秘密性，即信息未被公开，仅为权利人和负有保密义务的特定人所知悉；价值性，即能为权利人带来正当的经济利益；管理性，即权利人具有保密意愿。权利人是否具有保密意愿必须通过其行为表现出来，比如向他人提出保密要求或采取其他保密措施等。在英国，虽然对商业秘密进行保护的历史已近二百年，但至今尚未颁布内容较为系统的专门用以保护商业秘密的成文法，立法中也未见明确的商业秘密定义，只是在一些单行法规中可以见到"秘密信息"字样，所保护的是尚未处于公共领域的秘密信息，判例和学说上也多强调商业秘密的秘密性、价值性，或者强调违反信任关系或保密义务。

综上可见，各国立法对商业秘密的界定主要有三种方式：其一是概括地规定商业秘密的内涵，明确为商业秘密下定义，如日本《反不正当竞争法》及我国《刑法》和《反不正当竞争法》等；

其二是采用概括与列举相结合的方式，既规定商业秘密的内涵，又列举商业秘密的外延，如美国《统一商业秘密法》和加拿大《统一商业秘密法草案》等；其三是没有在成文法中明确规定商业秘密的定义，留待法院判例和学理去解释，如德国和英国。而从定义的内涵来看，各国立法上大多强调商业秘密应具有"三性"即秘密性、价值性和管理性，当然也有学者将"不为公众所知悉"解释为秘密性和新颖性，或者以新颖性代替秘密性，因而引发较大争议。比如，用新颖性取代秘密性，一是与"新颖性"的通常含义不符，二是新颖性也替代不了秘密性。而我国与其他各国的定义的不同之处在于，我国在强调"三性"之外，还强调"实用性"，这一点也许是为了限制商业秘密的保护强度，表明我国不保护那些不具有实用性的信息，比如否定性信息等，也许是为了实践操作上的方便。但强调实用性也是引发较大争议的，因为这与其他国家的保护强度不相适应，并且与我国已加入的 TRIPS 协议的规定不符，因为后者也仅规定"具有商业价值"而未规定实用性，因而有违背条约义务之嫌。

（二）商业秘密的分类

对于商业秘密的分类，各国法律大同小异。中国、日本和韩国的《反不正当竞争法》均规定为"技术或者经营信息"，《反不正当竞争法示范条款》规定为"制造或商业的秘密"，《美国法律重述（第三版）——反不正当竞争》规定为"可用于工商经营的信息"，美国《反经济间谍法》规定为"所有形式和类型的财务、经营、科学、技术、经济或工程信息"，《美国侵权法重述（第一版）》、TRIPS 协议均表述为"秘密信息"而未对信息进行分类，《美国统一商业秘密法》、《加拿大统一商业秘密草案》均规定为"特定信息"，实际上也未对信息进行分类。

对于我国立法中对商业秘密的分类，学者之间存有争议。第一种观点认为："技术秘密和经营秘密是商业秘密的主要部分，但商业秘密还可有其他内容。"理由主要是：1. 故事主题、情节构思、广告宣传创意、特殊训练方法等文学、艺术、教育、医疗卫生等方面的信息既不属技术信息也不属经营信息；2. 技术信息和经营信息仅是采取反不正当竞争法保护的国家的一种定义方法，但反不正当竞争法的调整范围会不断扩大，商业秘密的范围也将随之扩大；3. 虽然商业秘密权一般为经营者和其他商业机构所主张，但是非营利机构，如慈善、教育、政府、互济和宗教组织，也可对具有经济价值的信息主张商业秘密权，例如可加入组织的人员或捐献者的名单等。①第二种观点认为："商业秘密包括技术信息和经营信息，这种区分是极为合理和严密的，完全能够涵盖作为商业秘密的各种信息。在作为商业秘密的信息中，除了技术信息，就是经营信息，也即经营信息是技术信息以外的信息。有人认为技术信息和经营信息涵盖不了所有的作为商业秘密的信息，如上述艺术信息。笔者认为，一旦艺术信息用于商业竞争目的，完全可能要么归入技术信息，要么归入经营信息，不能再作为单纯的非经济的艺术信息来看待了。"②第三种观点认为："二者（上述第一、二种观点）之间只具有形式上的区别，并无实质上不同，即只是对技术秘密（信息）和经营秘密（信息）的含义及范围在理解和认识上有所不同罢了。换言之，对于商业秘密如何分类，可能并不十分重要，重要的是如何认识和理解特定分类下每一种类商业秘密所包含的确切内容。"③第四种观点认为："无论我们怎样认定商业秘密的范围，都不可否认这样一个前提，即该信息必须具备法律所要求的构成要件。离开这一前提，单纯地以范围论范围是片面的、不科学的……文学、艺术、教育等方面的信息并非与技术信息、经营信息格格不入。由于价值性是大陆法系和英美法系所有国家均要求具备的构成要件，其

---

① 参见张玉瑞著：《商业秘密法学》，中国法制出版社 1999 年版，第 49-57 页。

② 孔祥俊著：《商业秘密保护法原理》，中国法制出版社 1999 年版，第 133 页。

③ 戴永盛著：《商业秘密法比较研究》，华东师范大学出版社 2005 年版，第 72 页。

含义也均包括商业秘密能为权利人带来现实的经济利益（或竞争优势），因此，无论哪方面的信息，如果要使其具备价值性都必须运用于（或将运用于）商业活动之中。当我们把经营信息界定为商业活动中除技术信息以外的其他信息时，技术信息和经营信息就可以囊括文学、艺术、教育等方面可用于商业活动的信息。而不能用于商业活动的这些方面的信息，因不具备价值性，本应该排除在商业秘密范围之外。"因此"将商业秘密的范围限定于技术信息和经营信息是可取的"。① 至于其他观点，有根据信息的用途将商业秘密分为技术、商务、管理和社会四方面的信息的，② 有按信息涉及的范围将商业秘密分为技术秘密、经营秘密和管理秘密的，③ 有将商业秘密分为技术秘密、交易秘密、经营秘密和管理秘密的，④ 有认为商业秘密包括技术信息、经营信息和其他信息的，⑤ 不一而足。

笔者认为，上述观点主要是民法学者的观点，尽管均有其合理性，但并不当然能够适用于刑法理论。比如第一种观点认为商业秘密可以分为技术秘密、经营秘密和其他秘密，就与刑法的规定不符，因为刑法第 219 条第 3 款明确将受保护的信息限定于技术信息和经营信息，根据罪刑法定原则，除此之外的信息是不可以构成商业秘密的，对此，问题的关键在于能否将有关信息解释为技术信息或经营信息，否则即不能认定为商业秘密，其他三分法或四分法都

---

① 张耕等著：《商业秘密法》，厦门大学出版社 2006 年版，第 24-25 页。

② 参见孔祥俊著：《商业秘密保护法原理》，中国法制出版社 1999 年版，第 134 页。

③ 参见李永明：《商业秘密及其法律保护》，载《法学研究》1994 年第 3 期，第 47 页。

④ 参见刘峥、胡俊青：《商业秘密的认定及法律保护》，载《经济论坛》2003 年第 15 期，第 52 页。

⑤ 参见张保红、刘洪华：《浅析商业秘密权的定义和法律属性》，载《玉溪师范学院学报》，2005 年第 8 期，第 72 页。

存在这个问题。第二、三、四种观点认为技术秘密和经营秘密可以
涵盖一切具备商业秘密构成要件的信息，或许在民法上可以如此理
解，但在刑法上能否同样理解，值得商榷，因为民法解释与刑法解
释的原则和规则是不一样的，民法解释自由、宽松得多，不仅允许
类推解释，甚至在法无明文规定时还可进行弥补法律漏洞的补充解
释，而刑法则严格禁止类推解释，更不允许在法无明文规定的情况
下对被告人定罪量刑；而是否真如论者所言，凡是一切可能运用于
商业活动的秘密信息，比如文学、艺术、体育、教育等方面的信
息，都可以解释为技术信息或经营信息，尚值得研究，否则，
TRIPS 也就不会表述为"未披露的信息"，美国《反经济间谍法》
也就不会煞费苦心地表述为"所有形式和类型的财务、经营、科
学、技术、经济或工程信息"而不是简单地表述为"技术或经营
信息"了。总的原则，是不能违反刑法的解释原则和规则，解释
结论不能违反国民的预测可能性，不能违背罪刑法定原则。至于认
为重要的不是如何分类，而是如何认识和理解特定分类下每一种类
商业秘密所包含的确切内容的第三种观点，在刑法上则恰恰相反，
刑法上重要的是能否将某种信息解释为技术信息或经营信息，而不
是信息的具体种类，因为刑法并未对信息的具体种类进行限制。在
这个问题上，王俊民教授的观点是正确的，他"不赞同将民商法
规定的内容简单地移植于刑事司法，在此应确立第三个诉讼观念，
即'刑民有别'的思想，在处理侵犯商业秘密案件中，不仅在证
据规格、证明标准等诉讼程序问题上，而且在定罪量刑等实体问题
的认定上，均应体现出刑事更高更严的标准"。① 为了避免争议，
最好在立法中取消对商业秘密范围的限制，只规定商业秘密的构成
要件即可。

（三）商业秘密的具体种类

对于商业秘密的具体种类，各国立法规定及学理解释上大同小

---

① 王俊民、李飞、赵宁：《侵犯商业秘密罪若干问题三人谈》，载《中国刑事法杂志》2005 年第 1 期，第 57 页。

异，因为各国立法上一般都会规定商业秘密的构成要件，而对于商业秘密的具体种类，则多采取列举与概括相结合的方式，一方面提示性地列举一些可受保护的商业秘密常见种类，一方面用措词表示并不限定于具体种类。比如世界知识产权组织在其《反不正当竞争示范法条款》的注释中写到"秘密信息包括制造的或商业的秘密，包括生产方法、化学配方、图纸、模型、销售方法、配送方法、合同形式、商业计划、价格协议的内容、消费者数据、广告战略、供应商或客户名单、计算机软件及数据库等"，一个"等"字表示并未列举穷尽。又如美国反经济间谍法规定商业秘密包括各种形式和类型的样式、计划、编辑产品、程序装置、公式、设计、原型、方法、技术、工艺、流程或编码等信息。再如加拿大统一商业秘密法草案规定商业秘密包括记载、包含或体现于但不限于配方、样式、计划、编辑产品、计算机程序、方法、技术、工艺、产品、装置或机器中的信息，明确规定商业秘密"并不限于"这些具体种类。

　　我国反不正当竞争法和刑法中没有规定商业秘密的具体种类，但在一些部门规章中则作了规定，比如国家工商行政管理局《关于禁止侵犯商业秘密行为的若干规定》第 2 条规定商业秘密包括设计、程序、产品配方、制作工艺、制作方法、管理诀窍、客户名单、货源情报、产销策略、招投标中的标底及标书内容等信息；国家经贸委办公厅《关于加强国有企业商业秘密保护工作的通知》规定商业秘密主要是指制作方法、技术、工艺、配方、数据、程序、设计、客户名单、货源情报、招投标文件以及其他技术信息和经营信息；国家科委《关于加强科技人员流动中技术秘密管理的若干意见》规定商业秘密包括但不限于设施图纸（含草图）、试验结果和试验记录、工艺、配方、样品、数据、计算机程序等信息。比较而言，这些部门规章的规定更加符合国际惯例。

　　所谓技术秘密，简言之，是指技术方面的秘密信息。所谓技术，是指"人类在利用自然和改造自然的过程中积累起来并在生产劳动中体现出来的经验和知识，也泛指其他操作方面的技巧"。①技术秘密作为一个专有名词，曾被称作专有技术、技术决窍等，一般认为，其具体种类包括：机器或其他装置的图纸、生产产品的机械或配方、模型、原型、样式、设计、计划、方法、技术、工艺、流程、编码、数据、计算机程序、编辑产品、程序装置、公式、产品配方、制作工艺、制作方法、设施图纸（含草图）、试验结果和试验记录等。技术秘密既可以有特定的完整的技术内容，构成一项产品、工艺、材料及其改进的技术方案，也可以是某一产品、工艺、材料等技术或产品中的部分技术要素。

　　所谓经营秘密，简言之，是指经营方面的秘密信息。所谓经营，是指"筹划并管理（企业等），或者泛指计划和组织"。② 经营秘密通常表现为涉及有关经营信息内容的情报、计划、名单、数据等，并常常以有形的物质载体加以体现或记载，如书面报告、软盘等。我国有学者认为，常见的经营秘密有：③ 1. 经营主体对外的信息，即业务往来方面的信息，主要包括：（1）市场调研报告。即经营主体有目的、有组织地对市场状况进行调查研究的总结报告。（2）发展计划。即经营主体的远景目标和近期发展计划、投资意向等。（3）经营策略。即经营主体根据发展计划采取相应具体化的经营方式、方法。（4）对外业务合同。即经营主体与相对人签订的业务合同。（5）招标投标标底。即在项目招标中的底数或投标的报价。（6）购销渠道。即经营主体购销商品的有关渠道。（7）客户名单。即与经营主体有业务来往的相对人的名单。2. 经营主体内部的信息，即经营者自身状况的信息，主要包括：（1）财务状况。主要为经营主体的债权债务情况。（2）管理经验或诀窍。主要为经营主体在长期实践中总结出来的具有新颖性、实用性

---

　　① 《现代汉语词典》，商务印书馆1996年修订第3版，第598页。
　　② 《现代汉语词典》，商务印书馆1996年修订第3版，第665页。
　　③ 参见周楠生：《试论经营秘密及其法律保护》，载《现代法学》1996年第4期，第82-83页。

特点的管理方法等。除了应将"经营主体"改为"权利人"以与刑法中的表述一致外，该学者的归纳大体上是正确的，有助于我们理解经营秘密的对象范围。此外，国外商业秘密定义中所列举的有关经营方面秘密信息的具体种类，也值得我们参考，因为各国的商业秘密保护理论在很大程度上是相同的。

二、商业秘密的特征

所谓商业秘密的特征，实际上指的是商业秘密的构成要件。

关于商业秘密包括哪些要件，我国刑法学者观点不一。有学者认为，"商业秘密必须具备以下特征：一是不为公众所知悉（新颖性）；二是能够实际投入生产或经营（实用性）；三是能够为权利人带来经济利益（价值性）；四是权利人对商业秘密采取了保密措施（保密性）"。[①] 有学者认为，商业秘密具有六个特征：一是相对的不公开性，即秘密性；二是直接的可转化性，即可应用性或应用的便捷性；三是物质财富性，即经济收益性；四是保护的适当性；五是合法性；六是时间的无限性。[②] 还有学者认为，商业秘密应同时具备秘密性、经济性、实用性、独占性、转让性、相对性六个特征，缺一不可。[③]也有学者主张商业秘密必须具备秘密性、价值性、实用性和保密性四个要件。[④]还有学者在秘密性、价值性、实用性、保密性之外，另强调"信息性"，即商业秘密是一种技术

① 刘宪权主编：《中国刑法理论前沿问题研究》，人民出版社 2005 年版，第 476 页。

② 参见孙国祥、魏昌东著：《经济刑法研究》，法律出版社 2005 年版，第 530-533 页。

③ 参见王昌学主编：《市场经济犯罪纵横论》，法律出版社 2001 年版，第 604-605 页。

④ 参见陈立主编：《财产、经济犯罪专论》，厦门大学出版社 2004 年版，第 325 页。

信息或经营信息。①另有学者强调秘密性、价值性、实用性、保密性、信息性及合法性。②民法学界则基本形成通说，认为商业秘密应具备秘密性、价值性和管理性三大要件，争议主要是实用性能否从价值性中分离出来以及新颖性能否从秘密性中分离出来而单独作为一个要件。③

　　笔者认为，由于民法学者对商业秘密的研究起步较早，因而民法学者在研究的深度和广度上，都超过刑法学者，这一点可以从相关研究成果中体现出来。就商业秘密的构成要件而言，有些刑法学者的归纳、概括显得有点随意，比如以新颖性取代秘密性，或者将所谓可转化性、时间的无限性、独占性、相对性④作为商业秘密的构成要件等，因而难以得到学界的认同。而认为商业秘密应具有信息性、合法性的观点，本身并没有错，在罪刑法定原则的约束下，无论怎么强调信息性的重要性都不过分，并且任何违法的东西都不应得到法律的保护。只是，信息性实际上是指商业秘密的范围，是商业秘密这一概念的外延，而合法性则是一切受法律保护的事物都应具备的条件，不具有区分商业秘密与其他受法律保护的事物的功

---

　　①　参见马克昌主编：《经济犯罪新论——破坏社会主义经济秩序罪研究》，武汉大学出版社1998年版，第542-544页；赵永红著：《知识产权犯罪研究》，中国法制出版社2004版，第359-363页。

　　②　参见高铭暄主编：《新型经济犯罪研究》，中国方正出版社2000年版，第829-833页。

　　③　其他观点如：1. 非物质性、可传授性、可转让性、秘密性、价值性、新颖性；2. 秘密性、价值性、独特性；3. 秘密性、价值性、防范性；4. 秘密性、价值性、实用性、保密性；5. 秘密性、价值性、新颖性、独特性；6. 秘密性、价值性、保密性；7. 实用性、价值性、秘密性、新颖性、管理性。现阶段，主张应根据TRIPS协议的规定，将商业秘密的构成要件界定为秘密性、价值性和管理性的学者越来越多。参见张耕等著：《商业秘密法》，厦门大学出版社2006年版，第6-7页。

　　④　该论者所说的相对性是指商业秘密可以因公开而解密或因进一步研究开发而完善，而不是指相对秘密性。参见王昌学主编：《市场经济犯罪纵横论》，法律出版社2001年版，第605页。

能，两者都不应作为商业秘密的一个构成特征，否则即混淆了概念的内涵与外延、本质特征与非本质特征的区别，这也就是为什么民法学者不会出现类似观点的原因。另外，刑法学者所说的保密性与民法学者所说的管理性实际上是同一个概念，都是指权利人采取了保密措施。由于本节主要参考民法学者的观点来探讨商业秘密的构成要件问题，故本节暂用"管理性"这一概念。至于刑法所保护的商业秘密应具备哪些要件，得先将各个要件的含义阐述清楚，才好下结论。

（一）秘密性

商业秘密，顾名思义，其首先得是个秘密，故秘密性应是其第一位的构成要件。秘密性是商业秘密最本质的特征，是商业秘密维系其经济价值和获得法律保护的首要条件，也是商业秘密权与专利权、著作权等其他知识产权的显著区别。[1] 因为商业秘密一旦失去秘密性，将部分或全部失去经济价值，也将不再得到法律保护。关于秘密性，我国《刑法》第219条第3款和反不正当竞争法第10条第3款均表述为"不为公众所知悉"，对此，国家工商行政管理局1998年《关于禁止侵犯商业秘密行为的若干规定》第2条及1998年《关于商业秘密构成要件问题的答复》均将其解释为"该信息是不能从公开渠道直接获取的"。一般认为，法条中所指的公众，是指同一行业或领域内具有通常知识水平或专业技能的人，不是泛指社会上所有公众，也不是指某一行业或领域中的资深专家。"不为公众所知"，是指不为该信息运用行业或领域内的大多数人所知或容易获得。

1. 秘密性的相对性

秘密性的相对性，是指商业秘密不要求绝对不为权利人以外的人所知，只要求不为同一行业或领域内的大多数人所知即可。因为要实现一项商业秘密的价值，从而为权利人带来经济利益或竞争优

---

[1] 杜国强、廖梅、王明星著：《侵犯知识产权罪比较研究》，中国人民公安大学出版社2005年版，第295-296页。

势，必须将商业秘密投入使用，而使用就不可避免地要将商业秘密披露给权利人的雇员、业务合作伙伴或谈判对方等；同时，商业秘密不具有像专利那样的垄断性，除权利人之外，其他人也可通过独立研究开发、反向工程、继承受让等合法方式获得同样的商业秘密、取得同样的商业秘密权，即同一项商业秘密可以多个权利主体同时并存。从而，一方面，商业秘密不可能仅为一人所知，另一方面，大家都知道的东西也不能称之为秘密，因此，某项信息能被多大范围内的人知悉而不失去秘密性，就成了一个问题。经过长期的司法实践和学说论证，学界逐渐达成共识，如果某一信息仅为同一行业或领域内的少数人所知而大多数人不知，且不知者如果仅通过正当手段不可能轻易获知，则该信息就具有秘密性。秘密性的相对性内涵可以从以下几个方面把握：①

第一，商业秘密被感受的客体，即商业秘密被知悉的客体。根据 TRIPS 协议第 39 条的规定，商业秘密被感受的客体是"整体或要素的确切体现或组合"。包括：（1）信息整体的确切内容；（2）信息各个组成要素的确切内容；（3）组成要素的确切组合。美国反不正当竞争法重述也认为，具有决定意义的是对整体主张商业秘密的秘密性，商业秘密的部分或全部组成要素已经公知的事实，并不排除对其中要素的组合、编辑或综合的商业秘密保护。另外，信息整体、组成要素、各要素组合的不同表现形式，也可成为商业秘密，如果前述信息整体、组成要素或要素组合的一种表现形式已被公知，但其他表现形式仍未被公知，则其他形式仍可构成商业秘密。

第二，感受商业秘密的主体，即哪些人知悉商业秘密会影响信息的秘密性。对此，TRIPS 协议第 39 条的规定是"通常涉及该信息领域的人"，我国法律的规定是"公众"。通常认为，"公众"特指相关信息所属行业或领域的不特定多数人，既不是指相关行业或

---

① 参见张玉瑞著：《商业秘密法学》，中国法制出版社 1999 年版，第 185-196 页。

领域的所有人，也不是泛指一般的社会公众。① 美国统一商业秘密法在第 1 节的评论部分写到："'未被公知且未被他人能用正当手段可以确定'的语言不要求直到信息被公众所知商业秘密才消灭，如果能从该信息中获得经济利益的主要人员可以察觉，就不存在秘密。比如一种铸铁方法可能不被一般公众所知，但在铸造行业则是已知的。"具体说来，所谓相关行业或领域包括：（1）某种行业，指像复印机修理业、房地产投资业、化妆品传销业等社会上约定俗成的经营行业，以及像磁卡应用技术等各种技术专业领域；（2）某种人群，指商业秘密的特定使用者，可能某一信息对特定使用者不是秘密，但对其他人则可能保持秘密状态，比如一种专用于列车上的将列车时刻表和铁路地图印于其上的口杯、一种专供某艘游船上的游客使用的刻有该船图案的鸡尾酒吸管等；（3）某种地域，指由于科技发展水平不均衡或信息在传递过程中的遮断和损失，在某地公知的信息，在另一地仍可能构成商业秘密，在一国公知的信息，在另一国仍可能具有秘密性。这种地域性在我国这样一个地区发展很不平衡的人口大国是一个很现实的问题，在沿海开放地区公知的信息，在内地边远地区仍然可能构成商业秘密，而由于我国科技发展水平与国际先进水平的差距，某些在国外即将淘汰的技术，被我国引进后，仍可能是一种先进技术而构成商业秘密。②

　　第三，感受商业秘密的程度，即商业秘密被知悉到什么程度才失去秘密性。这一般认为有两个标准：一个是要能被知全、知尽，不能被全面、充分、完整了解的信息仍可保持其秘密性；一个是只为相关行业或领域内的少数人所知，已为相关行业或领域的大多数人所知的知识或者一般经验、常识不能作为秘密。但商业秘密不要求仅限个别人掌握，权利人可向使用商业秘密的雇员披露，也可向

---

　　① 参见倪才龙主编：《商业秘密保护法》，上海大学出版社 2005 年版，第 35-36 页。

　　② 崔金路、王学兴：《浅谈商业秘密的构成要件》，载《渝西学院学报（社会科学版）》2005 年第 3 期，第 40 页。

其他约定保密的人披露，不影响信息的秘密性。

对于商业秘密的相对秘密性，美国反不正当竞争法重述认为，商业秘密不要求是绝对秘密，仅要求商业秘密对其拥有者足以产生实际或潜在的经济优势即可，如果他人不通过违法手段而以合法手段得到该信息很困难或很昂贵，该信息即可满足秘密性要求。除了商业秘密的所有者以外，有关信息还可为其他人所知，如果他人也予以保密，则仍不失去秘密性。在保密条件下向雇员、被许可方或其他人披露有关信息，不会破坏信息的秘密性，甚至在向有限范围内的人披露而未要求保密时，如果接受披露者对信息予以保密，也不会丧失秘密性。但如果有关信息对能从该信息中获得经济价值的潜在使用者来说，已经普遍所知或者用正当手段可以轻易获得，则不能作为商业秘密。

2. 秘密性的判断因素

在判断某一信息是否不为公众所知悉时，通常应考虑以下因素：

（1）该信息是否在国内外公开出版物中有记载。如果该信息的整体内容或其组成要素确切体现或组合已经记载于公开出版物上，相关行业或领域内的大多数人可轻易获得，则无秘密性可言。（2）信息是否通过使用而公开。如果某一信息仅表现为一种产品的尺寸、大小、颜色、结构、材料、部件等的简单组合，他人通过观察产品本身就很容易知悉，则应认为该信息已因使用而公开，尽管其在使用之前可具有秘密性。相反，如果某一信息表现为一种产品的配方或制造方法等，他人不通过对产品进行复杂的检测或试验分析难以获得，则不能认为因使用而公开。（3）该信息是否通过公开的报告会、交谈或展览等方式公开。（4）该信息是否相关行业或领域内的一般常识或经验。（5）获得该信息的难易程度，包括信息持有人或他人获得或产生该信息所付出的努力或代价。① 美

---

① 参见张耕等著：《商业秘密法》，厦门大学出版社 2006 年版，第 12 页。

国反不正当竞争法重述也认为，在专利中公开的信息、竞争者可合理接触的公开发表材料中包含的信息、通过研究公开销售或陈列的产品已经可以确定的信息，以及已有产品、工艺或方法的公知等价代换或修改，均不构成商业秘密；他人从理论上可以用正当手段获得某种信息的可能性，比如从分散载有部分信息的公开出版物中重新组合出商业秘密的可能性、或通过对不太可能引起侵权人注意的若干公开出版物提炼出商业秘密的可能性、或通过研究竞争者的产品获得有关信息的可能性，均不影响该信息的秘密性，除非他人确实是通过这些正当手段获得有关信息的；允许使用间接证据来证明有关信息的秘密性，比如原告采取的保密措施、被许可方有偿获得该信息的积极性、被告或他人用正当手段复制该信息的失败、被告为获得信息所采取的不正当手段等。

对于商业秘密的秘密性，有观点认为，"公众"应理解为对某种技术或经营信息没有保密义务的人，而不问其为一人抑或数人、少数人还是多数人，因为如果知悉该信息的人没有保密义务，则随时可能传播扩散而使商业秘密失去秘密性，故有关信息即使仅为一人知悉，也不能再称之为秘密；相反，如果知悉信息的人负有保密义务，则无论人数多少，均不影响信息的秘密性。①这种观点值得商榷，理由如下：第一，商业秘密权是一种绝对权，任何人都负有不得侵犯的义务，换言之，只要权利人采取了合理措施使他人有理由知道有关信息是权利人的商业秘密，其他人就负有不得获取、使用或披露的义务，不存在不负保密义务的情形；② 第二，随时可能传播扩散并不等于实际上已经传播扩散，如果实际上同行业或同领域内的大多数人仍不知或不可能轻易获知，则仍然是秘密；第三，如果某一信息已为相关行业或领域内的大多数人所知，则该信息不

①　参见戴永盛著：《商业秘密法比较研究》，华东师范大学出版社 2005 年版，第 62-63 页。

②　参见彭学龙：《加入 WTO 与我国商业秘密法的完善》，载《黑龙江对外经贸》，2002 年第 9 期，第 44 页。

成其为秘密，原先负有保密义务的人也随之解除保密义务；第四，同一商业秘密可以同时多个权利主体并存，除非另有约定，其中任一主体对其他任何主体都不负保密义务，可随时公开自己的秘密而使其他主体的秘密随之消灭，显然不可能因为这一点而认为所有商业秘密都只能有一个权利主体；第五，如按这种观点，则凡是有人以不正当手段获取或擅自披露了权利人的商业秘密，权利人的商业秘密都将归于消灭，这不符合实际；第六，该观点与 TRIPS 协议、美国法律等体现出的国际惯例不符。

（二）新颖性

所谓新颖性，是指有关信息必须与普通水平的信息保持最低限度的不相同性，因为如果有关信息与通常信息水平相当，则对于这种大家都知道或很容易知道的东西，自然无秘密性可言。通常认为，商业秘密要求新颖性的依据是，任何人都不能借口是商业秘密，而将事实上属于公有领域的技术或经营信息据为己有并禁止他人使用，如果不要求新颖性，任何行业或领域的普通知识均可被人垄断而容易导致诉讼泛滥，故新颖性是将商业秘密与处于公有领域的技术或经营信息划开界限的要件。① 美国也有学者认为，新颖性原则在美国法院得到广泛应用，法院使用这一标准的目的，是为了防止公共领域的技术知识因被采取保密措施而在商业秘密的外衣下得到不应该得到的保护。②

对于新颖性，我国有学者认为，在相对秘密性中有一个非常重要的时间概念，那就是"努力的时间"，因为即使是重要的发明或发现，经过一段时间的努力，也可被竞争者重复做出，如果将这种"终于被他人知道"的现象绝对化，那就意味着绝大部分商业秘密都会因秘密性即新颖性不足而不能获得法律保护，因此时间概念即

① 参见孔祥俊著：《商业秘密保护法原理》，中国法制出版社 1999 年版，第 32 页。
② 参见倪才龙主编：《商业秘密保护法》，上海大学出版社 2005 年版，第 44 页。

"努力的时间"问题就显得十分重要；构成商业秘密不需要绝对不被人知，只要求用正当手段的人不会马上知道即可；如果在"用正当手段的人不会马上知道"这样一段时间内，有证据证明被告采用了不正当手段获取商业秘密，而被告又不能证明自己用的是正当手段，就容易被认定为侵权，这样，秘密性要求就变成了新颖性要求。① 另有学者认为，"秘密性更着眼于市场竞争的角度，强调商业秘密为少数人知悉或使用；新颖性更强调技术水准，即技术信息或经营信息与通行的技术或经营存在差异"。"在角色、功能和地位上，新颖性之于商业秘密是与创造性之于专利相若的，但在程度上迥然不同。我国《专利法》对创造性的要求'是指同申请日前的已有技术相比，该发明有突出的实质性特点和显著的进步，该实用新型有实质性特点和进步'，这种要求是很高的。商业秘密的新颖性只是一个'不为公众所知悉'的否定性要件，很显然，只要不是本行业内众所周知的普通信息、能够与普通信息保持最低限度不同性的信息，都可以满足这一条件，构成商业秘密。"②美国有的法官认为，构成商业秘密的新颖性虽不需要像专利法对专利那样严格的要求，但至少应隐含一点新颖性以证明其并非众所周知；而由于新颖性这一要件不过是用于证明信息并非众所周知，故只要其不是一般的、普通的知识、经验和技术，就具有新颖性，比如，将众所周知的程式语言以特殊的逻辑加以组合，产生出独特的产品，构成新颖性，机器的所有部分为众所周知，但由这些部分构成的机器所产生的结果较为独特，同样构成新颖性。③美国侵权法重述也认为，商业秘密可以是一种可获得专利权的装置或工艺，也可以是

---

① 参见张玉瑞著：《商业秘密法学》，中国法制出版社 1999 年版，第207 页。

② 孔祥俊著：《商业秘密保护法原理》，中国法制出版社 1999 年版，第32-33 页。

③ 参见倪才龙主编：《商业秘密保护法》，上海大学出版社 2005 年版，第44 页。

从已有技术中能明显预期的装置或工艺、或一个好的技工即可做出的仅仅机械方面的改进，而不要求专利那样的新颖性和创造性，因为商业秘密保护是基于反对违背善意原则和以应受谴责的方式获取他人的商业秘密，而不是基于回报或鼓励开发秘密装置或工艺，对这种有限保护要求专利那样的新颖性和创造性是不合适的。

从上述观点可以看出，新颖性和秘密性实为一个问题的两个方面，两者密不可分。一方面，如果某一信息与相关行业或领域内普通的、一般的知识、技术水平不相上下，则这种众所周知的信息，自然无秘密性可言，即便其被人当成商业秘密并被采取了严格的保密措施，从这一点来看，不具有新颖性则不具有秘密性，新颖性是秘密性的前提；但另一方面，也可以反过来说，正是由于一项信息具有秘密性，被权利人采取了保密措施，才使得该信息不能为相关行业或领域内的人普遍知悉，才使之与公知信息相区别而具有新颖性，仅具有新颖性而无秘密性也不可能构成商业秘密。正因如此，美国反不正当竞争法重述才认为，"尽管商业秘密案件中有时产生新颖性要求，但新颖性要求只是对本条秘密性和价值性概念，以及排除相关已有技术等价替换要求的另一种表达方式"。因此，"新颖性独立存在的意义在于通过新颖性能更好地认定商业秘密，并证实其秘密性和价值性的存在，没有新颖性就无所谓秘密性，秘密性则意味着最低限度的新颖性"。①

一般来说，下列智力成果的新颖性要求容易满足：（1）拥有技术创新内容和工商业目的的基础性和应用性研究成果、进行工商业开发的小试技术成果和中试技术成果以及技术改造成果；（2）国外引进的技术和设备，确属在消化吸收基础上取得的创造性研究开发成果；（3）具有技术进步特征的治理污染、保护环境和生态的单项课题或者系统工程、自然资源、生活资源的开发利用成果；（4）计算机应用技术的研究开发成果，包括语言系统、过程控制、管理工程、特定专家系统、计算机辅助设计和制造及其系统等研究

① 张耕等著：《商业秘密法》，厦门大学出版社 2006 年版，第 8 页。

开发成果。但那些仅属于一般设备维修、改装，对外国技术和设备的仿制，单纯改变尺寸、参数、排列和类似技术手段的变换所实现的现有产品改型、工艺变更或材料配方的调整，以及无原创性的程序编制等，应认为不符合新颖性要件的要求。① 至于经营信息，其新颖性的认定则较为困难。比如客户名单，尽管可能认定其秘密性、价值性和管理性，但要将其与现有的公知公用客户信息进行比较，从而证明其与现有客户信息至少存在一点创新或新意，则并不是件容易的事。

与判断秘密性时需注意秘密性具有行业和地域范围的限制一样，在判定新颖性时，也应特别注意新颖性的行业或地域限制问题。由于科技发展水平不均衡或信息在传递过程中的遮断和损失，在某地公知的信息，在另一地仍可能不被公知，在一国公知的信息，在另一国仍可能不被公知。这是一个法律问题，更是一个事实问题。对新颖性要求非常严格的专利尚且未必要求在全世界范围内具有新颖性，对商业秘密的新颖性的地域要求更不应过于严格。如果在甲地已被公知的信息，在乙地确实仍不被公知，则不应妨碍该信息在乙地构成商业秘密。同理，在某一行业或领域被公知的信息，运用于另一行业或领域，可能就不是公知的，这是商业秘密新颖性在运用行业或领域方面的相对性。理解这一点，有助于理解侵犯本罪的主观罪过问题，比如行为人主观上具有侵权故意但并不想给权利人造成重大损失，因而将盗窃来的商业秘密运用于另一行业或领域，或者在遥远的地方使用，却仍然给权利人造成了重大损失，其主观罪过问题就比较复杂。

至于新颖性能否成为商业秘密的一个要件，从上文引述可知，上述学者都是持肯定态度的，即认为"不为公众所知悉"应同时包含秘密性和新颖性两个要件。笔者认为，"不为公众所知悉"是从描述否定性事实状态的角度来界定商业秘密的，立法强调的是秘

---

① 倪才龙主编：《商业秘密保护法》，上海大学出版社 2005 年版，第46 页。

密性，而未从正面规定商业秘密必须具备新颖性，根据罪刑法定原则下的严格解释规则，似不应通过解释增加某一犯罪的构成要素，此其一。其二，提倡新颖性要件容易与专利法中的新颖性要件相混淆，因为新颖性在专利法中已有明确具体的规定和含义，即"新颖性是指在申请日以前没有同样的发明或者实用新型在国内外出版物上公开发表过、在国内公开使用过或者以其他方式为公众所知，也没有同样的发明或者实用新型由他人向国务院专利行政部门提出过申请并且记载在申请日以后公布的专利申请文件中"。事实上，许多学者在论述使信息丧失新颖性的因素时，列举的都是那些公开发表、公开使用、公开报道等使信息丧失秘密性的因素。①其三，在我国刑法已经将受保护的商业秘密限制于技术信息和经营信息，且规定在应具备实用性要件的情况下，再强调商业秘密必须具备新颖性，不利于打击侵犯商业秘密的犯罪行为，不利于维护公平竞争的市场经济秩序。当然这只是理论上的一点看法，实际上，如果某一信息不具有起码的新颖性，不能够将其自身与公知信息区别开来，则不可能被认为有秘密性，也不可能得到商业秘密法的保护。因此，在提法上不宜提新颖性这一要件，但在认定秘密性时，则不可忽视新颖性。事实上，新颖性与秘密性是不可分的一体两面，认定了秘密性，也就认定了新颖性。

（三）价值性

价值性是指作为商业秘密的信息能够为权利人带来现实或潜在的经济利益或竞争优势，使权利人获得比同行更高的利润。对于价值性，我国刑法和反不正当竞争法表述为"能为权利人带来经济利益"；美国统一商业秘密法和反经济间谍法均表述为"具有实际或潜在的独立经济价值"；美国反不正当竞争法重述表述为"使相对于他人产生现实或潜在的经济优势"；德国反不正当竞争法要求商业秘密应具有正当的守密利益，对于权利人具有正当的经济价

---

① 参见谭筱清：《对商业秘密新颖性的理解与适用》，载《人民司法》2002 年第 5 期，第 68 页。

值；TRIPS 协议则要求"具有商业价值"；日本反不正当竞争法表述为"对经营活动有用"；我国国家工商行政管理局《关于禁止侵犯商业秘密行为的若干规定》则认为："本规定所称能为权利人带来经济利益、具有实用性，是指该信息具有确定的可应用性，能为权利人带来现实的或者潜在的经济利益或者竞争优势。"尽管各国的表述不同，但都要求商业秘密必须具有价值性，能够为权利人带来经济利益或竞争优势。而价值一般仅指经济价值、商业价值，不具有经济或商业价值而具有其他价值，比如精神价值、社会价值等的信息不能构成商业秘密，这也是商业秘密区别于国家秘密、个人隐私等信息的主要标志。我国学界通常认为，商业秘密的价值性包括两方面：一是经济利益，二是竞争优势，而后者更重要，因为价值性并不意味着必须以确切的货币金额来表明其价值，甚至不必有现实的直接的经济利益；在侵权行为发生时，价值性也不一定表现为给权利人造成多大的经济损失，而往往表现为使权利人丧失竞争中的优势地位，所以权利人所具有的竞争优势是商业秘密价值性的本质体现。①

具体说来，价值性具有以下内涵：

第一，价值性既指经济利益，也指竞争优势。经济利益是指与商业秘密的获取、使用或披露有关的经济利益，通常情况下表现为给权利人带来现实或潜在的经济收益，包括通过使用所产生的经济收益、允许他人使用所获得的许可使用费等；但当商业秘密受到侵犯时，该经济利益既可通过权利人的损失来表现，也可从侵权人的收益利润反映出来。竞争优势是指竞争中的强势地位，这一概念可以用同样抽象的领先时间这一概念来表述，尽管两个概念都比较抽象，但后者更容易理解一些。所谓领先时间，是指权利人相对于同一领域中其他不拥有该项商业秘密的人，在生产或科研水平上的领

---

① 参见张耕等著：《商业秘密法》，厦门大学出版社 2006 年版，第 14 页；孔祥俊著：《商业秘密保护法原理》，中国法制出版社 1999 年版，第 45 页。

先时间。比如人们常说，某某国家的科技发展水平比某某国家至少要先进若干年，某某技术比某某技术至少要先进许多年。在侵权人采用不正当手段获取权利人的商业秘密准备使用、或者权利人的雇员将商业秘密披露给他人，但都未来得及使用时，权利人似乎没有经济损失。在这种情况下，竞争优势和领先时间的概念就显得极为重要。国外实践早已肯定在很多情况下，仅获取商业秘密的内容本身，就使被告的科研或生产水平前进了若干年，这时原告可以请求以丧失的竞争优势即丧失的领先时间来折算损害赔偿额；而法院下达禁止被告使用原告商业秘密的禁令时，往往要考虑原告的领先时间，即在相当于原告领先时间的时间段内禁止被告使用相关信息，即使该信息已因公开而不再是商业秘密。另外，商业秘密的价值性不能简单地用开发时花费的成本来衡量，有时花费很小代价得来的商业秘密，可能导致巨大的经济价值或竞争优势，比如一个好的点子能使企业起死回生，一个好的创意能为销售商带来巨大利润等。①

第二，价值性既包括现实的价值又包括潜在的价值。商业秘密并不要求发生侵权时已经被权利人使用，只要一旦使用能够给权利人带来经济利益或竞争优势即可。对此，国家工商行政管理局《关于禁止侵犯商业秘密行为的若干规定》第2条第3款解释为"现实或潜在的经济利益或竞争优势"，不以现实的价值为限。这说明，不管是现实的可直接使用的商业秘密，还是正处于研究、试验、开发过程中的具有潜在的、可预期的价值的信息，都可满足价值性的要求。不过，正处于研究、试验、开发过程中的信息不一定符合实用性要求，不一定能够构成我国刑法所指的商业秘密。

第三，积极信息和消极信息都可能满足价值性要求。积极信息是指对生产、销售、科研、开发等生产经营活动直接有用的信息；

---

① 参见张玉瑞著：《商业秘密法学》，中国法制出版社1999年版，第164-165页；倪才龙主编：《商业秘密保护法》，上海大学出版社2005年版，第51-52页。

消极信息是指不能直接、正面给持有人带来经济利益，但有助于持有人及竞争对手少走弯路或节省费用、提高经营效率的信息，比如失败的试验记录、废弃的顾客名单、设计图草稿等。积极信息具有价值自不待言，消极信息虽不能对持有人产生直接效用，但若被同行业竞争者获知，竞争者便可从中得到借鉴，避免重蹈覆辙，防止人财物等资源及时间的无谓浪费，缩短研究开发过程，从而强化其在市场竞争中的地位，导致持有人的竞争优势削弱或丧失。当然，消极信息不一定符合我国刑法对商业秘密的实用性要求。

第四，可持续使用或一次性的信息都可具有价值性。信息使用时间的长短或次数多少，可能影响价值性的高低，但不能决定价值性的有无。对此，美国侵权法重述规定简单信息如处理商业行为中的单一或短暂事件的信息，如合同投标中的标底、特定雇员的工资等信息不予保护，只保护可连续运用于业务运营中的工艺或装置等；美国统一商业秘密法及反不正当竞争法则明确规定商业秘密的保护不以可持续使用为限。我国《关于禁止侵犯商业秘密行为的若干规定》第2条明确规定保护"招投标中的标底及标书内容"等信息，这种信息就是一种典型的一次性信息。

第五，价值性必须具有独立性和并非微不足道。独立性是指有关信息必须不依附于或者说能够从其他信息、构思或劳动者的一般知识、经验和技能中分离出来，能够独立存在和使用。因为如果有关信息紧密依附于持有人不应该享有权利的公知知识，或与他人的知识产权、劳动者的一般知识、经验或技能结合太紧，在整体上处于从属地位，则保护持有人的信息就会不合理地损害社会利益或者他人的合法权益。并非微不足道是指信息的价值性达到一定的量，值得作为商业秘密进行保护，如果对仅具有微不足道的、琐碎价值的信息进行保护，不仅有违法律追求的效益目标，而且会给法院认定商业秘密和确定损失数额带来困难。对此，美国反不正当竞争法重述认为："商业秘密必须在工商经营中具有足够的价值，相对于不具有该信息的其他人，产生现实或潜在的经济优势。然而这种经济优势不需要很大，如果秘密产生的优势并非微不足道，即可满足要求。"

（四）实用性

虽然其他国家及 TRIPS 协议一般不要求实用性，但我国法律规定，商业秘密除应具备价值性之外，还应具备实用性，国家工商行政管理局《关于禁止侵犯商业秘密行为的若干规定》第 2 条对实用性的解释是"具有确定的可应用性"。对于实用性的含义，学界争议较大。一种观点认为："对否定性的信息，例如过去开发、研究失败的经验、资料等，如何解释实用性。可以认为，原告的经济利益、竞争优势来自两个方面：一是成功的经验，使原告的科研、生产、经营超前因而具有实用性；二是失败的经验，如果保密，可使原告的竞争对手不能节省研究开发时间、经费，从而使对手滞后而对原告具有实用性。从这一理论出发，如果实践中被告违法泄露或获取的不是原告的图纸、资料，而是原告过去失败的实验数据等所谓否定性信息，依然是侵犯了商业秘密。"①可见，该学者实际上是将实用性解释成价值性。另一种观点认为："实用性又称效益性，是指商业秘密具有确定的具体的可应用性和可操作性，即该信息能够具体应用于生产经营实践中的制造和使用活动……实用性是商业秘密能够在工业或产业上应用的本质特征，通过运用商业秘密可以为权利人创造出经济上的价值，是价值性的实践化要求。"②可见，这种观点对实用性的理解与专利法中"实用性"的含义相同。持后一种观点者居多，比如郑成思教授认为："在商业秘密领域，合格的受保护信息并无'实用性'要求，这是 TRIPS 协议明文规定的。"③又如对于实用性是否必要，有肯定说与否定

---

① 张玉瑞著：《商业秘密法学》，中国法制出版社 1999 年版，第 160-161 页。

② 倪才龙主编：《商业秘密保护法》，上海大学出版社 2005 年版，第 55 页。

③ 郑成思：《WTO 与知识产权法研究》，载《中国法学》2000 年第 3 期，第 32 页。

说两种观点。肯定说认为,专利是以权利人向社会公开其发明为保护代价的,而商业秘密权人则希望其商业秘密的保密程度越深越好,这样不可避免地会造成重复研究和社会资源的浪费,过宽地保护商业秘密不利于我国知识经济的发展和知识的传播,如果允许保护消极信息,则对于整个社会而言将会引发许多无用的重复研究,造成极大的资源浪费,因此,不应保护消极信息。①否定说则认为,实用性不应作为商业秘密的构成要件,因为如果不保护消极信息,则无异于鼓励人们可以不择手段获取该类信息,这样就会使法律倡导的公平、有序的市场竞争秩序受到破坏。②显然,对于商业秘密是否要求实用性的肯定说与否定说都是以认为消极信息不具有实用性为前提的。

笔者认为,认为消极信息不具有实用性的后一种观点更为可取。既然我国刑法和反不正当竞争法等法律法规中都表述为"能为权利人带来经济利益、具有实用性",表明我国在立法上是将价值性与实用性并列的,在强调价值性的同时,另强调实用性,这也许是出于限制商业秘密保护范围的目的,但不管立法目的如何,仅从解释规则来看,就不宜将价值性解释为包括价值性和实用性。

一般认为,实用性的具体内涵包括:(1)客观性。是指商业秘密对其持有人必须是客观上具有价值,而不是持有人主观臆想有价值,表现为持有人所主张的商业秘密应是其经济利益或竞争优势的直接原因。(2)具体性。是指商业秘密应该是具体的可据以实施的方案或信息,而不是抽象的构思、原理或单纯的概念。因为抽象的原理和概念是公有知识,任何人都可以利用,不应允许某些人独占,且抽象的原理和概念不能转化为竞争优势或经济利益,没有保护的必要。具体性表现在商业秘密应具有明确和具体的内容、可

---

① 参见潘永建:《TRIPS 中商业秘密规定研究》,载《国际商务研究》2002 年第 1 期,第 19 页。

② 参见寇占奎、许振台:《TRIPS 协议中未披露信息与我国商业秘密构成要件的比较》,载《经济论坛》2002 年第 21 期,第 40 页。

以复制、可以传授等方面。（3）确定性。确定性是指商业秘密的权利人能够明确界定商业秘密的具体内容并划清其秘密信息与公知知识的界限，即该项秘密从时间上看业已开发完成，具备了比较完整的形式和内容。通俗地说，是指权利人能够明确其秘密点在哪儿。权利人应能够说明商业秘密由哪些信息组成，各组成部分的具体内容及其相互关系，与其他相关信息之间的区别，怎样付诸实施等。商业秘密必须是可以明白定义的，否则，只能看做公有领域的知识、经验或技能的一部分，任何人都可自由利用。不确定的模糊的信息，由于权利范围无从明确，法律也无从加以保护。但确定性不一定要求商业秘密在起诉时即具有可感知的实物形式或已用文字材料加以固定，只要求商业秘密已构成完整的技术或经营方案，马上可以实施即可。

关于实用性与价值性的关系，一般认为，具有实用性必定具有价值性，但具有价值性不一定具有实用性。比如研究失败的试验报告或数据、建立最终客户名单前排除的名单、设计过程中废弃的设计草图等消极信息，能够为持有人及其竞争对手节省研究费用、提高经营效率等，具有价值性，但不具有实用性。同理，那些仅具有潜在价值性的信息也不一定具有实用性。在立法并列规定实用性与价值性的情况下，应当认为，实用性与价值性是商业秘密的两个不同的构成要件。

（五）管理性

管理性是指权利人对其秘密信息采取合理的保密措施，将该信息作为商业秘密进行管理。对于保密措施的要求，TRIPS协议规定为"合理保密措施"；美国统一商业秘密法规定为"已尽合理保密努力"；日本反不正当竞争法表述为"作为秘密进行管理"；加拿大统一商业秘密法草案表述为"为防止公知已尽合理保密努力"；我国刑法和反不正当竞争法则要求"经权利人采取保密措施"。

为什么要把管理性作为商业秘密的一个要件呢？因为商业秘密作为一种人类智力劳动创造的精神财富，属于信息范畴，而信息在本质上是不可能被其创造者独占的，不像物质财富那样可以通过独占其物而专有。任何人只要知悉了该信息，即可与创造者共享该信息，除非其创造者采取了严格的保密措施使信息事实上处于其他人难以知悉的状态，或者通过取得专利而换取一定期限内的专有权以禁止他人使用。因此，鉴于商业秘密的信息本质，一种信息要获得商业秘密保护而防止他人共享，要求信息创造者在事实上采取了适当的保密措施以保持信息的秘密性，防止秘密进入公有领域。如果创造者没有采取保密措施，放任其信息流入公有领域，则应认为创造者主观上没有保密意愿，也就不能在信息已被他人知悉后再来要求法律保护。这就要求不仅要采取保密措施，而且保密措施要达到一定的质量，足以防止一般人轻易获知其秘密。

那么，如何认定保密措施是否合理呢？一般认为，所采取的保密措施在特定环境、特定条件下足以提示具有合理注意能力的通常人知道存在商业秘密即可。因为在合理注意的前提下，如果保密措施足以使一般人意识到存在商业秘密，基于商业秘密保护所倡导的商业道德，基于商业秘密权的绝对权性质，义务人就应充分尊重权利人的保密意愿，主动采取回避行为，否则即应认为是侵权。①对此，美国反不正当竞争法重述认为，"如果信息清楚地具有秘密性和价值性，那么就没有必要要求权利人提供已采取特别保密措施的证据"；美国统一商业秘密法也认为，保密努力仅要求"在特定情势下是合理的"，不要求采取极端的和过分昂贵的措施来保护商业秘密以预防无孔不入的间谍，包括有限制地向雇员和被许可方披露在内的对商业秘密的合理使用都是符合相对秘密性要求的，不会破坏商业秘密的秘密性。

对于保密措施包括哪些方式，美国反不正当竞争法重述认为，"保密措施有多种方式，包括防止未经许可进入所采取的物理措施，将信息的披露限制在工作所必需范围内的有关程序，以及向保密信息接受者强调信息的秘密性质的手段，如保密协议、标记、警告语等，这些措施都可以作为有关信息具有价值性和秘密性的证

---

① 张耕等著：《商业秘密法》，厦门大学出版社 2006 年版，第 18 页。

据"。美国统一商业秘密法认为，合理的保密努力被认为包括告诫雇员商业秘密的存在和把对商业秘密的接触限制在"需要知道"的范围内，以及加强工厂保卫等。

我国 1998 年国家工商行政管理局《关于禁止侵犯商业秘密行为的若干规定》第 2 条规定，"本规定所称权利人采取保密措施，包括订立保密协议，建立保密制度及采取其他合理的保密措施"；同一年国家工商行政管理局《关于商业秘密构成要件问题的答复》中认为，"权利人采取保密措施，包括口头或书面的保密协议、对商业秘密权利人的职工或与商业秘密权利人有业务关系的他人提出保密要求等合理措施。只要权利人提出了保密要求，商业秘密权利人的职工或与商业秘密权利人有业务关系的他人知道或应该知道存在商业秘密，即为权利人采取了合理的保密措施，职工或他人就对权利人承担保密义务"。1999 年《广东省技术秘密保护条例》第 2 条规定："保密措施是指：（1）技术秘密权利人与知悉或者可能知悉该技术秘密的有关人员签订了技术秘密保护协议；（2）技术秘密权利人把该技术秘密保护要求明确告知有关人员；（3）技术秘密权利人对该技术秘密的存放、使用、转移等环节采取了合理、有效的管理办法；（4）其他有关保密措施。"2000 年《宁波市企业技术秘密保护条例》第 4 条规定："本条例所称保密措施是：（1）企业对技术秘密明确划定密级和范围，并将该技术秘密的保护要求明确告知有关人员；（2）企业与知悉技术秘密的员工及有关人员签订保密协议，或者提出书面的保密要求并经签名确认；（3）企业对技术秘密的存放、使用、转移等环节采取了合理、有效的管理办法和保护手段。"

笔者认为，既然商业秘密权是一种知识产权、一种财产权的观点已经得到越来越多的人的赞同，并已为国际社会广泛接受，①那么，认为商业秘密权是一种相对权，强调只有相对人才负有保密义

---

① 关于商业秘密权的性质，详见本章第二节"商业秘密权的性质"。

务的观点就显得不合时宜了，那种认为只有签订了保密合同者才承担保密义务的观点更是与商业秘密权的权属性质相悖。而从商业秘密权的绝对权性质以及诚实信用的商业道德原则出发，应强调一切人都负有不得侵犯他人财产权的义务，对保密措施的要求不应过严，只要权利人的保密措施能够反映出其主观上具有保密意愿即可。在这一点上，德国学者远远走在我们前面，他们通常认为，构成一项商业秘密只需具备秘密性、具有可保利益和权利人主观上具有保密意愿即可，并不特别强调保密措施。因此，保密措施的意义主要在于，一方面，通过保密措施向世人宣示"这里有我的商业秘密，敬请尊重我的利益"，即宣示其权利的存在；另一方面，尽可能严密的保密措施也有利于防止恶意者不法侵犯商业秘密，有利于保持信息的秘密性。因此，合理的保密措施应区分为对内与对外两个方向，对外，为防止外人知悉应采取较严密的保密措施；对内，则只须向其雇员或其他知悉者提出保密要求，即为采取了保密措施，前述《关于商业秘密构成要件问题的答复》的解释应该说是比较合理的。

综上所述，我国刑法所保护的商业秘密应当具备秘密性、价值性、实用性和管理性四个要件。其中，秘密性要件中暗含新颖性要求，价值性要件实为实用性要件所限制。而根据罪刑法定原则，即便我国刑法规定的构成要件中包含了 TRIPS 协议的规定中所不要求的内容，我们仍应把实用性列为商业秘密的一个构成要件，这或许是刑法限制打击范围、平衡权利人利益与社会公共利益的一种体现。而在四个构成要件之外，刑法对构成商业秘密的信息种类也作了限制，即仅限于技术信息和经营信息，除此之外的其他信息都不能构成刑法上的商业秘密。由于罪刑法定原则的限制，对刑法所规定的四个要件以及信息种类都只能进行严格解释，不允许类推解释，严格限制扩张解释，这与民法上可以很宽松地进行法律漏洞补充以及类推解释、扩张解释，甚至在法律没有明文规定时可以依习惯或条理进行解释是有很大不同的。由于这种差异，在民事上可以构成商业秘密的信息，在刑事上则不一定构成商业秘密。相应地，在民事上构成侵犯商业秘密的行为，在刑事上甚至连违法性都不具备。因此总的说来，刑法上商业秘密的范围应小于民法上商业秘密的范围，这一点应引起理论和实务工作者的足够重视。

第三章　侵犯商业秘密罪的客观方面

所谓犯罪的客观方面，是指犯罪活动的客观外在表现，包括危害行为、危害结果以及实施行为所必需的各种客观条件等，是犯罪构成的重要组成部分。

第一节　侵犯商业秘密罪的行为方式

我国刑法第 219 条规定："有下列侵犯商业秘密行为之一，给商业秘密的权利人造成重大损失的，处 3 年以下有期徒刑或者拘役，并处或者单处罚金；造成特别严重后果的，处 3 年以上 7 年以下有期徒刑，并处罚金：

（一）以盗窃、利诱、胁迫或者其他不正当手段获取权利人的商业秘密的；

（二）披露、使用或者允许他人使用以前项手段获取的权利人的商业秘密的；

（三）违反约定或者违反权利人有关保守商业秘密的要求，披露、使用或者允许他人使用其所掌握的商业秘密的。

明知或者应知前款所列行为，获取、使用或者披露他人的商业秘密的，以侵犯商业秘密论。

本条所称商业秘密，是指不为公众所知悉，能为权利人带来经济利益，具有实用性并经权利人采取保密措施的技术信息和经营信息。

本条所称权利人，是指商业秘密的所有人和经商业秘密所有人许可的商业秘密使用人。"

为了便于研究，学者们通常根据不同的标准对本罪的行为方式进行分类，常见的分类有三种。第一种分类是按照条文规定的顺序依次将本罪的行为方式概括为不正当获取商业秘密、滥用不正当获取的商业秘密、滥用合法取得的商业秘密以及以侵犯商业秘密论的行为四种；①或者概括为非法获取商业秘密、滥用非法获取的商业秘密、滥用合法获取的商业秘密以及以侵犯商业秘密论的行为。②与之相近的一种分类是，将本罪的行为方式概括为以不正当手段获取商业秘密、处分以不正当手段获取的商业秘密、非法处分合法知悉的他人商业秘密以及第三人侵犯商业秘密四种，其理由主要是，滥用是指不正确使用，故将非法披露概括为滥用不够准确，而无论是非法使用、非法披露还是非法允许他人使用，都是对他人商业秘密的非法处分行为。③第二种分类是根据实行行为的特征将本罪的行为方式概括为四种："一是采用非法手段获取商业秘密，既可能是采用不正当手段直接从权利人手中获取，也可能是从侵权行为人那里获取；二是非法披露商业秘密，既可能是采用不正当手段或从非法途径获取者披露，也可能是合法知悉者违反保密义务而披露；三是非法使用商业秘密，既可能是采用不正当手段获取者直接使用，也可能是合法知悉者不经权利人许可而使用；四是非法允许他人使用商业秘密。"④第三种分类是将第二种分类中的第三、第四行为合称为非法使用商业秘密，从而将本罪的行为方式分为非法获取商业秘密、非法披露商业秘密和非法使用商业秘密三种，认为非法使用商业秘密"还可能是非法获取者或合法知悉者违反权利人

① 参见王作富主编：《刑法分则实务研究》（上），中国方正出版社2004年版，第851-854页。
② 参见赵秉志、田宏杰著：《侵犯知识产权犯罪比较研究》，法律出版社2004年版，第339-342页。
③ 参见赵永红著：《知识产权犯罪研究》，中国法制出版社2004版，第334页。
④ 周光权：《侵犯商业秘密罪疑难问题研究》，《清华大学学报（哲学社会科学版)》2003年第5期，第65页。

的意愿允许他人使用"。①

笔者认为，以上三种分类都有利于从逻辑上理解本罪的不同行为方式，有利于理解各种侵犯商业秘密行为的非法性质和危害程度，但均有可商榷之处。其中，第一种分类有分类标准不统一之嫌，因为它将第 1 款规定的三种行为概括为不正当获取商业秘密、滥用不正当获取的商业秘密、滥用合法获取的商业秘密，采取的是根据实行行为的不同特征进行分类的方法，而将第 2 款规定的行为称为"以侵犯商业秘密论的行为"，其表述与法条本身的表述完全相同，事实上并未归纳概括。实际上，如想根据实行行为的不同特征进行分类，则第 2 款规定的行为没有独立概括的必要，因为它的行为方式与第 1 款规定的行为方式大致相同，只是实施的主体不同而已。并且，将"披露、使用或者允许他人使用"概括为"滥用"也是存在疑问的。首先，从词义来看，"滥用"含有超越权限使用之意，表明其本身有一定的使用权限，只是超越了使用权限而已，而如果商业秘密是非法获取的，则绝对无权使用，并非可以在一定范围内使用，即使是合法获取的，如果获取者承担了不使用义务，则仍然无权使用，故应是无权使用、非法使用而不仅仅是"滥用"；其次，在刑法条文将披露、使用与允许他人使用作为并列的三种行为方式进行规定的情况下，将披露与允许他人使用概括为"使用"也是不甚合适的，因为这三种行为方式无论在主观心理、客观表现还是行为的社会危害性方面都各不相同，进一步概括为"滥用"就更不妥了；再次，用"滥用"来概括本罪的行为方式不能突出重点，因为本罪行为方式的重点在于"获取、披露、使用或允许他人使用"，而不在于商业秘密的获取途径是合法还是非法，故这种概括偏离了方向，违背了概括的本意。同理，将"披露、使用或允许他人使用"概括为"处分"也是不妥当的。第三

---

① 参见马克昌主编：《经济犯罪新论——破坏社会主义市场经济秩序罪研究》，武汉大学出版社 1998 年版，第 546 页；杨毓显：《论侵犯商业秘密的几个问题》，载《云南法学》1999 年第 4 期，第 46-47 页。

种分类法则过于简洁，将使用与允许他人使用概括为"使用"，既不够准确严谨也无法反映立法的原貌而与立法规定不符。相比较而言，第二种分类法根据实行行为的不同特征将本罪行为方式概括为非法获取商业秘密、非法披露商业秘密、非法使用商业秘密与非法允许他人使用商业秘密更为可取，因为这种概括准确地把握了刑法规定的本罪的各种行为方式，既避免了第一种分类法分类标准不统一、罪行概括不适当的缺陷，又没有第三种分类法将使用与允许他人使用合二为一过于简化的不足，从而有利于全面准确地理解本罪的行为方式。为了论述方便，本书将主要参照第二种分类法，并兼顾刑法的规定，依次对各种侵犯商业秘密行为中的重要问题进行论析。

一、以不正当手段获取商业秘密

所谓以不正当手段获取商业秘密，是指行为人以盗窃、利诱、胁迫或者其他不正当手段获取权利人的商业秘密。既包括从权利人或权利人的雇员那里获取，还包括从邮局、银行或其他任何知悉权利人的商业秘密并对权利人负有保密义务的受托人那里获取；既包括权利人公司外部的人员以不正当手段获取权利人的商业秘密，也包括权利人的雇员以不正当手段获取权利人的商业秘密，比如雇员擅自复制载有商业秘密的图纸、文件、资料或擅自收集其不应该知道的商业秘密等；既包括第二人以不正当手段从权利人处获取，也包括第三人明知或应知第二人的侵犯商业秘密行为，仍从第二人处获取，也即所谓"其他不正当手段"还应包括第三人明知或应知第二人有不正当获取或披露等侵犯商业秘密的行为，仍从第二人处获取权利人的商业秘密，因为第三人既然知道第二人有侵犯商业秘密权的行为，仍从第二人处获取商业秘密，表明其主观上也具有侵犯权利人商业秘密的故意，客观上也是通过不正当途径而非正当合法的途径获取权利人商业秘密的。① 这里主要探讨不正当手段的含

① 参见张玉瑞著：《商业秘密法学》，中国法制出版社 1999 年版，第491-492 页。

义和种类、各种不正当手段的具体界定以及获取的含义等问题。

（一）不正当手段的含义和种类

所谓正当，是指合理合法的；所谓不正当，是指不合理或不合法的，所谓不正当手段，是指各种违法的以及违背诚实信用原则及公认的商业道德的手段。我国刑法第 219 条列举了盗窃、利诱、胁迫三种违法手段，并以"其他不正当手段"作为补充，说明刑法并未将获取他人商业秘密的手段限定于违法手段，而是还包括其他各种虽不违法但不合理、不符合诚信原则及商业道德的手段。对此，国外学者的看法基本相同。比如日本有学者认为，不正当手段并不以构成盗窃罪、欺诈罪等刑事犯罪为必要，只要在社会观念上，是与其他不正当行为具有同等违法性的违反公序良俗的行为就足够了；美国也有学者认为，凡不是通过自己独立研究、检查和分析公开出售的产品，而是通过其他手段发现他人商业秘密的行为都是不正当的；① 美国侵权法重述也认为，行为人使用物理强制力从他人衣袋里取出保密配方，或私入办公室偷窃配方，当然属于不正当获取商业秘密，即便这种手段不会同时造成对商业秘密以外对象的损害，其他不正当手段例如以虚假陈述诱使他人披露、窃听电话、偷听或其他间谍行为，列出不正当手段的完整目录是不可能的，总的标准是，不正当手段以违反了普遍接受的商业道德和合理行为标准。

关于不正当手段的种类，美国统一商业秘密法认为，不正当手段包括盗窃、贿赂、虚假陈述、违反或诱使他人违反保密义务或通过电子或其他手段进行间谍活动等手段；正当手段则包括独立开发、反向工程、接受商业秘密所有人的许可、对公开使用或公开展出的产品进行观察或从公开出版物中分析等手段。某种行为通常是正当行为，但在用于获取商业秘密时，仍可被认定为不正当。美国反不正当竞争法重述认为，不正当手段包括盗窃、诈骗、未经许可

① 转引自杜宪苗、刘文涛：《侵犯商业秘密罪的客观方面》，载《开封大学学报》2004 年第 2 期，第 21 页。

接收通讯、引诱他人泄密或故意参加违反保密义务的行为以及其他本身违法的手段或本身不违法但在案件特定情势下构成违法的手段。

我国有学者认为，"所谓其他不正当手段是指除前述三种手段之外，违背商业秘密权利人的意愿，可以获取权利人的商业秘密的其他违法手段。用不正当手段获取权利人的商业秘密是一个不可穷尽的概念，关键在于手段的不正当性"。① 这种观点值得商榷。刑法规定的是"其他不正当手段"而非"其他违法手段"，故不能用违法或非法手段来表述不正当手段，因为两者的内涵并不相同，违法或非法侧重于违反法律法规，它必须有法律的明确规定，而不正当侧重于道德上的否定评价，侧重于从人们的内心信念或社会舆论方面来评价行为是否正当合理。一般说来，不正当手段的范围远比非法手段或违法手段的范围广泛，即使可以将整个以不正当手段获取商业秘密的行为评价为非法或违法行为，也不能将不正当手段等同于非法或违法手段，否则会不当地缩小刑法调整的范围，况且有些行为本身并不违法，但被用于不正当地获取商业秘密时，仍应被认定为不正当手段。

另有学者认为，"所谓其他不正当手段，是指盗窃、利诱、胁迫以外的，违背商业秘密权利人的意愿的获取权利人商业秘密的行为"。② 这种观点同样值得商榷，因为违背权利人意愿与不正当也是两个不同的概念，两者的内涵截然不同，是否违背权利人的意愿，是从权利人的内心愿望来说的，是非常主观的东西，况且权利人的意愿并非都是正当的，而不正当则指道德上的否定评价，这种评价尽管含有一定的主观因素，但主要还是取决于其客观标准。如按这种观点，则反向工程、独立开发等公认的正当获取商业秘密的

① 聂洪勇著：《知识产权的刑法保护》，中国方正出版社 2000 年版，第221 页。
② 龙洋：《侵犯商业秘密罪辨析》，载《西安政治学院学报》1999 年第5 期，第61 页。

手段，都是违背权利人意愿的，都可认为是不正当手段。

（二）盗窃、利诱、胁迫的含义和种类

1. 盗窃的含义和种类

所谓盗窃，即秘密窃取，指行为人为获取权利人的商业秘密而采取自以为不被商业秘密的控制人发觉的方法，暗中将商业秘密取走的行为。既可以通过窃取商业秘密的载体，如文件、资料、磁盘、磁带、样品、样机等而窃取商业秘密，也可以采取复印、照相、监听、模拟等手段或者通过大脑强记等方式窃取商业秘密；既可以是窃取商业秘密载体的原件，也可以是窃取载体的复制品。

有观点认为，"复印、照相、监听、模拟等手段能否认定是盗窃，不能一概而论，要看以何种手段为主，如窃取了商业秘密后复印、照相、模拟之后送回的，理应认为是盗窃，如就地利用被害人的复印工具复印、利用照相器材照相或利用模拟设备模拟后拿走，也不失为盗窃。如果现场采取复印、照相、模拟而没有使用被害人的其他工具，就只能认定为以其他不正当手段获取商业秘密，因为在这种情况下行为人并没有通过窃取商业秘密的载体而获得商业秘密，故并不能认定为盗窃。立法者在此处所指的盗窃，是指通过窃取商业秘密的载体而获得商业秘密的行为，而不能违背立法原意，做类推解释。而且，本条强调了以其他不正当手段获取商业秘密也可以认定为犯罪，所以，对盗窃作如此解释完全没有必要。持上述观点的学者在解释以不正当行为获取商业秘密时，举出了获取商业秘密的几种手段，将照相视为盗窃，而将录音、录像视为其他手段，这样划分的依据何在，令人迷惑。有观点认为，将盗窃改为窃取更为合适，可以涵盖上述所有内容。这样的说法有一定道理，但有些行为方式即使用窃取这一词汇概括也不太合理，如监听行为。立法者在此处只是对通常的非法获取商业秘密的行为进行一般列举，而不是全面概括，这从刑法的规定可以推理出来。任何与列举的三种行为有同样社会危害性的行为都可以是非法获取商业秘密的手段，如果非要对上述行为作出概括，则概括方式不是盗窃，也不是窃取,而是以秘密手段获取"①。

笔者认为,这种观点对盗窃的理解过于机械且没有依据。第一,从盗窃的词义来看,盗窃是指用不合法的手段秘密地取得,其实质在于采取自以为不被控制人发觉的方法将目标物取走,而无论是仅秘密取得商业秘密的内容还是同时取得商业秘密的载体,都是盗窃,认为盗窃仅指秘密窃取载体或有形物的说法没有任何根据,所谓立法原意也只是论者自己的猜测,况且刑法规定的着重点在于窃取商业秘密而非窃取载体。第二,该观点认为就地利用被害人的复印工具复印、照相器材照相或模拟工具模拟后拿走,也不失为盗窃,究其本意,是认为这种行为同时拿走了所复印、照相或模拟的商业秘密的载体,因而也是盗窃。的确,拿走载体是一种盗窃行为,但如果载体的价值轻微,达不到"数额较大"的定罪标准,则不可能构成盗窃罪,况且,我们探讨的是侵犯商业秘密罪中的盗窃而非探讨对载体的盗窃,因此这种观点混淆了盗窃商业秘密与盗窃载体这两个概念。第三,对某种行为能否定性为盗窃,其标准是该行为是否符合盗窃的本质,而无论是以复印、照相、监听、模拟等手段,还是以所谓计算机窃密、电磁波窃密、远距离激光器扫描等手段获取他人商业秘密,只要是在自以为不被商业秘密控制人发觉的情况下进行的,在本质上都是一种盗窃行为。第四,即使刑法同时规定有"其他不正当手段",也应尽量将某种行为解释为刑法明确规定的"盗窃、利诱、胁迫"三种手段,而不是"弃明投暗",将实质上构成这三种手段的行为归入其他不正当手段之中,这样做更符合罪刑法定原则的明确性要求。第五,窃取即为以秘密手段获取,该论者硬性区分窃取与以秘密手段获取,其依据何在,不得而知。

2. 利诱的含义与种类

所谓利诱,顾名思义,即以利益进行引诱,具体说来,是指为

---

① 黄凯:《侵犯商业秘密罪客观行为的理解与认定》,载《检察实践》2005 年第 5 期,第 18 页。

获取权利人的商业秘密而以金钱、实物等物质性利益或以职位、美色等非物质性利益为诱饵，诱使商业秘密所有人以外的对商业秘密无权处分但实际上掌握商业秘密的人为其提供、披露权利人的商业秘密的行为。利诱的对象只能是所有人以外的、对商业秘密无权进行处分的人，如果所引诱的对象是所有人本人或者其他对商业秘密有处分权的人，则该人在利益的诱惑下自愿处分商业秘密，是一种双方自主自愿的行为，谈不上侵犯商业秘密权。

由于权利人包括商业秘密的所有人和经所有人许可的商业秘密使用人，故应结合商业秘密的许可使用情况来认定是否侵犯商业秘密。具体说来，如不存在许可使用情况，则利诱所有人不成其为利诱，利诱所有人的雇员才是利诱；如存在许可使用情况，则应结合利诱的对象和许可的种类来认定，这里暂以仅有一个被许可人即一个使用人为例进行说明。此时存在所有人、所有人的雇员、使用人、使用人的雇员四方主体，许可的种类也有独占实施许可、排他实施许可、普通实施许可以及分实施许可四种。独占实施许可是指仅使用人可以使用，所有人不得使用并且不得再许可他人使用；排他实施许可是指所有人和使用人均可使用，但所有人不得再许可他人使用；普通实施许可是指所有人和使用人均可使用，并且所有人还可许可他人使用；分实施许可是指所有人不仅许可使用人使用，而且允许使用人再许可他人使用。如行为人利诱所有人的雇员或使用人的雇员，由于雇员对商业秘密没有处分权，构成利诱，其行为同时侵犯了所有人和使用人的商业秘密权。如利诱所有人，由于所有人在事实上和法律上仍是商业秘密的所有人，对商业秘密具有处分权，故一般不构成利诱，只是在独占实施许可的情况下，所有人对使用人构成违约，应由所有人对使用人承担违约责任。如利诱使用人，则应根据许可的种类严格认定：在独占实施许可、排他实施许可以及普通实施许可的情况下，一般构成利诱，因为此时使用人实际上是"违反约定或违反权利人有关保守商业秘密的要求"而"披露或允许他人使用"所有人的商业秘密的第二人，行为人则属于以利诱方式获取所有人的商业秘密；在分实施许可的情况下，由于使用人具有允许他人使用的再许可权，故行为人从使用人手中获取商业秘密并自己使用并不构成利诱，但如果行为人获取后不仅自己使用，还实施了披露或允许他人使用行为，是否构成侵犯商业秘密，值得进一步研究，但这不属于"利诱"的研究范围。这里还应注意的是，行为人利诱所有人的雇员或使用人的雇员或者独占实施许可、排他实施许可以及普通实施许可的使用人时，被利诱者的行为构成第 219 条第 1 款第 3 项规定的侵犯商业秘密行为，行为人的行为也符合第 219 条第 2 款规定的第三人不正当获取行为的特征，但由于这是利诱的应有含义，因此行为人的行为仍构成第 219 条第 1 款第 1 项规定的不正当获取行为而非第 2 款规定的以侵犯商业秘密论的行为。

关于利诱是否包括欺骗，学界有不同观点。有学者认为，利诱包括引诱和欺骗两种手段。[1] 还有学者认为，将引诱和欺骗等同作为利诱的内容并不准确，但是，由于刑法只规定了利诱而未规定欺骗，而对欺骗行为不予定罪并不合适，故只好认为利诱也包括欺骗。[2] 另有学者认为，将欺骗解释为利诱是存在问题的，因为两者的实质并不相同，完全可以将欺骗解释为其他不正当手段。[3]

笔者认为，否定说的观点较为可取。这并不是无谓的争论，而是一个可能涉及罪与非罪的问题，因为利诱的对象不包括商业秘密的所有人等对商业秘密有处分权的人，而欺骗的对象则包括商业秘密的所有人等一切人，如果认为利诱包括欺骗，则尽管一方面有利于通过将欺骗解释为利诱来追究欺骗者的刑事责任，但另一方面，当欺骗的对象是所有人等对商业秘密具有处分权的人时，反而不能

---

[1]　参见高晓莹著：《侵犯知识产权罪的认定与处理》，中国检察出版社 1998 年版，第 212 页。

[2]　参见林亚刚：《侵犯商业秘密罪再探》，载《法制与社会发展》2000 年第 1 期，第 51 页。

[3]　参见周光权：《侵犯商业秘密罪疑难问题研究》，载《清华大学学报（哲学社会科学版）》2003 年第 5 期，第 65 页。

对行为人追究刑事责任了。利诱和欺骗，从表面上看，都是以满足对方某种需要或使对方获得某种利益或好处予以诱惑，但两者实质上并不相同：其一，利诱是指以利益进行引诱，这种利益往往是现实的可得的利益，欺骗是指虚构事实隐瞒真相以使对方陷入错误认识，进而在"自愿"的情况下作出某种承诺；其二，在主观方面，利诱的行为人没有采取虚构事实隐瞒真相方法欺骗对方的故意，是的确愿意付出一定代价来换取商业秘密，欺骗的行为人则具有欺骗故意，只想通过虚构事实隐瞒真相无偿获取对方的商业秘密；其三，在客观方面，利诱是以实际利益进行引诱，通常也使对方实际获得，欺骗则是以虚构事实隐瞒真相手段欺骗对方，其许诺的利益一般不会实现；其四，从行为对方来看，被利诱者的意思表示一般是真实的，反映了其内心的真实意愿，被欺骗者的意思表示则是因欺骗而作出的违背其本意的意思表示。但是，由于欺骗的行为人可能出于某种理由而兑现承诺，利诱的行为人也可能由于已经获取商业秘密而不守诺言，因此区分利诱与欺骗的关键在于行为人的主观故意，而不在于对方是否实际上获得了被许诺的利益。

3. 胁迫的含义与种类

所谓胁迫，从字面上讲，"胁"指威胁，"迫"为逼迫，胁迫即通过威胁手段逼迫他人作出一定行为或不作出一定行为。在不同国家和地区的刑法中，由于法律规定不同，胁迫的内涵存在一定差异。如林山田教授认为，胁迫是指"以言词或举动，显示加害他人之意思，或以加害之意思通知他人，使其产生畏惧，而加以威胁或逼迫"。①日本刑法中设有胁迫罪，是指以加害他人的生命、身体、自由、名誉或财产相通告的行为，胁迫的内容要足以使一般人产生恐惧，且要求对方认识到有这种通告，但不以对方实际上产生恐惧为必要；另设有强要罪，如果胁迫的目的是使他人实施并无义务实施的事项，或妨害他人行使权利，则构成强要罪而非胁迫罪；

---

① 转引自彭辅顺：《香港与大陆刑法中的胁迫之比较》，载《湖南公安高等专科学校学报》2002 年第 3 期，第 52 页。

此外还设有强盗罪和恐吓罪，前者是指以暴力、胁迫手段强取他人财物，其中的暴力或胁迫必须从社会一般观念上看达到了足以抑制被害人反抗的程度，后者则指恐吓他人并使之交付财物或财产性利益，其暴力、胁迫手段必须尚未达到抑制被害人反抗的程度。①我国刑法中没有单独的胁迫罪，胁迫是作为其他犯罪的手段出现的，除了本罪之外，还有武装叛乱、暴乱罪，劫持航空器罪，劫持船只、汽车罪，强奸罪，强制猥亵、侮辱妇女罪，拐卖妇女、儿童罪，抢劫罪等罪名中规定有胁迫手段，有些罪虽然在罪状中没有明文规定，但实际上也要以胁迫作为手段，如敲诈勒索罪和绑架罪等。而且胁迫手段的含义因具体罪名不同而有所不同。比如，对于强奸罪中的胁迫，有学者解释为："是指对被害妇女进行威胁、恫吓，达到精神上的强制，使妇女不敢反抗的手段。"对于抢劫罪中的胁迫，该学者解释为："是指以当场使用暴力相威胁，使被害人产生恐惧心理因而不敢反抗的行为。"②虽然胁迫在不同罪名中的含义不尽相同，但在对被害人进行威胁，使之产生恐惧心理，从而不敢反抗这一点上却是相同的。③

　　结合上述观点，笔者认为，本罪中的胁迫，是指以加害生命、身体、自由、人格、名誉或财产等相通告，迫使商业秘密权利人或者其他知悉商业秘密的人向其提供商业秘密的行为。胁迫的内容是对对方的某种利益进行加害，这种加害应是能够实现的，且行为人对这种加害有支配的可能性，如以天灾、祸害等行为人所不能控制的内容进行通告则不构成胁迫，以第三者可能对被害人实施加害相通告也不构成胁迫。胁迫的方式不限，无论是书面、口头还是举止方式，无论是明示还是暗示，无论是自己直接胁迫还是通过第三者转告，无论是暴力还是非暴力，都可构成胁迫。但是，胁迫不包括

---

　　① 参见［日］西田典之著：《日本刑法各论》，刘明祥、王昭武译，武汉大学出版社 2005 年版，第 47-50 页和 118-119、153 页。

　　② 参见张明楷著：《刑法学（下）》，法律出版社 1997 年版，第 705 页、763 页。

　　③ 参见彭辅顺：《香港与大陆刑法中的胁迫之比较》，载《湖南公安高等专科学校学报》2002 年第 3 期，第 52 页。

以当场实施暴力相威胁的情形，因为在刑法第 219 条第 1 款中，胁迫是与盗窃、利诱相并列的一种手段，应当认为，这种胁迫手段的社会危害性应与盗窃或利诱手段相当，而没有达到抢劫罪中胁迫的强度，故以当场实施暴力相威胁的情形应属于社会危害性更大的抢劫行为，可归入其他不正当手段之中。

（三）获取的含义

所谓获取，从词义上看，获即得到，取指取得，两者都是得到的意思，故获取意为得到、取得，获取与获得，词义上并无差异。但在刑法中，获取的含义应具有一定的特殊性，应与犯罪构成的其他要件结合起来考虑。比如，获取应是主客观相一致的，行为人主观上应具有以盗窃等不正当手段获取他人商业秘密的故意，客观上实施了以不正当手段获取他人商业秘密的行为，无论是盗窃、利诱、胁迫，还是明知第二人有侵权行为而从第二人处购买商业秘密，都是如此。如果行为人主观上不具有获取商业秘密的故意，比如盗窃、诈骗或抢劫他人财物但不知该财物上载有商业秘密，则不是一种获取商业秘密的行为。再比如，第三人从违反保密约定或违反保密要求的第二人手中购买商业秘密时，其获取只能是消极、被动的接受，是第二人积极主动地要求向其提供，否则，如果他人主动唆使、怂恿第二人违反保密义务向其披露商业秘密，则该他人应构成以利诱方式获取商业秘密的第二人而非第三人，可见，第三人获取和第二人获取中的获取的含义是有细微差异的。

在"获取"这一部分值得探讨的问题还有，获取是仅仅取得即可，还是应要求知悉或掌握商业秘密的内容？对此，一种观点认为，获取在获取客观秘密即商业秘密的各种表现形式如信号、数据、图纸、文件、模型或实物等时构成侵权，在获取主观秘密即商业秘密的实质内容时也构成侵权。①笔者基本赞同这种观点，但认为应结合商业秘密的性质和内容、被害人以及行为人自身的情况等

---

① 参见张玉瑞著：《商业秘密法学》，中国法制出版社 1999 年版，第 484-486 页。

因素综合考虑，尽管无论是获取表现形式还是获取具体内容都构成侵权，但对权利人造成的损失是不一样的，是获取形式还是获取内容，在一定程度上会影响犯罪的既遂未遂甚至罪与非罪问题。比如，某人知道 A 公司的电脑内存有很值钱的商业机密，某天即潜入 A 公司内盗窃电脑一台，内中载有一项价值 100 万元的商业秘密。如果该人对 A 公司的商业秘密一窍不通，则除非该商业秘密没有备份，A 公司因该商业秘密失窃而影响了生产或经营，在某人将商业秘密卖给 A 公司的竞争对手之前，其行为并没有给 A 公司造成实际损失；但如果该人本身是 A 公司的竞争公司的高级技术人员，情况则有所不同：如果该人知悉了商业秘密的内容，则即使尚未使用，其行为也可能给 A 公司造成 100 万元的损失，因为知悉商业秘密的内容本身即相当于节省了相当的研发费用、缩短了与竞争对手之间的差距；如果仅窃取了电脑但还来不及打开或来不及阅读商业秘密的内容即被缴获，则其行为尚未给 A 公司造成实际损失（电脑本身的价值除外）。因此，在实际办案中查明行为人是仅获取了商业秘密的表现形式还是获取了具体内容，查明行为人对商业秘密内容的知悉、掌握程度是相当重要的。

二、非法披露、使用和允许他人使用权利人的商业秘密

非法披露、使用和允许他人使用商业秘密，既包括刑法第 219 条第 1 款第 1 项规定的以不正当手段获取权利人商业秘密的人实施的非法披露、使用或允许他人使用行为，也包括同一条款第 2 项规定的与商业秘密权利人订有保密约定或虽无保密约定但经权利人明确提出过保密要求者实施的披露、使用或允许他人使用行为，还包括刑法第 219 条第 2 款规定的以侵犯商业秘密论者的披露、使用行为。

（一）非法披露

所谓披露，是指以口头、书面或其他方式将以不正当手段获取的或合法知悉的权利人的商业秘密向他人公开。包括三种情况：第一种是告知特定的他人，该特定人也许还答应为商业秘密保密；第二种是向小部分人公开，例如在某种私下场合谈论其用不正当手段

获得的商业秘密，或在某种公共场合放肆谈论等；第三种是向社会
公众公开，即通过各种信息传媒，如报纸、杂志、广播、电视等手
段向社会传播。披露的方式多种多样，可以是口头或书面方式，也
可以是样品模型展示等方式。披露的对方不限，既可以是内部披
露，即行为人为了实施商业秘密而向其雇员披露，也可以是外部披
露，包括行为人向其合作伙伴、谈判对方披露，以及向有偿或无偿
接受其披露的受让方披露等。总之，凡是将商业秘密的内容告知他
人的行为，均可构成披露。

关于披露的违法性，美国侵权法重述认为，拥有商业秘密的
人，可因秘密向他人披露或他人使用该秘密与之竞争而遭受损失；
仅仅披露即增加了商业秘密被他人不正当地利用的可能性，而由于
商业秘密的售价部分取决于其秘密性，仅仅披露就可以损害其可售
性或售价，故应予禁止。美国反不正当竞争法重述认为，与未经许
可的使用一样，未经许可的披露亦可对商业秘密所有人造成损害，
对公众披露，将使商业秘密失去继续受保护的必要秘密性，即使是
私下的披露，也增加了未经许可使用和进一步公开的危险性，所以
无论是向公众披露还是私下披露，行为人均要承担责任。且披露无
须明示，任何可以使他人从中获知商业秘密内容的行为，包括销
售、交付物品或其他有形对象，均可构成披露。但披露并非都要承
担责任，例如为了公众健康或公共安全，为了揭露有关犯罪或侵权
行为，在司法程序中作证，则可以披露有关商业秘密而不用承担责
任；只有其目的是为了与商业秘密所有人竞争或损害所有人的商业
秘密等的披露，才是违法的。

关于披露，有观点认为，"（向小部分人披露时，）这时听众虽
然仅是小部分，但在法律上构成公众的一部分，是公众中不特定的
一部分，故被告的行为造成商业秘密被公知"。①这种观点没有正确
理解商业秘密的秘密性要件。向小部分人披露并不意味着商业秘密

①　赵秉志、田宏杰著：《侵犯知识产权犯罪比较研究》，法律出版社
2004年版，第341页。

秘密性的彻底消失，并不一定导致商业秘密被公知，因为尽管向不特定的小部分人披露有导致商业秘密被公知的极大危险，但可能公知不等于事实上已经公知，只要事实上知悉商业秘密的人仍限于少数人之内，没有达到被同行业或同领域内大多数普通人可以轻易知晓的程度，仍不丧失秘密性，仍不失为商业秘密。

（二）非法使用

使用，是指将商业秘密在各种有用的场合予以利用。既包括以盗窃、利诱、胁迫等不正当手段获取商业秘密者的使用，也包括权利人的雇员等合法获取商业秘密的人违反保密约定或保密要求而使用。既可以是使用商业秘密制造与权利人完全相同或实质相同的产品，也可以是使用商业秘密制造与权利人的产品完全不同的产品。既可以是使用商业秘密的原来形式，即商业秘密获取时的原始内容，也可以是对商业秘密进行了进一步研究开发和改进后使用，只要其结果实质上仍来源于权利人的商业秘密即可。既包括直接使用，也包括间接使用。直接使用发生于侵权人的生产经营中，这种使用可能与生产活动有关，如利用所获得的技术秘密进行产品生产、产品维修、更新设备或产品更新换代等；也可能与经营活动有关，如利用所获取的商业秘密如客户名单、产销机密、货源情报等制定产品推销计划、开展业务咨询等。间接使用是指将商业秘密用于科研开发活动中，这种方式虽不直接将商业秘密运用于生产经营中，表面上似乎没有给行为人带来经济利益，但实际上可以使行为人减少研发投入，实质上仍是一种"使用"。总之，凡是能够使行为人获得利益而使权利人遭受损失，使行为人与权利人两方的竞争优势地位发生改变的各种行为，都不失为一种使用。

有观点认为，使用可分为积极的使用与消极的使用，前者是指将商业秘密正面地使用于生产、销售或经营之中，后者则指不将该商业秘密的内容运用于生产、销售或经营之中，如生产的错误经验数据、顾客的憎恶等类型的商业秘密。①这种观点值得商榷。因为

① 参见赵永红著：《知识产权犯罪研究》，中国法制出版社2004版，第349页。

刑法第 219 条第 3 款明文规定了商业秘密的构成要件，要求商业秘密应具有实用性，根据罪刑法定原则要求下的严格解释规则，不能对实用性作过于扩大的解释，诸如该论者所言的生产的错误经验数据、顾客的憎恶等类型的信息，即使确实对行为人有价值，但由于不具有实用性而不能构成商业秘密，谈不上是否消极使用的问题。

（三）非法允许他人使用

非法允许他人使用，是指行为人擅自将权利人的商业秘密提供给他人使用，允许他人将商业秘密运用于生产或经营活动中。既可以是以不正当手段获取权利人商业秘密者允许他人使用，也可以是合法获知权利人商业秘密者违反约定或违反权利人的保密要求而允许他人使用。此外，第三人事实上也可以允许他人使用，但由于刑法未作规定，宜解释为一种披露行为。这种允许使用可以是有偿的，如冒充商业秘密的权利人和他人签订技术实施许可合同，从中收取使用费；也可以是无偿的，如基于朋友、亲戚、商务关系或其他利害关系，将商业秘密无偿提供给他人使用。

（四）非法披露、使用与允许他人使用之间的区别

许多学者忽视了非法披露、使用与允许他人使用之间的区别。如有学者认为："可以说，允许他人使用是披露的一种表现形式。因为披露就是将非法获取的商业秘密向其他人公开，既可以是向社会、公众公开，也可以向特定个人公开，在向特定个人公开商业秘密时，他人就有可能使用该商业秘密，这实际上是以一种默示的方式允许他人使用该商业秘密，从实际后果上看，这与用明示的方式允许他人使用该商业秘密没有什么本质区别。"①

笔者认为，这种观点看到了披露与允许他人使用这两种行为方式之间的联系，这是正确的，但进而认为允许他人使用是披露的一种表现形式就值得商榷了。正如该论者所言，允许他人使用的前提是得先向该他人披露权利人的商业秘密，反过来，无论是向特定个

① 赵永红著：《知识产权犯罪研究》，中国法制出版社 2004 版，第 350 页。

人披露，还是在某种私下或公共场合向不特定的小部分人披露，都意味着披露者以默示方式同意被披露者使用。但是，立法者将披露、使用与允许他人使用规定为三种并列的行为方式，并不是毫无道理的，而是充分考虑了我国刑法一贯坚持的主客观相一致原则。

首先，在主观上，这三种行为方式的行为人的主观故意有所不同：对"使用"而言，行为人主观上是自己使用以谋取不法利益，是直接故意；对"披露"而言，行为人的故意则较为复杂，或者是为了损害权利人，彻底破坏权利人的商业秘密而将商业秘密公之于众，或者是为了逞强以表明自己有能耐获得商业秘密，或者是为了以默示的方式将商业秘密告知他人并希望或放任他人使用；对"允许他人使用"而言，行为人的故意则通常是明知对方获取商业秘密的目的是为了使用而将商业秘密作为交换物以换取某种利益，但也不排除具有损害权利人利益的目的。简言之，如果行为人的目的很明确，就是为了自己使用以图利，则是"使用"；如果行为人明知对方具有使用目的而将商业秘密作为交换代价告知他人，则是"允许他人使用"；如果行为人主观故意不明确，或在司法上难以查明，则可认定为"披露"。

其次，在客观方面，这三种行为方式的表现也有所不同："使用"，顾名思义，是自己使用，除了出于使用的需要而告知其雇员或合作伙伴之外，不会将商业秘密告知其他人，更不会向不特定的小部分人公开或向社会公开；"允许他人使用"，一般是为了换取某种利益而告知获取者对方，除对方之外，不会向任何人透露，对方一般也不会允许行为人再向第三人透露；"披露"的对象则无限制，无论是特定的个人，还是不特定的小部分人，抑或是社会公众，都可能成为披露的对象。且在后果上，"使用"和"允许他人使用"，其商业秘密的秘密性受到破坏的程度较为轻微，一般仍可保持其秘密性，只是多了几个使用人而已。但是"披露"则不同，一旦披露，则商业秘密的秘密性必然或多或少地受到破坏甚至全部丧失。故从主客观相统一原则来看这三种行为方式的社会危害性，一般而言，披露行为的社会危害性最重，因为其后果，要么是彻底破坏商业秘密的秘密性，要么是使得多人可以同时使用权利人的商业秘密；允许他人使用行为的社会危害性次之，自己使用行为的社会危害性最轻。

因此，应准确地理解披露、使用和允许他人使用这三种行为方式在主观和客观方面的差异，不应不加分析地认为立法存在缺陷，无论是将"允许他人使用"视为"披露"的一种形式，还是将"披露"等同于"以默示的方式允许他人使用"的观点，都无疑过于简单片面。

（五）非法披露、使用和允许他人使用行为的其他问题

关于非法披露、使用和允许他人使用行为，还有以下几个问题值得探讨。

第一个问题是，刑法第 219 条第 1 款第 3 项规定的合法知悉商业秘密者违反约定或违反保密要求所实施的披露等行为的性质是什么。

对此，有学者认为，这种行为是一种典型的违约行为，而域外刑事法律中尚未见到对违约行为给予刑罚处罚的规定，因此现行刑法这一规定违反实质的罪刑法定原则。①这种观点值得商榷。实际上，既然连论者自己都认为违约行为不应受刑罚处罚，认为域外法律中没有用刑罚处罚违约行为的先例，为什么又认为我们的立法者连最基本的违约行为是典型的私权领域的行为，刑法不应干涉的简单法理都不懂呢？其实，这不是立法的缺陷，而是论者的理解有误。

第一，从刑法的任务和机能来看，刑法的任务之一就是保护各种人身权、财产权和其他合法权益，用刑罚同各种犯罪行为作斗争，而刑法的机能之一则是预防犯罪和保护法益。犯罪是各种侵犯合法权益并具有严重的社会危害性的行为，是一种严重侵害社会关系的行为而非违约行为，国家对这种侵害社会的行为进行刑事追究，体现的是公权力，是刑法发挥对社会保护功能的一种体现。至

---

① 参见唐稷尧：《罪刑法定视野下的侵犯商业秘密罪》，载《四川师范大学学报（社会科学版）》2003 年第 3 期，第 43 页。

于违约行为，只是违反了当事人之间的约定，仅在当事人之间产生民事责任，国家不应动用刑罚这种最严厉的惩罚手段对违约者进行制裁。认为第 219 条第 1 款第 3 项惩罚的是违约行为的观点，混淆了民法与刑法的区别，没有正确理解刑法的任务和机能。

第二，从权利性质来看，商业秘密权是一种绝对权，其义务主体是不特定的，权利人以外的任何人都应尊重权利人的权利而不得侵犯，并不是只有约定或被明确提出保密要求者才负有不得侵犯的义务，其在性质上与人身权、财产权等绝对权相近，而与相对权即只发生于特定的权利义务主体之间的权利的性质截然不同。这种权利义务根本无需约定，只要商业秘密合法产生，即可获得法律保护，不需要权利人与其所认识或不认识的人一个个地签订保密合同，正如任何人都无需与其他人一个一个地签订不得侵犯其人身权或财产权的保命合同或保财合同一样。商业秘密权利人与其雇员或其他业务上知悉其商业秘密的人签订保密合同，一方面是权利人对其商业秘密采取保密措施的一种表现，因为法律规定商业秘密获得保护的前提条件是权利人首先采取保密措施；另一方面也是为了一旦发生侵权行为时，权利人可依合同的明确规定迅速获得补偿，避免打侵权官司时因赔偿数额难以认定而难以得到足够赔偿的风险。

第三，刑法设置本罪的重点在于制裁危害较为严重的非法获取、披露等侵犯权利人商业秘密的行为，并且只有在客观上可能给权利人造成重大损失的行为，才能构成本罪。而只有获取、披露等侵权行为，才可能给权利人造成重大损失，对社会造成严重危害，才能成为刑法调整的对象。所谓违约行为，在客观上根本不可能给权利人造成重大损失，不可能成为刑法调整的对象。换言之，违约仅是表面，侵权才是实质，是因侵权而惩罚，决非违约而受刑。

第四，在民事上存在违约责任与侵权责任竞合的情况，比如承运人与托运人之间订有运输合同，如果承运人运输货物时因过错而致货物受损，则其既违反了运输合同，又侵犯了托运人对货物的所有权，此时，发生违约责任与侵权责任竞合问题，托运人既可依运输合同提出违约之诉，又可依货物受损提起侵权之诉。现行刑法第

219 条是依 1993 年颁布的《中华人民共和国反不正当竞争法》第
10 条的规定修订的，但仅有少量修订，一是删除了关于侵权主体
即"经营者"和"第三人"的规定，二是将该法的"视为侵犯商
业秘密"改为"以侵犯商业秘密论"，三是增加一款作为第 4 款，
对何谓权利人作了解释，四是适应刑法的特点规定了法定刑。可想
而知，在反不正当竞争法这样的民事经济法律中同时规定侵权行为
和违约行为是完全可以理解的，但即使刑法修订时存在着简单照搬
反不正当竞争法的规定之嫌，也不能因此认为刑法同时惩罚违约行
为，更不能由此得出刑法只惩罚违约行为的结论。

　　第五，对违约行为予以刑事制裁，不仅域外刑事法律中不多
见，就是我国刑法史上也极少见。究其原因，在于惩罚违约行为违
背了刑法原理，因为犯罪是严重危害社会的行为，而违约行为只在
合同当事人之间产生权利义务，一般通过民事制裁即可达到惩治效
果。认为我国现行刑法会在诸如本罪这样性质不算严重的经济犯
罪、法定犯罪上违背刑法原理去惩罚违约行为是对立法者理论水平
的低估。

　　因此，应当认为刑法第 219 条第 1 款第 3 项惩罚的是合法知悉
商业秘密者的披露、使用或允许他人使用等侵权行为，不是所谓违
约行为。如果没有实施披露等侵权行为，根本不可能受到刑罚处
罚；反之，只有侵权而无违约，完全可以适用刑罚。

　　第二个问题是，对因职务或业务获知他人商业秘密者，违反法
定保密义务实施的披露等行为，能否以侵犯商业秘密罪论处？

　　对此存在两种观点。一种观点认为，由于负有法定义务者与权
利人之间并无保密约定，也未被提出过保密要求，因而根据罪刑法
定原则无法以本罪论处；[①]另一种观点认为，法定义务通常高于约
定义务，根据入罪时举轻以明重的要求，违反法定保密义务者实施
的披露等行为没有理由不构成本罪，这种扩大解释并不违背罪刑法

---

　　① 参见唐稷尧：《罪刑法定视野下的侵犯商业秘密罪》，载《四川师范
大学学报（社会科学版）》2003 年第 3 期，第 44 页。

定的要求。①

笔者认为，在现实生活中，的确存在着大量因职务或业务原因而知悉权利人商业秘密的情形，如律师、会计师、技术鉴定人员等社会中介服务人员，工商、税务、公安、环保等国家机关工作人员，企业管理人员或其他员工、法官、检察官或仲裁员等，这些人对其因职务或业务而知悉的商业秘密，均负有法定的保密义务。②这些人违反法定保密义务实施披露等行为应当构成侵犯商业秘密行为。这是因为：

第一，法定义务一般高于约定义务，具有特定身份者往往比不具有特定身份的一般人更容易接触到他人的商业秘密，更容易实施侵权行为，且一旦实施侵权行为，其危害性往往比普通人有过之而无不及，根据入罪时举轻以明重原则，理应以犯罪论。

第二，根据商业秘密权的绝对权性质，任何人都负有不得侵犯他人商业秘密的义务，无论其与权利人之间是否存在约定，都不影响该义务。因此，只要知悉有关信息是权利人的商业秘密，就应该予以尊重而不得侵犯，更不得违反法定义务去实施侵权行为。

第三，刑法第219条第1款第3项的立法目的在于制裁侵权行为而非违约行为，行为人是否与权利人之间存在约定或被提出过保密要求，都不影响其披露等行为的侵权性质，对其严重的侵权行为以犯罪论处并不违背刑法解释原则。

第四，从逻辑上看，不论当事人之间是否有明确的约定或要求，违反法定保密义务的情形当然应当产生与"违反约定或者违反权利人有关保守商业秘密的要求"同样的法律后果。③

① 参见陈洪兵：《侵犯商业秘密罪疑难问题研究》，载《临沂师范学院学报》2004年第5期，第119页。

② 参见张耕等著：《商业秘密法》，厦门大学出版社2006年版，第225页。

③ 参见赵永红著：《知识产权犯罪研究》，中国法制出版社2004版，第352页。

　　第五，民法学者普遍承认默示保密义务，"默示保密义务是指根据法律、关系、习惯、事实等原因决定，即使与权利人之间没有明示的保密合同，相对人也应承担的保密和不使用义务"。①"除法定保密条款构成默示保密义务外，行为规则、交易习惯也可在当事人之间产生默示保密义务。这种默示保密义务的理论基础是诚实信用原则。判断是否存在这种默示保密义务，也应主要根据诚实信用原则和公认的商业道德进行。"②"默示保密义务是指根据商业道德、行业惯例和具体情况，只有在他人默示承担保密义务的条件下，商业秘密权利人才可能向其透露自己的商业秘密。"③可见在民事上普遍认为违反法定义务而实施披露等行为是一种侵权行为。

　　第三个问题是，劳动者在职期间获知雇主的商业秘密，但雇主并未要求其保密或与之签订保密合同，其离职后实施的披露商业秘密等行为能否构成本罪？

　　对此，一种观点认为，我国劳动法第22条规定："劳动合同当事人可以在劳动合同中约定保守用人单位商业秘密的有关事项。"这说明，劳动者的保密义务必须在劳动合同中明确约定，因为比之雇主的商业秘密，劳动者的生存权更为重要，而任何一个劳动者进入单位后都可能接触商业秘密，如果要求其一直保守商业秘密，甚至离开原单位后还得保密，就会给劳动者带来损失。因此，如果劳动者与原单位没有保密约定，就不承担保密义务。④另一种观点则认为，只要用人单位的某些信息符合商业秘密的构成要件，而且雇员在工作中也明确认识到自己所接触或掌握的是本单位的商

---

　　①　张玉瑞著：《商业秘密法学》，中国法制出版社1999年版，第523页。

　　②　张耕等著：《商业秘密法》，厦门大学出版社2006年版，第225页。

　　③　倪才龙主编：《商业秘密保护法》，上海大学出版社2005年版，第105页。

　　④　参见力心：《刑法的谦抑性原则在经济领域中的体现——"跳槽"引发的侵犯商业秘密案件研讨会综述》，载《法学》2002年第9期，第73页。

业秘密，雇员就自然有了保守秘密的义务。因为商业秘密是权利人的无形财产，任何人在未经授权的前提下，都不得擅自披露或使用，否则就是对权利人财产权的损害。因此，基于财产关系理论，雇员在获知雇用单位的商业秘密的同时，就产生了不侵犯权利人财产的不作为义务以及保守权利人商业秘密的责任。①

　　笔者认为，结合上文对第二个问题的分析，劳动者擅自实施的披露他人商业秘密等行为无疑是一种侵权行为，但是，是否应予刑事制裁，能否构成本罪，则值得进一步研究。其一，默示保密义务理论主要是民法学者为弥补法律漏洞而提出的，在民法宽松的解释语境之下，自然可以而且必须适用，否则会严重违背诚实信用原则和公平原则。但是在刑法上则不一定可以适用，某种行为即使具有严重的社会危害性，如果法无明文规定，仍然不可以适用刑罚。而劳动者知悉原单位商业秘密的途径是合法正当的，且与原单位之间既没有保密约定又未被提出过保密要求，故刑法第219条对之无法适用。其二，与具有法定保密义务者不同，劳动者对原单位的商业秘密并无法定义务，其行为的社会危害性与具有法定义务者侵权行为的社会危害性应有所差异，毕竟后者还存在一个知法犯法、明知故犯问题，其主观恶性较之劳动者更甚。其三，比之用人单位，劳动者处于弱势地位，在法律保护方面应倾向于保护劳动者的利益。如果用人单位因疏忽懈怠等原因而未与劳动者签订保密合同，甚至未提出过保密要求，则应让其自行承担相应法律后果，而不应对劳动者过于苛严。故即便可以对劳动者追究民事责任，也不宜适用刑事制裁。是保护用人单位还是保护劳动者，更主要的是一个刑事政策问题。

　　第四个问题是，行为人意外或错误地获取权利人的商业秘密后，其披露、使用或允许他人使用行为能否构成本罪？

　　所谓意外获取，是指行为人主观上并无获取商业秘密的目的，

_____

　　①　参见郝建志：《侵犯商业秘密行为的新发展》，载《经济论坛》2003年第17期，第54页。

客观上却获取了权利人的商业秘密。可分为两种情况：第一种情况是获取行为本身就是一种违法行为，如盗窃、诈骗或抢劫等；第二种情况是获取行为本身既不违法也非不正当，如他人误将写有商业秘密的信件寄给了行为人，或行为人拆阅了一封不是写给他的信件。在第一种情况下，由于行为人实施行为的目的是非法获取其他财物，不是获取商业秘密，根据主客观相统一原则，不能认定为刑法第 219 条第 1 款第 1 项规定的以不正当手段获取他人商业秘密的行为。那么，其后的披露、使用或允许他人使用的行为如何定性呢？显然，由于其取得商业秘密的行为无论如何不能说是正当、合法的，且与权利人之间不存在保密约定也没有被权利人提出过保密要求，故不能适用刑法第 219 条第 1 款第 3 项关于合法知悉商业秘密者侵权行为的规定；而由于其商业秘密是直接从权利人或合法知悉权利人商业秘密的人那儿获取的，也不能适用刑法第 219 条第 2 款关于第三人侵权的规定，剩下可以考虑的就只有刑法第 219 条第 1 款第 2 项的规定了。但从法条表述上看，适用该项也存在疑问，因为该项规定的是"披露、使用或者允许他人使用以前项手段获取的权利人的商业秘密"，其中所谓"前项手段"显然是指第 1 项规定的"盗窃、利诱、胁迫或者其他不正当手段"，而单纯的第 1 项规定的获取行为，其手段是要符合主客观相统一原则的，不仅客观上要具备获取行为，而且主观上要以获取商业秘密为目的。因此，由于行为人取得商业秘密时并无获取商业秘密的目的，其后实施的披露等行为也不能适用第 219 条第 1 款第 2 项的规定，最终，对该种行为将无法定罪，这显然是不恰当的。为此，有必要对"不正当手段"作两种解释，在刑法第 219 条第 1 款第 1 项中，其"不正当手段"要符合主客观相统一原则，要求行为人主观上具有获取商业秘密的目的，但在同一条款的第 2 项中，其所谓"前项手段"中的"手段"并不要求行为人主观上具有获取商业秘密的目的，只要客观上其行为不合法不正当即可。应当说，这种扩大解释并不违背罪刑法定原则，因为行为人获取商业秘密的手段无论如何都不能说是合法正当的，且获取后在明知是他人的商业秘密的情况下，又实施了披露、使用或允许他人使用等侵犯他人商业秘密的行为，其主观上具有侵犯商业秘密的故意，客观上也实施了侵犯商业秘密的行为，如果仅因刑法解释不当等原因让其逃脱刑事惩罚，更为不妥。在第二种情况下，由于行为人获取商业秘密时主观上并无恶意，客观上其获取行为也没有违法或不正当之处，虽然其后的披露、使用或允许他人使用等行为表明其主观上具有侵犯他人商业秘密的恶意，但由于刑法没有明文规定，仍以民事或行政制裁为宜，不宜作为刑事案件处理。

三、"以侵犯商业秘密论"的行为

所谓以"以侵犯商业秘密论"的行为，是指刑法第219条第2款规定的"明知或应知前款所列行为，获取、使用或者披露他人商业秘密"的行为。由该款引发出区分第一人、第二人和第三人的观点。"第一人是指商业秘密权利人，第二人是指前述三种侵犯商业秘密的行为人，即刑法第219条第1款规定的以不正当手段获取、披露、使用或者允许他人使用的行为人，以及虽通过正当的途径获得商业秘密，但违反保密要求或保密约定披露、使用或允许他人使用其所掌握的商业秘密的行为人，第三人是直接获得权利人商业秘密的行为人以外的人。"① "第一人是指商业秘密的权利人，第二人是指前述三种直接侵犯商业秘密的行为人，第三人则是直接获得权利人的商业秘密的行为人以外的、间接侵犯商业秘密的人。"②即一般认为第三人是指直接获得权利人商业秘密的行为人以外的人。

对于"以侵犯商业秘密论"的行为，主要有以下几个问题需要探讨：

第一个问题是，能否说第三人是间接侵犯商业秘密的人？

---

① 张天虹著：《经济犯罪新论》，法律出版社2004年版，第213页。

② 赵秉志、田宏杰著：《侵犯知识产权犯罪比较研究》，法律出版社2004年版，第342页。

从字面含义来看，所谓"以侵犯商业秘密论"，意味着原本并不属于侵犯商业秘密行为，立法出于特定目的而将该种行为拟制为侵犯商业秘密行为，将其与侵犯商业秘密行为同等看待。正是从这种字面含义出发，许多学者认为，第二人是直接侵犯商业秘密的人，第三人是间接侵犯商业秘密的人。但这种观点值得商榷。

首先，商业秘密权是一种绝对权、对世权，权利人以外的一切人都是义务人，都负有不得侵犯他人商业秘密权的义务，在法律明文将获取、披露、使用和允许他人使用规定为侵犯商业秘密权的行为的情况下，任何人实施这几种行为，都是对他人商业秘密权的侵犯，而既然是侵犯，都只能是直接侵犯而无所谓间接侵犯，区分直接侵犯与间接侵犯，本身就是错误的。例如，甲的汽车被小偷偷走，停放在马路上，则不管是谁，无论是私下再将甲的汽车开走，还是举石块砸烂它，都是对甲的所有权的直接侵犯；或者说，任何人，从小偷手里购得甲的汽车后，予以使用、处分，仍然都是对甲所有权的直接侵犯，尽管销赃者与盗窃者在刑法上构成不同的犯罪。同理，无论何人，只要明知有关商业秘密是他人的，便不得未经权利人允许擅自获取、披露、使用，否则都是对他人商业秘密权的直接侵犯。

其次，商业秘密在本质上是一种信息，具有不可独占性、易于复制性，极容易被泄露而广为扩散，失去法律保护的意义而不再受法律保护，因而法律要禁止他人通过不正当手段获取他人的商业秘密。而除了独立开发、反向工程、合法受让等公认的合法获取商业秘密的手段外，任何人，凡不是通过自己正当诚实的劳动，而是投机取巧地从侵犯商业秘密的行为人手中获取权利人的商业秘密，本身即是一种不正当地获取商业秘密的行为，正如收购赃物者获取赃物不可能正当合法一样。因此，即使第三人不是直接从权利人手中获取商业秘密，而是从第二人手中间接获取权利人的商业秘密，同样是一种以不正当手段获取权利人商业秘密的侵犯商业秘密行为，并不因为没有直接从权利人手中获取而变成所谓间接侵犯，更决不可推而广之地认为披露、使用或允许他人使用都是间接侵犯商业秘密行为。

再次，即使是提"以侵犯商业秘密论"也不尽妥当，正如有的学者认为，"'视为'仅是为了适合以前某些认识的暂时用语"，①因为法律禁止的是以不正当手段获取，或者非法披露、使用和允许他人使用权利人的商业秘密，任何人，只要实施这些行为，都是地地道道地侵犯他人商业秘密权的行为，不存在需要法律拟制的问题，不能囿于法条中不很精确的表述而曲解立法目的。

第二个问题是，第三人获取与第二人获取中的"获取"是否有所不同？

对此，有的学者认为："在第 219 条的规定中，共有三处规定有'获取'一词。第 1 款第 1、2 项中的'获取'既是同一主体，又是以非法手段为'获取'的前提，'获取'从条文规定上看为非法握持的状态；第 2 款的'获取'并没有这样的限制前提。该款规定的是'明知或者应知前款所列行为，获取、使用……以侵犯商业秘密论。'也就是说，是行为人明知或者应知他人已经握持（获取）权利人的商业秘密时，才具有该款所说的'获取'，同时又以'使用'为必要的条件。所以，这里的'获取'是非单一性握持的不法状态。因此，我们认为，该款的'获取'，第一，不以非法手段为前提，即使是以合法手段获取的，也应不影响行为性质；第二，'获取'后必须'使用'才能以侵犯商业秘密论。如果只具有单一性握持的不法状态，而未使用的，不能论以犯罪。"②另有学者认为，从侵犯商业秘密罪的立法沿革和理论分析来看，第219 条第 2 款中的"获取"与第 1 款中的"获取"的含义并不相同，1992 年 1 月《中华人民共和国政府与美利坚合众国政府关于保护知识产权的谅解备忘录》第 4 条第 1 款规定，为确保根据保护

---

① 张玉瑞著：《商业秘密法学》，中国法制出版社 1999 年版，第 540 页。

② 林亚刚：《侵犯商业秘密罪再探》，载《法制与社会发展》2000 年第 1 期，第 53 页。

工业产权巴黎公约第 10 条之二的规定有效地防止不正当竞争，中国政府将制止他人未经商业秘密所有人同意以违反诚实商业惯例的方式披露、获取或使用其商业秘密，包括第三方在知道或理应知道其获得这种信息的过程中有此种行为的情况下获得、使用或披露商业秘密。这里分别用了"获取"和"获得"两种不同的表达，很明显，"获取"是一种积极行为，而"获得"是一种消极行为，第三人只能是消极获得而不能是积极获取，否则就成为第二人了。①

笔者认为，以上两种观点均有一定道理，但并不能得出第三人获取与第二人获取中的获取具有不同含义的结论。

第一，从商业秘密权的绝对权性质出发，应当认为，在法律明文禁止以不正当手段获取他人商业秘密的行为的情况下，任何人只要不是以正当诚实的方式获取商业秘密，而是投机取巧获取他人商业秘密的，都是非法行为。对第三人而言，其明知或应可推知第二人存在侵犯他人商业秘密的行为，仍然从第二人手中获取商业秘密，本身即是一种以不正当手段获取他人商业秘密的侵犯商业秘密行为，根本谈不上有合法手段存在的余地，正如从盗窃犯手中购买赃物不可能合法，其购买行为即是一种取得他人财物的非法手段一样。

第二，从法条表述上看，刑法第 219 条第 2 款表述的是"获取、使用或披露他人的商业秘密"，如何从该表述中得出"获取"必须以"使用"为必要条件的结论，实在令人费解，否则，是否同样可以说"获取"必须以"披露"为必要条件呢？

第三，不能笼统地说第三人获取只能是一种消极行为。因为第三人获取可分为两种情况，一种是从以盗窃、利诱、胁迫等不正当手段获取权利人商业秘密的人那里获取，另一种是从合法知悉权利人的商业秘密但违反约定或违反保密要求者手中获取。虽然从后一种人手中获取通常只能是被动接受，是第二人主动找第三人披露，

① 参见黄凯：《侵犯商业秘密罪客观行为的理解与认定》，载《检察实践》2005 年第 5 期，第 20 页。

不是第三人主动利诱第二人，但从前一种人手中获取则完全可能是积极的。比如，听说某人盗窃到一项商业秘密，立即主动联系购买，费尽口舌谈判终于购得，其行为不可谓不积极，正如千方百计打听从哪儿可以买到便宜的赃车一样。故第三人获取与第二人获取，其区分不在于获取本身的积极或消极，而在于是从哪儿获取的。

第四，第三人从第二人手中获取权利人的商业秘密，本身即是一种以不正当手段获取他人商业秘密的侵犯商业秘密行为，其后的披露、使用当然也是一种侵犯商业秘密行为，刑法第219条第2款的规定似乎显得多余。但该款的规定实际上解决了一个很有争议的理论问题，即对从不法取得他人商业秘密者那里取得商业秘密的行为应如何定性，正如对盗窃、诈骗或抢劫盗窃犯所盗窃的赃物的行为应如何定性一样，法律明确规定对这种行为"以侵犯商业秘密论"，实际上是进一步确认了商业秘密权的绝对权性质。因此，虽然第三人获取在条文表述上没有加上"以不正当手段"等的限制，但实际上并不排除第三人采取盗窃、利诱或胁迫等不正当手段从不法获取权利人商业秘密的第二人手中获取商业秘密，关键在于第三人获取权利人商业秘密的行为本身是否正当，而不在于采用了哪种手段。

第三个问题是，他人从第二人手中获取商业秘密时，不知道也没有理由知道第二人存在侵犯商业秘密的情况，该他人是否构成侵犯商业秘密？

这里实际上包括三种情况。第一种是他人采取盗窃或胁迫等手段（不包括利诱）从非法获取商业秘密的第二人或合法知悉权利人商业秘密者那里获取商业秘密，此种情况下，该他人构成第219条第1款第1项规定的以不正当手段获取权利人商业秘密的第二人，因为行为人虽不是直接从权利人处获取商业秘密，但其误以为是从商业秘密所有人那里获取商业秘密并且主观上具有非法获取他人商业秘密的故意，从主客观相统一原则来看，仍应构成第二人而非第三人；第二种是他人采取利诱手段从非法获取或合法获取商业秘密的第二人处获取商业秘密，此种情况下，非法获取商业秘密者进一步实施了披露或允许他人使用的行为，合法获取者则因利诱而实施了违反保密约定或保密要求的披露或允许他人使用行为，该他人则由于主观上确实不知道第二人有侵犯商业秘密行为而构成善意第三人；第三种是非法获取或合法获取商业秘密的第二人主动向他人披露商业秘密，则该他人由于主观上确实不知道第二人有侵犯商业秘密行为而构成善意第三人。对第二人的行为属侵犯商业秘密行为当无异议，需要探讨的问题是善意第三人的行为是否构成侵犯商业秘密。

对于善意第三人的行为是否构成侵犯商业秘密，一般认为，根据主客观相统一原则，既然善意第三人主观上没有侵犯他人商业秘密的故意或过失，即使其客观上获取的是权利人的商业秘密，客观上侵犯了权利人的商业秘密，也不能认定为侵犯商业秘密行为。争议较大的问题是，获取时虽为善意，但收到权利人关于侵犯商业秘密的通知后，仍然进行使用或披露，是否还能称之为善意，行为人的使用与披露是否构成侵犯商业秘密。笔者认为不能一概而论，应比较权利人的利益与第三人的利益，兼顾第三人的主观个性。在第三人支付对价很小甚至无偿取得，而其使用或披露行为必然或可能给权利人造成很大损失时，应认定为侵犯商业秘密；反之，如果行为人停止使用给自己造成的损失将大于或者等于不停止使用给权利人造成的损失，则不应认定为侵犯商业秘密，因为平衡双方利益，显然让权利人自行承担对商业秘密保管不善的损失比让第三人承担这种损失更为公平合理。因为知识产权法在本质上是一种平衡权利人利益与社会利益的工具，刑法对知识产权的保护，同样得遵循利益平衡原则，不能顾此失彼或厚此薄彼。

对此，其他国家的实践可供我们参考。美国侵犯商业秘密法重述第 758 节认为，行为人获取商业秘密时不知道存在违法情形，则对接到通知以前的使用或披露行为无需承担任何法律责任，无论其是有偿获取还是无偿获取；但对接到通知之后仍然使用或披露的行为是否承担法律责任，则不能一概而论：如果行为人在接到通知之

前已善意地支付了商业秘密的对价，或对商业秘密进行了其他相关
投资，比如为使用商业秘密而对厂房或设备进行了实质性投资、清
结了其他业务以便在该商业秘密的基础上开展新业务、支付了大量
经费进行调查和研究开发、为改进商业秘密而作了较大努力等，都
可能导致让其承担不使用或不披露义务变得很不公平，因此不需承
担；反之，如果行为人获取商业秘密是无偿的，或获取之后并没有
任何利用或相关投资行为，则让其承担不使用和不披露义务并不会
给其造成损失，因此其应承担不使用和不披露的义务。并认为，通
知包括两种方式：一种是实际通知，包括以书面、口头或其他方式
使行为人可以从中知道或应该知道有关事实；另一种是推定通知，
比如向行政机关备案、向行为人办公室寄交通知等，无论行为人实
际上是否知道，均推定其知道。此外，芬兰、荷兰、爱尔兰、巴西
等国家一般不禁止善意获取商业秘密者继续披露和使用，德国、斯
洛伐克、南斯拉夫、丹麦等国家则一般予以禁止，日本、法国、匈
牙利等国一般也予禁止，但存在较为有力的免责、例外规定。①

第二节　侵犯商业秘密罪的犯罪结果

　　侵犯商业秘密罪的结果要素包括"给权利人造成重大损失"
和"造成特别严重后果"两种，对于这两种要素，学界的争议也
是非常大的，因而有必要探讨。

一、"重大损失"的含义和范围

　　商业秘密是一种无形财产，侵犯商业秘密给权利人造成的损失
不像盗窃罪、诈骗罪等侵犯有形财产犯罪那样容易认定。侵犯有形
财产犯罪给被害人造成的损失主要表现为作为犯罪对象的有形财物
的损失，这种损失比较容易计算。比如，盗窃罪给被害人造成的损

---

　　①　参见张玉瑞著：《商业秘密法学》，中国法制出版社1999年版，第
555-560页。

失主要是被害人丧失了自己被盗窃的财物。但是，侵犯商业秘密给权利人造成的损失具体指什么？则不是一个容易回答的问题。而这又是认定侵犯商业秘密给权利人造成重大损失首先要解决的问题。对此，2001 年 4 月《最高人民检察院、公安部关于经济犯罪案件追诉标准的规定》第 65 规定："侵犯商业秘密，涉嫌下列情形之一的，应予追诉：（1）给商业秘密权利人造成直接经济损失数额在 50 万元以上的；（2）致使权利人破产或者造成其他严重后果的。"① 2004 年 11 月《最高人民法院、最高人民检察院关于办理侵犯知识产权刑事案件具体应用法律若干问题的解释》第 7 条规定："实施刑法第 219 条规定的行为之一，给商业秘密的权利人造成损失数额在 50 万元以上的，属于'给商业秘密的权利人造成重大损失'，应当以侵犯商业秘密罪判处 3 年以下有期徒刑或者拘

---

①　关于直接经济损失和间接经济损失的含义，最高人民法院此前曾有过司法解释。1999 年 8 月《最高人民检察院关于人民检察院直接受理立案侦查案件立案标准的规定（试行）》附则中规定："（三）本规定中的'直接经济损失'，是指与行为有直接因果关系而造成的财产损毁、减少的实际价值。'间接经济损失'，是指由直接经济损失引起和牵连的其他损失，包括失去的在正常情况下可能获得的利益和为恢复正常的管理活动或者挽回所造成的损失所支付的各种开支、费用等。"1987 年 8 月《最高人民检察院关于正确认定和处理玩忽职守罪若干意见（试行）》规定："四、玩忽职守罪经济损失的计算：1. 直接经济损失，是指与行为有直接因果关系造成的公共财产毁损、减少的实际价值。间接经济损失，是指由直接经济损失引起和牵连的其他损失，包括失去的在正常情况下可能获得的利益。凡由于违章贷款、造成贷款损失而带来的利息损失，应视为直接损失。直接经济损失是构成玩忽职守罪的重要依据，间接经济损失是定罪的考虑情节。2. 行为人造成的直接经济损失是行为人确实无法挽回的那部分经济损失；当行为人无法挽回的直接经济损失达到'重大损失'的标准时，应予立案。3. 在对外贸易和购销活动中，涉及合同纠纷，属于违反合同的民事责任，通过调解、仲裁或者经人民法院裁决违约方赔偿损失的财物，可折抵直接经济损失。4. 立案前或立案后，司法机关追回的赃款、赃物、挽回的经济损失，仍计算为行为人造成的直接经济损失，但在处理时可作为从轻情节考虑。"

役，并处或者单处罚金。给商业秘密的权利人造成损失数额在 250
万元以上的，属于刑法第 219 条规定的'造成特别严重后果'，应
当以侵犯商业秘密罪判处 3 年以上 7 年以下有期徒刑，并处罚金。"
第 15 条规定："单位实施刑法第 213 条至第 219 条规定的行为，按
照本解释规定的相应个人犯罪的定罪量刑标准的 3 倍定罪量刑。"
第 17 条规定："以前发布的有关侵犯知识产权犯罪的司法解释，
与本解释相抵触的，自本解释施行后不再适用。"这两个司法解释
对本罪结果要素的规定的区别主要有：（1）前者强调的是"直接
经济损失"，后者在措词上只提"损失"而未限定于"直接经济损
失"，① 故后者所指损失的范围应大于前者；（2）前者除规定追诉
的数额标准外，还规定了"致使权利人破产或者造成其他严重后
果"这一追诉标准，后者则仅规定了数额标准；（3）前者对个人
犯罪与单位犯罪一视同仁，追诉标准一样，后者则给予个人犯罪与
单位犯罪不同待遇，规定个人犯罪的定罪量刑标准为 50 万元起，
单位犯罪的定罪量刑标准则为 150 万元起；（4）前者未规定"造
成特别严重后果"的含义，后者规定"造成特别严重后果"是指
给商业秘密权利人造成损失数额在 250 万元以上者。从效力上看，
根据后法优于前法的一般原理以及制定司法解释的权限（只有最
高人民法院、最高人民检察院才有权分别就有关审判和检察工作中
的法律、法令如何具体应用问题进行解释），应当认为，后者优于
前者，在两者相冲突的情况下，应适用后者。故应当认为，"重大
损失"中的"损失"并不限于"直接经济损失"，而是泛指一切
"损失"，在单位犯罪的起刑点和追诉标准上，应适用 150 万元的
标准而不是 50 万元的标准。至于"致使权利人破产或者造成其他
严重后果"能否继续作为追诉标准之一，值得进一步研究，关键
是能否认为该标准与后一司法解释相冲突。尽管司法解释对本罪的

---

① 后一司法解释仅有一个条文中规定了"直接经济损失"，即第 4 条第
2 项规定，给专利权人造成直接经济损失 50 万元以上的，是假冒专利行为情
节严重的标准之一。

定罪量刑标准作了规定，但刑法学界的争议并未就此结束，关于"重大损失"的含义和范围，仍是仁者见仁、智者见智，常见观点有以下几种：

第一种观点认为："重大损失，是指经济上的重大损失，包括在竞争中处于不利地位、产品大量积压、营利性服务严重受挫、减少盈利、增加亏损、引起破产，等等。"①

第二种观点认为："重大损失一般是指经济利益的重大损失，主要包括经营活动受到严重损害、经济损失严重、商品滞销、严重积压、营利性服务严重受挫，等等……下列情况应认定为给权利人造成了重大损失：一是造成他人重大经济损失的；二是致使权利人丧失竞争优势，倒闭、破产的；三是致使权利人声誉、信誉严重受到影响的；四是致使权利人死亡的；五是侵犯他人重要商业秘密势必造成无可挽回的损失的；等等。"②

第三种观点认为："重大损失与严重后果可以从以下几点把握：（1）权利人的经济损失特别巨大甚至无法弥补或者导致破产的；（2）侵犯的商业秘密涉及国计民生的；（3）造成恶劣的国内国际影响无法挽回的。""这里的损失不限于经济损失。"③

第四种观点认为："直接经济损失是指与违法行为有直接因果关系而造成的财产损毁、灭失的价值。包括两个方面：一是商业秘密权利人现有财产的损失，一般应考虑下列因素：商业秘密的开发研制成本；商业秘密权利人营业额的实际减少量。二是商业秘密权利人为防止危害结果扩大采取的必要措施所支出的合理费用……破产是指因资不抵债、被法院宣告破产，其后果是企业归于消失。其

---

① 马克昌主编：《经济犯罪新论——破坏社会主义经济秩序罪研究》，武汉大学出版社 1998 年版，第 546 页。

② 赵秉志、田宏杰著：《侵犯知识产权犯罪比较研究》，法律出版社 2004 年版，第 345 页。

③ 刘家琛主编：《新刑法常用罪认定与处理》（上册），人民法院出版社 1998 年版，第 550、551 页。

他严重后果是指造成恶劣的社会影响或严重损害了国家声誉等后果。"①

第五种观点认为："这里的损失既可以是由行为人泄露、公开商业秘密造成的，也可以是行为人使用或者允许他人使用造成的。损失既可以是直接损失，又可以是间接损失，既可以是有形的损失，也可以是无形的损失。"②

第六种观点认为："以上行为在客观上具有严重的危害性时，才应以犯罪论处。行为的危害性是否严重，主要应从三个方面综合判断：第一，行为人所侵犯的商业秘密的种类。只有当行为人侵犯的是信息内容多、经济价值大、利益范围广、垄断程度高的商业秘密时，才应以犯罪论处……第二，行为手段是否恶劣。行为手段即行为侵犯商业秘密所采取的方式、方法是否恶劣，是衡量行为的社会危害性的一个重要内容……第三，行为后果即侵犯商业秘密行为所造成的危害后果。行为后果也是衡量行为的社会危害性大小的重要标志。侵犯商业秘密的行为通常都会给权利人造成损失，因此，只有当侵犯商业秘密的行为造成了严重后果时，才能认定为行为的社会危害性严重。行为是否造成了严重后果，要进行综合分析。一是要看行为直接给权利人造成的经济损失大小，如有些行为直接造成权利人的巨额经济损失甚至导致企业倒闭，对此应以犯罪论处。二是要看行为间接给权利人造成的经济损失大小，对造成间接损失严重的，也应以犯罪论处。三是要看行为造成的非物质性后果。许多侵犯商业秘密的行为虽然造成的经济损失不大，但严重破坏了市场竞争秩序，在社会上造成了重大不良影响，对此也应以犯罪论处……侵权行为所造成的损失，既包括直接损失，也包括间接损失，比如，因侵犯技术秘密致使被害单位在技术转让方面遭受的损

---

①　游伟主编：《华东刑事司法评论》（第 6 卷），法律出版社 2004 年版，第 224 页。

②　高铭暄主编：《新型经济犯罪研究》，中国方正出版社 2000 年版，第 839 页。

失，或因侵犯技术秘密致使被侵犯单位的产品积压遭受的损失。不管是直接损失，还是间接损失，都必须以实际损失为限。"①

由上述观点可见，学者们的分歧主要集中在以下方面：一是在损害结果方面，除了经济损失以外，是否还包括其他后果；二是经济损失是仅限于直接经济损失还是也包括间接经济损失。

对于第一个方面，大多数学者认为本罪的损害结果不仅包括经济上的损失，还包括诸如信誉或声誉的下降、丧失竞争优势、企业破产或倒闭、严重影响国计民生或造成恶劣的国际国内影响等，甚至有学者认为还应包括致使权利人死亡等结果。其中，第一种观点将致使权利人竞争优势下降与企业破产归于经济损失当中，第二种观点则将致使权利人丧失竞争优势、倒闭、破产或声誉、信誉的下降与造成他人重大经济损失相并列。相比较而言，第二种观点的表述更为合理，因为尽管丧失竞争优势、破产倒闭、声誉信誉的下降等最终必然会导致权利人经济利益方面的损失，或者可以根据一定的标准大概折算成相当数额的经济损失，但毕竟只是一种折算，其与实际造成的经济损失不能直接划等号，故在表述上，还是分列较为直观、明白。第二种观点认为造成权利人死亡也是给权利人造成重大损失的结果之一，但没有说明理由，其依据何在不得而知。根据通常理解，应不至于认为造成权利人死亡也是本罪结果之一，因为本罪本质上是一种经济犯罪而非可以直接致人于死的暴力犯罪，他杀当可排除，至于自杀，为何可归责于行为人，令人不解。第三种观点认为本罪的结果之一是侵犯的商业秘密涉及国计民生或造成了无法挽回的恶劣的国内国际影响，第四种观点也认为造成恶劣的社会影响或严重损害国家声誉等后果是本罪的结果之一，这两种观点似乎违背了罪刑法定原则。因为刑法第 219 条规定本罪的结果是"给商业秘密的权利人造成重大损失"，表明本罪的犯罪行为是针对商业秘密权利人的，是给权利人造成重大损失，而不是给国家或

① 裴广川主编：《经济犯罪的认定与处罚》（下），吉林人民出版社 2002 年版，第 666-667 页。

社会造成重大损失，更不是给国家或社会造成声誉、信誉或引起社会动乱等方面的影响。尽管侵犯商业秘密的确有可能造成这些方面的不良影响，但这些影响不应成为本罪的构成要素之一，否则会不当扩大本罪的追究范围。第六种观点存在自相矛盾之处，一方面以对侵犯商业秘密行为的严重社会危害性的分析来代替对本罪危害结果的分析，认为影响本罪社会危害性的因素包括所侵犯的商业秘密的种类、行为手段是否恶劣、行为后果是否严重，另一方面又认为只有当侵犯商业秘密的行为造成了严重后果时，才能认为本罪行为的社会危害性严重；况且，认为影响本罪社会危害性的因素包括侵犯商业秘密的种类、侵权手段是否恶劣，也与刑法将本罪设定为结果犯的规定相违背，因为根据刑法规定，只有实施法定的四种侵犯商业秘密行为并给权利人造成重大损失的，才能构成本罪，至于所侵犯的商业秘密的种类、行为手段或方式方法是否恶劣，并非本罪的构成要素，至多只是影响刑罚轻重的因素而已；另外，该观点认为，"只有当行为人侵犯的是信息内容多、经济价值大、利益范围广、垄断程度高的商业秘密时，才应以犯罪论处"，其依据何在，令人迷惑，人为地限定只有侵犯哪些商业秘密才能构成本罪，与人为地限定只有故意杀害某些特定的人才能构成故意杀人罪一样，是毫无根据的。至于认为直接侵犯商业秘密的行为手段就恶劣，间接侵犯商业秘密的行为手段就不恶劣，以及对"信息内容多"、"经济价值大"等的解释，更是无稽之谈。

此外，有观点反对将给权利人名誉、荣誉造成的损害作为本罪的结果之一，认为商业秘密作为一项知识产权，其价值在于能够给权利人带来经济上的利益，包括现有的经济利益和未来潜在的经济利益，而不是给权利人带来名誉和荣誉，商业秘密价值性最本质的体现是所有人因掌握商业秘密而保持竞争优势，而竞争优势必然体现为经济利益，对竞争优势的损害就具体体现为对权利人经济利益的损害。①这种观点有一定道理，但不能一概而论。因为在市场经

---

① 参见赵永红著：《知识产权犯罪研究》，中国法制出版社 2004 版，第371-372 页。

济社会中，企业的荣誉或名誉即商誉也是企业的一项重要无形资产，侵犯企业的商业秘密也可能给企业的商誉造成损害。比如，若某企业频繁发生商业秘密被盗或被披露等事件，说明其经营或管理方面可能存在较大问题，这必然影响其商誉，进而影响其经济利益。因此，虽然说商业秘密并不必然给权利人带来好的商誉，但损害他人商业秘密则很可能损害到他人的商誉，进而使他人经济利益受到损失，显然，这种损失也应作为侵犯商业秘密的后果之一。

对于第二个方面，应当认为答案较为明确，多数学者认为本罪的重大损失不仅包括直接经济损失，还应包括间接经济损失，2004年11月《最高人民法院、最高人民检察院关于办理侵犯知识产权刑事案件具体应用法律若干问题的解释》也未将损失限定为"直接经济损失"，而仅规定为"损失"。故尽管仍有少数学者认为本罪的损失仅限于直接经济损失，但这种观点一方面已失去了司法解释上的根据，另一方面也与本罪的实际不符。因为本罪不同于传统的财产犯罪，后者通常以财物为犯罪对象，侵犯财物给所有人造成的损失，一般仅限于财物本身的价值，而不扩及财物被侵犯后给所有人造成的间接损失。比如，盗窃他人用于出租的机器，其盗窃数额仅限于机器本身的价值而不包括出租机器预期可得的租金。而侵犯商业秘密给权利人造成的损失则更多地体现为间接损失而非直接损失，一方面，商业秘密的价值主要体现于其运用能给权利人带来的经济收益和竞争优势；另一方面，商业秘密受到侵犯以后，权利人并不必然丧失其商业秘密，可能仍旧可以使用。正如有学者认为，直接经济损失基本上是指财产方面的物质性损失，表现为已有财产权益的减少，而间接经济损失是指在正常状态下应得的收益以及不会出现的支出，由于犯罪行为而导致收益减少和支出增加。从这个意义上来看，实际上侵犯知识产权犯罪的损失几乎都是间接经济损失，一般不会有财物的毁损。因为这些犯罪中的典型不法行为并不是直接作用于人和物，而是直接面向社会经济秩序，所以大多数情况下权利人受到的损害均表现为可期待的经济利益没有实现，故将"重大损失"解释为间接经济损失也许更为妥当，而将危害结果限制在直接经济损失的范围内则明显不符合本罪作为侵犯知识产权犯罪的特点。①

二、认定损失大小应考虑的因素

关于本罪的危害结果，争议较大的问题是重大损失如何认定、具体认定时应考虑哪些因素的问题。对此，具有代表性的观点有以下几种：

第一种观点认为："（确定损失的大小）一般应考虑以下因素：（1）商业秘密研制开发的成本；（2）商业秘密的利用周期；（3）商业秘密的使用、转让情况（是刚启用还是已多次使用，应用前景如何）；（4）商业秘密的成熟程度（是已处于成熟状态，还是有待于进一步改进）；（5）市场容量和供求状况；（6）受害人营业额的实际减少量；（7）行为人对商业秘密的窃取程度（是部分窃取还是全部窃取）、披露范围（是全部披露还是部分披露、披露的是重要部分还是次要部分）、使用状况（是全部照搬使用还是有所改动）。"②

第二种观点认为："判断行为人的行为是否给权利人造成重大损失，应根据犯罪的整个情况进行综合分析判断。在确定犯罪行为给权利人造成的损失时，一般应考虑以下几个因素：（1）该商业秘密占领市场的大小，包括已经占领的市场的大小和尚未占领的市场的大小，这是衡量商业秘密价值的因素之一。（2）商业秘密权利人的数量，包括商业秘密的所有人以及商业秘密的合法使用人的数量，了解他们总共占有多少市场份额。（3）侵权人的生产能力，包括侵权人侵权时使用的生产能力和其全部的生产能力。侵权人在未使用该商业秘密时使用相同的生产能力能得到多少经济利益，在

---

①　参见张春喜、魏颖华：《论侵犯商业秘密罪的"重大损失"》，载《河南省政法管理干部学院学报》2005年第4期，第134页。

②　马克昌主编：《经济犯罪新论——破坏社会主义经济秩序罪研究》，武汉大学出版社1998年版，第548页。

使用了商业秘密之后能得到多少经济利益，将二者加以比较，可以从一个方面反映侵权人的获利情况，以及给权利人造成的损失的大小。（4）被侵犯的商业秘密权利人的生产能力。包括目前使用的生产能力，以及其全部的生产能力（包括其潜在的生产能力）。权利人使用相同的生产能力，在商业秘密没有被侵犯之前能获得多少经济利益，在商业秘密被侵犯之后能获得多少经济利益。（5）该商业秘密的生命周期。任何商业秘密从产生到其被淘汰都是有一定周期的，总有一天会被他人所获知，尽管不同的商业秘密有不同的生命周期，但在这一点上却是相同的。了解该商业秘密处在其生命周期的哪一个阶段，对确定权利人的损失有很大的意义。（6）开发、研制该商业秘密的成本。（7）其他因素。如侵权的手段，扩散的范围，造成的影响，侵权行为持续的时间等。根据我国《反不正当竞争法》第 20 条的规定，侵害商业秘密给权利人造成损害的，应当承担损害赔偿责任，被侵害的权利人的损失难以计算的，其赔偿额为侵权人在侵权期间因侵权所获得的利润；可见，这里规定的赔偿额有两种计算方法，即权利人的所失或侵权人的所得（利润）。据此，我们在衡量行为人侵犯他人商业秘密的犯罪行为是否给权利人造成重大损失时也可以从权利人的所得和犯罪人的所失两个方面加以考虑。在具体判定时可以参考上述因素，首先，应考虑权利人遭受的直接损失，即权利人可计算的财产、收入方面的损失。如商业秘密被非法公开造成的权利人的财产损失的多少，这可根据开发该商业秘密的成本或该商业秘密的现行市价、商业秘密实施许可的合理使用费数额、商业秘密的利用周期（一次或多次、长期或短期）、市场的容量和供求关系或该商业秘密预期若干年内收益等方法加以确定；因行为人盗用商业秘密进行生产和经营活动而造成权利人本身收入的减少，等等。其次，应该注意，行为人给权利人造成的损失不限于物质性的损失，如权利人损失数额、侵权人所得数额等，还应包括非物质性的损失，如权利人名誉、荣誉的损失以及竞争优势的减少或丧失等。对竞争因素的损害在经济上主要体现为三个部分，即开发成本、现实的优势和未来的优势。开发成本是指产出这种竞争优势的商业秘密的研制开发所投入的成本，包括投入的资金、人员、时间等。现实的优势是指生产和销售中的优势，如生产的低成本、销售的高利润和供求关系。这部分容易计算，在排除物价因素后，可以看价格是否下跌、销售量增加或减少及其比率（考虑市场供求关系）。未来的优势，是指权利人预期的那部分，即由于侵权而使预期的优势所产生的收益损失、减少。这部分较难计算，实践中一般将商业秘密的利用周期长短、使用和转让情况、市场供求关系作为计算参数。此外，还应考虑保密成本，这部分投入也因侵权而遭受损害，理应获得赔偿。与商业秘密的无形性相似，这种竞争优势也是无形的，它的价值量是不特定的，取决于它所转化的经济效益和实际利用程度，所以赔偿金额也是无法精确计算的，司法实践中一般可以估算、框算，不必苛求精确。"①

第三种观点认为："侵犯商业秘密行为给权利人造成的损失，因商业秘密的种类、商业秘密的使用状况、商业秘密的利用周期、市场竞争的程度、市场前景的预测、商业秘密的经济利用价值大小、商业秘密的新颖程度、侵权时间长短、侵权行为方式不同而有所不同。"②

第四种观点认为："目前，理论与实践上有三种方法来认定直接经济损失：（1）直接计算法。计算权利人所遭受的实际损失数额，包括研制开发成本、致使产品销量减少造成的利润损失，致使权利人遭受技术及信息转让方面的损失，商业秘密的保密成本、权利人因调查侵权人侵害其合法权益的不正当竞争行为所支付的合理费用等。这一计算方法在实践中操作难度较大。（2）利润推算法。

---

① 高铭暄主编：《新型经济犯罪研究》，中国方正出版社2000年版，第839-841页；陈兴良主编：《罪名指南》（上册），中国政法大学出版社2000年版，第556-558页；张天虹著：《经济犯罪新论》，法律出版社2004年版，第214-216页；等等。

② 赵永红著：《知识产权犯罪研究》，中国法制出版社2004版，第372页。

即以侵权人在侵权期间因侵权所获得的利润作为直接经济损失，实际上是参照民事赔偿数额的确定方式……由于侵权人与权利人之间存在着竞争关系，侵权行为人通过不正当竞争获得的利润可以理解为挤占被侵权人市场份额的结果，侵权人的所得就是权利人的损失。（3）混合计算法。在权利人的损失与侵权人的利润都难以确定的情况下，可借鉴司法实践中探索出来的下列做法：考虑到侵权行为的直接后果是挤占了权利人的市场份额，侵权人每销售一件侵权产品就相当于权利人少销售了一件，所以可以以权利人的单位利润乘以犯罪嫌疑人的侵权产品销量作为直接经济损失额。"①

第五种观点认为："（确定重大损失时）既要有利于打击犯罪，又要注意保护犯罪嫌疑人、被告人的正当权益；既要参考整个行业的经营状况，又要考虑受损失企业的具体生产运行情况；既要客观准确地反映权利人的实际损失，又要便于操作统计。在计算损失时，一般应考虑以下因素：1. 商业秘密被侵犯的上一年甚至前几年的权利人的实际经营状况。该项情况可以通过企业上报的财务报表及有关账册查明。2. 商业秘密被侵犯前当年权利人的实际经营状况，并与上年或前几年企业同期经营情况进行比较。3. 行业景气与否及同行业内技术、水平、规模、地位类似企业当年及往年的生产经营情况……由于作为商业秘密的技术信息本身并未丢失，权利人为研制开发该项技术秘密投入的人力、物力、财力不宜认定为侵犯商业秘密造成的直接经济损失，但量刑时可作为情节考虑。"②

第六种观点认为："要正确认定损失额，首先要依据民法原理确定损失的范围，其次要采取正确的计算方法。根据民法原理，受害人遭受的损失，是指实际损失，而实际损失既包括直接损失也包

---

① 游伟主编：《华东刑事司法评论》（第6卷），法律出版社2004年版，第224-225页。
② 糜方强：《侵犯商业秘密罪中侵犯他人技术信息之司法认定》，载《浙江公安高等专科学校学报》2001年第6期，第73页。

括间接损失，因为间接损失也是受害人必然会失去的现实利益。"①

第七种观点认为："（确定重大损失时）在实体标准上，应当全面地予以分析，在程序标准上，应当由权威机构作出认定……商业秘密一旦被泄露，善意取得者可以无偿使用，权利人的损失往往是无法弥补的。因此，侵犯商业秘密给权利人造成的损失不能仅仅以数额为标准，应当在重点考虑各种直接因素（如研制开发成本、利用周期、成熟程度、市场前景等）的基础上，综合考虑各种相关因素，如竞争优势地位的丧失、商业信誉的下降等。"②

总的看来，上述七种观点的内容实际上大同小异，都认为认定重大损失时应综合考虑商业秘密的研制开发成本、权利人的数量、商业秘密的生命周期、合理使用费数额、市场的容量和供求关系、商业秘密预期若干年内的收益、商业秘密的保密成本、权利人名誉、荣誉以及竞争优势等方面的损失等因素。其中，尤以第二种观点最为全面，几乎综合了其他各说的主要内容，且对商业秘密的保护理论理解较为透彻，不仅看到了影响商业秘密价值的各种因素，如商业秘密的研制开发成本、商业秘密的权利人的数量、商业秘密所占的市场容量和供求关系、商业秘密所处的生命周期，商业秘密的保密成本等，而且还指出商业秘密的价值性主要体现在能给权利人带来竞争优势和经济利益上，不仅看到了侵权行为给权利人造成的销售利润下降、未收到许可使用费等物质方面的损失，而且看到了侵权行为给权利人竞争优势和声誉、信誉等方面所造成的无形损害，应当说是较为全面的。但是，上述观点或多或少地存在着追求大而全的毛病，过于理论化而脱离实际。实际上，其中许多因素应作为商业秘密价值评估时考虑的因素，比如商业秘密的研制开发成本、市场容量和供求关系、成熟程度和利用周期、预期若干年内的

---

① 李文玉：《侵犯商业秘密罪探析》，载《政法学刊》2003 年第 2 期，第 11 页。

② 林文生：《关于侵犯商业秘密罪若干问题的探讨》，载《知识产权》2000 年第 4 期，第 44 页。

收益、使用和转让情况、合法权利人的数量、商业秘密的保密成本等，而不能为公、检、法等实践部门办案所用，要让一个并非有关技术或经营领域专家的办案人员去考虑这些因素，简直比登天还难。比如，商业秘密中的很大一部分是技术秘密，即使相关领域的专家，对某一技术秘密处于生命中的哪一周期、市场前景如何、产品所占市场份额如何等，尚难以确定，更别说普通的司法工作人员了。又如，由于商业秘密的重要特征之一是秘密性，不同的权利人可以拥有完全相同的商业秘密，因此要想查清某一商业秘密的权利人的数量，并非易事；而对于商业秘密价值性的重要体现的竞争优势，应该折算成多少经济利益，也很难确定。再如，由于商业秘密的种类千差万别，要对商业秘密的价值进行评估绝非易事，要产生相应的比较权威的评估机构也极为困难，况且，侵犯商业秘密给权利人造成的损失并不一定等于商业秘密的评估价值，即使能够对商业秘密的价值进行准确评估，具体案件中的损失认定仍应具体情况具体分析，仍需司法工作人员综合各种因素独立判断。因此，某一技术信息或经营信息是否构成商业秘密，侵权行为给权利人造成了多大损失等，都是困扰司法实践部门的疑难复杂问题。对此，笔者认为，若仅从理论上探讨，上述各种观点都是比较可取的，但是，要能真正给司法实践提供指导，尚需结合不同的侵权行为和侵权后果作进一步分析。

三、不同侵犯商业秘密行为造成的损失的认定

侵犯他人商业秘密一般包括以下几种情况：一是单纯获取他人商业秘密，还未作进一步使用；二是非法披露他人商业秘密；三是非法使用他人商业秘密；四是非法允许他人使用权利人的商业秘密。其中每一种行为方式下又有不同的情形，不同的情形给权利人造成的损失也不尽相同。

（一）单纯获取商业秘密时损失的认定

单纯获取他人商业秘密，未进一步实施披露、使用或允许他人使用等行为，此时损失的计算，应区分不同情形。如权利人的商业

秘密仅记载在一种载体上，因商业秘密连同载体一起被侵权人获取，致使权利人丧失了商业秘密，此时，权利人的损失应为商业秘密的评估价值，包括研制开发成本、未来合理时间内的预期收益、保密成本等，因为这些都是权利人丧失商业秘密所受的损失，并且是侵权行为发生时，商业秘密的公平市场价格；如侵权人为权利人的竞争对手，则权利人的损失还应包括所丧失的竞争优势或领先时间的折算额。如果权利人并未因此丧失其商业秘密，仍可继续使用，则应根据侵权人知悉、掌握商业秘密内容的程度，以权利人丧失的竞争优势或领先时间来折算损失。国外实践中早已肯定在很多情况下，仅获取商业秘密的内容本身，就使被告人的科研或生产水平前进了若干年，使侵权人大大缩短与竞争对手之间的差距，这时原告人可以请求以丧失的竞争优势即丧失的领先时间来折算损害赔偿额。①例如在1975年美国IBM公司诉Telex公司一案中，Telex公司不正当地引诱IBM公司的雇员倒戈，带去了IBM公司大量技术信息和产品的市场预测材料。法庭除判决Telex公司以销售利润等1700万美元赔偿外，还附加1000万美元作为Telex公司因获得商业秘密而节省的科研投入的赔偿，认为获取商业秘密使IBM在竞争中对于Telex公司的优势已从6年缩短至1年半，即使Telex公司未公开生产产品，也应将缩短竞争差距上的成本节约（如节省的科研投入）赔偿给原告。②又如，假设甲公司花费4年时间开发出一种录放时间差很小的精密磁带，丙公司派人盗取了甲公司的相关商业秘密，在其基础上，仅用1年时间即开发出同样性能的精密磁带，则丙公司的侵权行为给甲公司造成的损失，应以3年的领先时间折算。但是，如果侵权人并非权利人的竞争对手，或者是对某

---

① 参见张玉瑞著：《商业秘密法学》，中国法制出版社1999年版，第165页；倪才龙主编：《商业秘密保护法》，上海大学出版社2005年版，第51-52页。

② 参见张玉瑞著：《商业秘密法学》，中国法制出版社1999年版，第672页。

项商业秘密一窍不通的门外汉，则不产生竞争优势和领先时间问题。此时，应根据行为人获取商业秘密的目的，根据其所欲进一步实施的行为可能给权利人造成的损失来计算损失数额，比如盗窃商业秘密是为了出卖给权利人的竞争对手而获利，或者为破坏权利人的商业秘密等，只是属于犯罪的未遂或预备形态，而且在当前的理论和实践中，普遍认为侵犯商业秘密的未遂和预备形态不可罚。此外，还应考虑一些特殊情况。比如权利人刚刚从他人处受让一项商业秘密，支付了技术使用费及其他费用，并与转让方签订了保密协议，约定如有泄露即应承担违约金。因载体连同商业秘密被盗，权利人不仅失去了为购买技术所支付的费用，还因此向转让方支付了违约金，显然这些都是其实际损失；如果载体没有被盗，权利人还可继续使用，则其损失至少应包括向转让方支付的违约金；如果侵权人为权利人的竞争对手，则权利人的损失还应包括所丧失的竞争优势或领先时间的折算额。

对于上述观点，也许有人会表示疑问，认为在权利人并未丧失商业秘密的情况下，侵权人的不正当获取行为仅是使其节省了获取商业秘密的合理的许可使用费，而许可使用费可能大大低于商业秘密的研制开发成本，以所谓竞争优势或领先时间来折算损失对侵权人不公平。这种疑问不无道理。但是，第一，一般说来，权利人不会愿意将其商业秘密许可给竞争对手使用；第二，侵权人以不正当手段获取他人商业秘密，因该行为所节省下来的研发费用，相当于从权利人处获取了相应经济利益，自应计为权利人的损失；第三，竞争优势或领先时间的折算额，一般仅为权利人研发成本的一部分，对权利人与侵权人双方均比较公平，且研发成本较之许可使用费更容易确定数额，前者根据权利人的相关财务账册或记录就可确定，后者则难免双方各执一词。

（二）非法披露商业秘密时损失的认定

一般认为，披露是指将权利人的商业秘密向第三人或者向不特定的人公开，包括三种情况：第一种是告知特定的他人，或许还要求该他人保密；第二种是向小部分人公开，例如在某种私下场合谈论其用不正当手段获得的商业秘密，或在公共场合肆意谈论等；第三种是向社会公众公开，即通过各种信息传媒，如报纸、杂志、广播、电视等手段向社会传播。

在第一种情况下，向特定的他人披露又可分为两种情形。一种情形是向权利人的竞争对手披露，在这种情形下，如果接受披露者仅接受披露而未进一步实施侵权行为，则应根据权利人相对于接受披露者所丧失的竞争优势或领先时间的损失，加上披露者的获取行为给权利人造成的损失计算；如果接受披露者进一步实施了其他侵权行为，则应按其实施的侵权行为给权利人所造成的损失，加上披露者的获取行为给权利人造成的损失计算。另一种情形是向权利人竞争对手以外的人披露，此种情形下，由于接受披露者或者无意实施商业秘密，或者对商业秘密的内容不感兴趣，其行为不至于给权利人造成损失，应以披露者的获取行为本身给权利人造成的损失计算，当然，如果接受披露者进一步实施了其他侵权行为，则还应加上其所实施的其他侵权行为给权利人造成的损失。

在第二种情况下，向小部分人公开又可分为两种情形。一种情形是至案发之前商业秘密已被公知，此时因商业秘密被彻底破坏，权利人丧失了其商业秘密，应参照商业秘密的评估价值确定权利人的损失。另一种情形是商业秘密尚未被公知，仍仅为同一行业或领域内的少数人获悉或可以轻易获悉，此时，权利人的损失应根据第一种情形即向特定他人披露时的计算方法确定，只不过接受披露者由一人变成数人而已，接受披露者的人数应以实际查明的为限。

在第三种情况下，获取者向社会公开导致商业秘密进入公有领域，彻底破坏了商业秘密的秘密性，使商业秘密的价值全部丧失，权利人因商业秘密而获得的竞争优势也丧失殆尽。这种情况下，权利人的损失应参照商业秘密的评估价值确定，在评估时应主要考虑研制开发成本、保密成本、权利人未来合理时间内的预期收益等因素。在认定商业秘密的研制开发成本时，应当将权利人开发该项商业秘密所投入的全部成本都计算在内，包括开发人员脑力劳动的消耗费和研制过程中所消耗的工具设备、实验器材、试剂材料等物化劳动的总和。由于知识资产存在着积累的特点，有一个从量变到质变的过程，所以前期研究、基础开发的投入都应当计入开发成本，包括失败的研制成本，但应当扣除学习、培训的费用。保密成本是指权利人为保持商业秘密的秘密性所支出的必要费用。所谓未来合理时间，简言之，是指侵权人的侵权行为使权利人商业秘密的寿命提前终止的时间，任何商业秘密终究会因丧失秘密性或价值性等原因而不再成为商业秘密，如被自然淘汰、因被害人或其他权利人申请专利或其他公共披露而公开等，而侵权人的侵权行为使得商业秘密的寿命提前终结，致使权利人丧失了该段时间内的预期收益，这种预期收益自然可作为权利人损失的一部分。

（三）非法使用商业秘密时损失的认定

非法使用他人商业秘密包括以不正当手段获取权利人商业秘密者的使用和合法知悉者违反保密义务而使用。在此种情况下，权利人的商业秘密并未丧失，仍可继续使用，只是在其之外多了一些竞争对手，致其经济利益受到损害。此时，权利人的损失可以通过下面三种方法计算。

第一种方法是以权利人的实际损失来计算。权利人的损失通常包括权利人销售收入减少导致的利润损失、权利人未得到许可使用费的损失以及其他收入方面的损失。可以用特定客户转向被告人来证明利润损失，也可以用被告人使用商业秘密后，权利人销售额的减少或增长额的中断来证明利润损失。如果不发生侵权，被告人的销售额本来应是权利人的，则可将被告人的销售额与权利人每销售一件产品的利润的乘积作为权利人的损失。此外，权利人的损失还包括销售产品的备件、服务、易耗品及其他一般应从权利人处购买的物品的销售利润方面的损失以及权利人被迫降价销售产品所造成的损失等。

第二种方法是以被告人因侵权获得的利益来推定权利人的损失。在有些案件中，由于市场变化等因素，权利人的销售额没有减少或增长额没有中断，或者由于证据方面的原因无法认定权利人的经济损失，这时可以用被告人因侵权所获得的利益来推定权利人的损失。在计算损失时，不仅要将体现商业秘密产品的利润计算在内，还要将其他侵权销售收入计算在内，如销售含有商业秘密设备的易耗供应品、备件或服务的利润等，这些利润也可以按被告人销售基本产品的一定比例来决定。但被告人销售额中与商业秘密无关的部分应当从利润中扣除，最终认定的损失数额，可以参照在正常情况下，权利人允许被告人使用其商业秘密可能收取的许可使用费来决定。如果被告人因侵权所获得的利益主要是节约开支，例如商业秘密是一种更有效的生产方法时，也可用被告人使用商业秘密所节约的开支来推定权利人的损失，即将被告人的实际成本与不侵犯商业秘密时的可能成本相比，将其差额认定为被告人的不当得利，进而推定为权利人的损失。也可将被告人或其他人以反向工程、正当开发、许可使用等正当手段获取商业秘密的成本与被告人因侵权所用的成本的差额推定为权利人的损失。当有关商业秘密不大可能用正当手段获得时，可将被告人侵权使用商业秘密的成本与用替代方法取得同样效果要花费的成本的差额推定为权利人的损失。①

　　第三种方法是以合理的许可使用费来认定权利人的损失。在权利人的损失和被告人的侵权所得均无法确定，或者权利人的损失明显大于或者明显小于被告人的侵权所得但均无法查证确切数额时，可以将在正常情况下，权利人许可他人使用其商业秘密可能收取的合理费用认定为权利人的损失。在计算合理使用费时，应考虑使用这种计算方法的目的，充分考虑权利人利益和被告人利益之间的平衡。

　　对于第二种计算方法，有学者持反对观点，认为权利人的损失和侵权人的获益是两个完全不同的概念，其蕴涵不可等同。刑法规定的其他知识产权犯罪，如假冒注册商标罪、假冒专利罪、侵犯著作权罪，均以情节严重或违法所得数额较大为构成要件，唯独在侵犯商业秘密罪上，规定以重大损失为构成要件，这决不是立法者的

①　参见张玉瑞著：《商业秘密法学》，中国法制出版社 1999 年版，第 736-739 页。

疏忽，而是立法者充分注意到该问题后作出的评价，如果以获利代替损失，并以此定罪，实质上是一种变相的犯罪推定；并且，将侵权人的获益解释为权利人的损失有违罪刑均衡原则，因为刑罚的对应基准是法益损害而不是犯罪收益。①笔者基本赞同这种观点，但认为，问题并非如此简单。首先，在司法实践中为了操作方便，往往直接将侵权人的获利推定为权利人的损失，因为证明侵权人的获利要比证明权利人的损失容易得多，前者只需扣押侵权人的有关账册或销售记录，再送会计师事务所审计就行了，查出多少算多少，而前者即使审计出了权利人的利润损失，也还存在着一个证明因果关系的问题，因为并非所有的损失都与侵权人的侵权行为有因果关系，如何认定哪些损失是侵权人的行为造成的，哪些损失与侵权人的行为无关，实非易事。其次，商业秘密的价值性的本质是其能为权利人带来竞争优势和经济利益，侵权人侵权使用他人商业秘密，不仅损害了他人的经济利益，而且损害了他人的竞争优势，其所获利益应属不当得利，既属不当得利当然有失去相应利益的对应者，该受损者即为权利人，故以侵权人的所得来推定权利人的所失亦无可厚非，只是一个刑法解释问题。再次，侵权人的所得可以从一个侧面反映出侵权行为的社会危害性大小。比如，销售侵权产品一千件显然要比销售侵权产品一百件所反映出的社会危害性大，持续使用 1 年显然要比持续使用 1 个月的社会危害性大，而犯罪的本质在于行为的严重社会危害性，既然侵权人的所得与权利人的损失同样可反映本罪社会危害性的大小，以哪一个来衡量本罪的危害结果，并无本质差异。故以侵权人的获利来推定权利人的损失，即使从表面上看似乎违背了罪刑法定原则，但实质上并不违背。

（四）非法允许他人使用商业秘密时损失的认定

非法允许他人使用，包括侵权人以不正当手段获取权利人的商业秘密后允许他人使用，也包括侵权人违反保密义务将其合法获取

---

① 参见王俊民、李飞、赵宁：《侵犯商业秘密罪若干问题三人谈》，载《中国刑事法杂志》2005 年第 1 期，第 57-58 页。

的商业秘密提供给他人使用，无论哪种情形，都得以向他人披露商业秘密为前提，故该种行为给权利人造成的损失，主要包括两部分：一部分是行为人的披露行为给权利人造成的损失，一部分是他人接受披露后实施的使用行为给权利人造成的损失。在商业秘密是以不正当手段获取时，还应包括第三部分，即获取行为给权利人造成的损失。具体计算方法同上文所述。

总之，侵犯商业秘密的行为各不相同，具体案情也千差万别，企图用一个固定的公式预先规定所有案件中重大损失的计算方法是不现实的，只能就其大概作一归纳总结，具体问题尚需具体分析。在具体计算时，一定要注意商业秘密保护基本理论的运用，注意民法与刑法的差异，注意平衡权利人利益与侵权人利益，兼顾公正与效率。

四、侵犯商业秘密罪的加重结果

根据刑法第 219 条的规定，"造成特别严重后果"是本罪的加重结果，侵犯他人商业秘密，造成特别严重后果的，应处 3 年以上 7 年以下有期徒刑，并处罚金。对于何谓特别严重后果，根据 2004 年 11 月《最高人民法院、最高人民检察院关于办理侵犯知识产权刑事案件具体应用法律若干问题的解释》第 7 条和第 15 条的规定，是指个人犯罪给商业秘密权利人造成损失数额在 250 万元以上者，单位犯罪给商业秘密权利人造成损失数额在 750 万元以上者。可见，该司法解释将"特别严重后果"解释为特别严重的经济损失，与"造成重大损失"这一基本构成结果在性质上保持一致。因此，在理解这一结果加重要素时，同样应认为，该要素是指侵犯商业秘密行为给商业秘密权利人造成的损失特别严重，而不是指给国家或社会造成的经济、政治、声誉信誉等方面的严重后果，其与本罪的基本构成要素"重大损失"的含义是一致的，只是数量大小不同。

第四章　侵犯商业秘密罪的
主体和主观方面

犯罪主体和犯罪主观方面是犯罪构成的必备要素，因而研究个罪，有必要弄清个罪的主体和主观方面的问题，研究侵犯商业秘密罪同样如此。

第一节　侵犯商业秘密罪的主体

由于罪状规定比较特殊，许多学者认为本罪的主体既包括一般主体，又包括特殊主体，因而导致关于本罪的主体有一般主体说、特殊主体说和混合主体说之争，这在其他犯罪中是比较少见的，因此有研究、澄清之必要。

一、侵犯商业秘密罪主体的有关争议

关于本罪的主体特征，学界主要有三种观点。

第一种观点是特殊主体说。此说认为，本罪的主体是特殊主体，仅限于经营者，包括个人和单位。[①]

第二种观点是一般主体说。多数学者持此说。如有学者认为，"本罪的主体是一般主体，自然人和单位均可以构成本罪"，并认为，"实践中，本罪的主体大多为具有某种职务、职业、身份的人员，既可以是拥有商业秘密的单位的内部人员，也可以是其他外部

---

① 参见周道鸾主编：《刑法的修改与适用》，人民法院出版社1997年版，第476页。

人员";①另有学者认为，"本罪的主体为一般主体，既可以是自然人，也可以是单位。侵犯商业秘密罪的主体大多是具有某种职务、职业、公务身份的人，或者依法规、契约负有保密义务的人";②也有持这种观点的学者指出，本罪在司法实践中常见的主体类型是商业秘密权利人的竞争对手和负有保密义务的单位和个人。③

第三种观点是混合主体说。此说认为，上述两种观点均有失妥当，因为两者都未突破传统刑法理论的羁绊，囿于认为犯罪主体要么是一般主体，要么是特殊主体，以致在认识上有失片面，实际上，本罪主体既非单纯的特殊主体，也非单纯的一般主体，而是既包括一定的特殊主体又包括一定的一般主体的混合主体，并且均可以是自然人或单位；特殊主体规定于刑法第 219 条第 1 款第 3 项，它包括两类，一类是基于约定而负有保密义务的人，另一类是基于权利人的要求而负有保密义务的人，一般主体则规定于刑法第 219 条第 1 款第 1、2 项和第 2 款。④另有学者虽未明确提出混合主体说但实际上是赞同该说的，认为，"本罪的主体是一般主体。自然人、法人和其他组织均可以成为本罪的主体，但是刑法第 219 条第 1 款第 3 项的主体只能是特殊主体而非一般主体。因为第 1 款第 3 项规定的主体只能是基于职务、业务、许可关系而知悉权利人的商业秘密并负有保密义务的人，例如：（1）企业的高级管理人员或核心技术人员，机密场所的所有工作人员；（2）因劳动合同关系

---

①　高铭暄主编：《新型经济犯罪研究》，中国方正出版社 2000 年版，第 841 页；马克昌主编：《经济犯罪新论——破坏社会主义经济秩序罪研究》，武汉大学出版社 1998 年版，第 546 页；张天虹著：《经济犯罪新论》，法律出版社 2004 年版，第 216 页。

②　裴广川主编：《经济犯罪的认定与处罚》（下），吉林人民出版社 2002 年版，第 668 页。

③　赵秉志主编：《侵犯知识产权罪疑难问题司法对策》，吉林人民出版社 2000 年版，第 411 页。

④　参见杨凯：《析侵犯商业秘密罪的定义与构成要件》，载《湘潭大学社会科学学报》2001 年第 1 期，第 79 页。

单方面解除或期满而知悉商业秘密的人员；（3）受委托或从事监管活动而知悉商业秘密的人员，如律师、会计师、专利代理人、从事监督活动的公务员等"。①

　　对于特殊主体说，有持一般主体说的学者批判认为，"本罪主体并不限于经营者或具有其他特殊身份的人，比如不具有特殊身份的扒手窃取到商业秘密资料后向第三者披露，给权利人造成重大损失的，同样构成本罪。因此，本罪是一般主体而不是特殊主体"。②另有学者批判特殊主体说和混合主体说，认为这两说都是对特殊主体理论的误解，因为特殊主体必须以刑法分则对特定犯罪的成立在犯罪主体上存在特别规定为标准，确定某一犯罪主体是否特殊主体，关键是看刑法分则是否对该罪的主体作了特别规定。行为人实施特定犯罪时尽管可能存在一定身份，但该身份并未被刑法规定为构成要素的，仍不应将其理解为特殊主体。而就本罪而言，刑法并未对犯罪主体的身份作出任何特别要求和规定，因而不能认为本罪的主体是特殊主体。③

二、侵犯商业秘密罪的主体辨析

　　笔者认为，以上各种观点，主张本罪的主体仅限于经营者的特殊主体说与主张本罪主体包括一般主体与特殊主体的混合主体说中的"特殊主体"的含义是不同的。特殊主体说中所指的特殊主体仅限于经营者，但又是指经营者中的"一般主体"即一切经营者，而不特指具有某种特殊身份要素的经营者，其并不是从刑法第 219 条第 1 款第 3 项的规定得出本罪的主体为特殊主体这一结论的，在

　　①　李晓明主编：《中国刑法罪刑适用》，法律出版社 2005 年版，第 321 页。

　　②　马克昌主编：《经济犯罪新论——破坏社会主义经济秩序罪研究》，武汉大学出版社 1998 年版，第 546 页。

　　③　参见孙国祥、魏昌东著：《经济刑法研究》，法律出版社 2005 年版，第 539 页。

这一点上与混合主体说不同；混合主体说中的特殊主体则是指一般人中具有某种身份要素的人，在范围上包括但不限于经营者，比如基于约定、要求或者职务、业务、许可关系而知悉权利人的商业秘密并负有保密义务的人。这是在评析上述三种学说时应当首先明确的概念问题。就特殊主体说而言，笔者猜测这或许是论者的笔误，因为基于刑法与反不正当竞争法调整范围、调整方式等方面的重大差异，尽管反不正当竞争法中明文规定实施侵犯商业秘密行为的主体是"经营者"，但并不能据此认为刑法中侵犯商业秘密罪的犯罪主体也只能是经营者，因为刑法第 219 条中并无将主体限于经营者的类似规定，何况民法学界对反不正当竞争法将侵权行为主体限制为"经营者"也有争议，多数学者认为该法并不只适用于"经营者"，而应适用于一切人。因此，特殊主体说不足取，学界也基本上没有人赞同这种观点，争议主要集中于一般主体说与混合主体说之间，评析这两种学说的优劣，有必要从犯罪主体等基本概念着手。

所谓犯罪主体，是指实施严重危害社会行为的具有刑事责任能力的人。① 对大多数犯罪而言，其犯罪主体仅需具备刑事责任能力这一基本要素，实施这些犯罪的主体被称为一般主体；但对某些犯罪来说，其犯罪主体除需具备刑事责任能力这一基本要素以外，尚需具备某种特殊身份，这种需要具备某种特殊身份的犯罪主体被称为特殊主体，由特殊主体实施的犯罪则被称为身份犯。② 所谓身份，是指在单独犯罪的构成要件范围内影响犯罪成立、犯罪性质或仅影响刑罚轻重的犯罪主体的特定要素，包括性别、国籍、资格、目的等个人因素；相应地，所谓身份犯，是指以特殊身份作为主体构成

---

① 马克昌主编：《犯罪通论》，武汉大学出版社 1999 年版，第 239 页。
② 参见马克昌著：《比较刑法学原理——外国刑法学总论》，武汉大学出版社 2002 年版，第 147 页。

要素或刑罚加减要素的犯罪。①身份犯的成立，必须是行为人实施犯罪时利用了其特定身份，如果没有利用特定身份，而是与特定身份无关，则仅构成一般犯罪而不是身份犯，这种犯罪的主体就是一般主体而非特殊主体，因为如果不具备刑法所规定的特殊主体要素就表明行为并不齐备刑法所规定的身份犯的犯罪构成。比如，男子在犯强奸罪时是特殊主体，其具有"男人"这一身份并利用了这一身份，构成身份犯，"男人"这一身份在强奸罪中具有影响定罪的作用；而男子在实施其他犯罪时，由于"男人"这一身份并不具有影响定罪或量刑的地位，并不构成身份犯。再如，刑法第385条规定的受贿罪中的"国家工作人员"，只有在索取他人财物或者非法收受他人财物时利用了职务上的便利，即利用了其"国家工作人员"这一身份，才能构成受贿罪；如果其索取或者收受他人财物时并未利用职务上的便利，就表明并未利用"国家工作人员"这一身份而不构成受贿罪，比如公务员下班后在集贸市场强买强卖商品或者强拿硬要他人财物，或者逢年过节时收受亲朋好友的少量馈赠等。在上述例子中，作为强奸罪特殊主体要素的"男人"这一身份，以及作为受贿罪特殊主体要素的"国家工作人员"这一身份在定罪中的地位，都是由刑法规定赋予的，而具有特定身份者，只有在实施犯罪时确实利用了其特定身份，才能说其符合身份犯的犯罪构成而成立身份犯；反之，如果实施犯罪时并未利用其特定身份，则不符合身份犯的犯罪构成而不成立身份犯，实施这种犯罪的主体也就只是一般主体而非特殊主体。因此，本罪的主体是一般主体还是也包括特殊主体，就取决于行为人实施侵犯商业秘密的行为时是否必须具有某种特殊身份并能利用这种身份。换言之，实施侵犯商业秘密的行为是否必须利用某种身份，就成了解决混合主体说与一般主体说之争议的关键所在。

那么，本罪的主体能否是特殊主体呢？这得视刑法的规定而

---

① 周铭川、黄丽勤：《身份犯的共犯问题探究》，载《浙江法学》2006年第4期，第62页。

定，看刑法对本罪是否规定了特定身份要素。刑法第 219 条第 1 款规定："有下列侵犯商业秘密行为之一，给商业秘密权利人造成重大损失的……（一）以盗窃、利诱、胁迫或其他不正当手段获取权利人的商业秘密的；（二）披露、使用或允许他人使用以前项手段获取的权利人的商业秘密的；（三）违反约定或者违反权利人有关保守商业秘密的要求，披露、使用或者允许他人使用其所掌握的商业秘密的。"第 2 款规定："明知或者应知前款所列行为，获取、使用或者披露他人的商业秘密的，以侵犯商业秘密论。"

从上述规定来看，实施第 1 款第（1）、（2）项以及第 2 款行为的主体是一般主体，并未要求行为主体具有特定身份要素，对这一点，持一般主体说者与持混合主体说者均无异议，争论在于该条第 1 款第 3 项是否规定了特殊主体要素，对此，混合主体说者认为该项规定了特殊主体要素，一般主体说者则不这么认为。那么，该项是否规定了特殊主体要素呢？从字面意思来看，该项所规定的犯罪主体是与权利人有约定或者被权利人提出过保密要求的人，似乎暗示其为特殊主体。但是，由于行为人在实施披露、使用或者允许他人使用等行为时，并不需要利用其"约定者"或者"被要求保密者"这一身份，这些身份在行为人实施披露等侵权行为时不起任何作用，只是行为人得以知悉权利人商业秘密的事实前提（因为可以预见，如果行为人明确拒绝权利人提出的保密要求，则权利人不可能向其披露商业秘密），或者是权利人意外泄露商业秘密后采取补救措施的结果（即要求知悉其商业秘密的行为人保密），而不是行为人实施披露等行为的必备要件，换言之，刑法实际上并未将"约定者或者被要求保密者"作为构成第 3 项犯罪行为的必备要素。由于商业秘密权是一种财产权，一种绝对权，任何人都负有不得侵犯他人商业秘密权的义务，并不是只有存在保密约定或被权利人提出过保密要求者才负有这种义务，权利人要求行为人保守秘密充其量不过是一种提醒行为，并不表示没被提出过要求者就没有保密义务，更不表示只有与权利人达成了保密协议者才负有保密义务。就第 219 条第 1 款第 3 项而言，该项所惩罚的是合法知悉权利人商业秘密者实施的擅自披露等侵权行为而非违约行为，实施该项所规定的侵权行为并不需要利用任何特殊主体要素。而从整个第219条的规定来看，本罪惩罚的是以不正当手段获取、违法披露、使用或者允许他人使用权利人商业秘密的侵权行为，实施这些行为与行为者是否具备某种身份并无必然联系，无论是权利人的雇员、业务合作伙伴或者其他合法知悉权利人商业秘密的人，还是与权利人毫无关系的一切人，都可能实施这些侵权行为，并非只有具有特定身份者才能实施。换句话说，整个第219条并未规定特定主体要素，构成本罪并不需要特殊主体要素。当然，如果我国刑法像挪威刑法第294条那样明确将犯罪主体限定为"雇员"，或者像德国反不正当竞争法第17条那样明确将犯罪主体限定为"企业的职员、工人或学徒"，则可认为其所规定的是特殊主体。

　　或许有人会问，第219条第1款第3项虽未明文规定"雇员、约定者、被提出保密要求者"等主体要素，但却规定了"违反约定或者违反权利人有关保守商业秘密的要求"，这不正意味着规定了"约定者或被提出保密要求者"这一身份要素吗？事实上也的确有学者认为，"就刑法第219条第1款第3项规定而言，泄露商业秘密行为的刑事可罚性的根据首先在于该行为给权利人造成了某种损失……但损失的存在并不能充分证明刑罚处罚的合理性。另一方面，根据第3项的规定，泄露商业秘密行为的主体是特殊主体，即因工作关系、业务关系、许可关系而知悉商业秘密，并与商业秘密权利人订有保密约定的掌握、使用商业秘密的自然人或单位。由于这些主体是合法获悉商业秘密而又与权利人订有保密约定，故其行为之刑事可罚性的另一根据应在于其对保密义务的违反……显然，这是一种因合同而产生的约定义务，泄露商业秘密行为在本质上是一种违约行为，是对债的违反……"因而认为该项规定"在实质上违反了罪刑法定原则"。①由于论者认为刑法第219条第1款

　　①　唐稷尧：《罪刑法定视野下的侵犯商业秘密罪》，载《四川师范大学学报（社会科学版）》2003年第3期，第45页。

第 3 项惩罚的是违约行为和债的违反行为，这里暂且称之为"违约说"，它至少存在以下问题：首先，将第 3 项规定的"披露、使用或者允许他人使用"概括为"泄露"很不严谨；其次，将"违反约定或者违反权利人有关保守商业秘密的要求"理解为"与权利人订有保密约定"过于随意，因为即便"违反约定"可以理解为"与权利人订有保密约定"，"违反权利人有关保守商业秘密的要求"也无法如此理解，后者显然是就双方没有约定、仅是权利人单方提出保密要求而言的，并不需要行为人答应，否则就变成双方的书面或者口头约定了。那么，为什么仅仅权利人单方提出保密要求就可以了呢？"违约说"显然无法回答这个问题。再次，"违约说"根据第 3 项的规定推出该项的主体是特殊主体并不妥当，它忽略了身份犯只有具备特殊主体要素才能构成的基本理论以及构成第 3 项规定的犯罪并不需要具备特殊主体要素的基本事实。最后，导致出现"违约说"的根本原因在于，论者忽略了民事违约与刑事犯罪的界限，错误地理解了刑法惩罚的对象。民事违约与刑事犯罪的本质是不同的，前者发生于具有约定的当事人双方之间，着重于补偿权利人所受的实际损害，后者发生于国家与犯罪人之间，着眼于惩罚犯罪与维护社会秩序；前者调整的是平等主体的公民之间、法人之间、公民和法人之间的民事关系，后者调整的是国家与犯罪人之间的关系。就本罪而言，刑法惩罚的是严重侵犯他人商业秘密权并可能给他人造成重大损失的行为，不是惩罚当事人之间的违约行为。① 况且，只有以不正当手段获取、披露、使用或允许他人使用等侵权行为才可能给权利人造成重大损失，才能符合本罪犯罪构成，所谓违约或违反保密要求的行为本身不可能给权利人造成任何损失，不可能成为刑法惩罚的对象。

综上，本罪主体是一般主体而不包括特殊主体，一般主体说是正确的。前述持一般主体说者一方面认为本罪的主体是一般主体，

---

① 关于该项惩罚的是侵权行为而非违约行为的论述，详见本书第三章第一节第二目之（五）。

另一方面又强调本罪主体大多是具有某种身份或者资格的人，却又未能深入论证，未能指出第 3 项规定的"违反约定或者违反权利人有关保守商业秘密的要求"者在实施披露、使用或者允许他人使用等侵权行为时并不需要也没有任何身份因素可以利用，因而给人以自相矛盾之感，究其实质，应在于混淆了主体的特征与主体的特点这两个概念，在论述本罪主体是一般主体时一并论述了从犯罪学角度来看哪些人比较可能实施本罪。而混合主体说则忽略了身份犯的构成必须具备特定身份要素而实施第 219 条第 1 款第 3 项的行为并不需要身份要素这一事实，也忽略了只有侵权行为而非违约行为才可能给权利人造成重大损失这一事实，局限于法条表述而未看到刑法仅惩罚非法获取、披露、使用或允许他人使用权利人的商业秘密等严重侵权行为的实质，因而导致结论不正确。

三、侵犯商业秘密罪主体的特点

所谓本罪主体的特点，是指实践中哪些人比较可能实施本罪，主要是从实际发生的侵犯商业秘密现象中归纳总结出来的，严格说来应属于犯罪学范畴而非刑法学范畴，与作为犯罪构成要素的主体特征不是同一个概念，这里一并介绍，是因为许多学者在论述本罪的主体特征时，都会强调本罪的主体多是具有某种身份或者资格的人，若不进行深入分析，容易导致本罪的主体主要是特殊主体的误解，这已如上文所述。

关于本罪主体的特点，有学者归纳为："本罪主体是一般主体而不是特殊主体。具体说来，包括以下三种人：（1）合同约定负有保密义务的当事人。在生产、经营过程中，如果双方订有保护商业秘密的合同，当事人的一方违反合同的约定，披露、使用或者允许他人使用该商业秘密，给对方权利人造成重大损失的，即构成本罪。（2）本公司、企业知悉或掌握商业秘密的人（包括离职、退休人员）。我国劳动法第 22 条规定，劳动合同当事人可以在劳动合同中约定保守用人单位的商业秘密的有关事项。这些人员若违反合同所约定的保密义务，就构成侵犯商业秘密。（3）实施侵权行为的第三人。这是指上述两种人之外的侵犯他人商业秘密的任何人（包括法人、非法人单位和公民个人）。以上前两种人是前述第（3）项行为的主体，后一种人是其他三项所列行为的主体。"①

也有学者归纳为："实践中，本罪的主体大多为具有某种职务、职业、身份的人员，既可以是拥有商业秘密的单位的内部人员，也可以是其他外部人员。常见的有：（1）企业的高级管理干部、工程技术人员、以及所有出入机密场所的职工或者临时雇佣工。（2）离退休或者转调的单位人员。（3）受委托并因而知悉掌握商业秘密的人员。如律师、审计师、会计师、专利代理人、经济顾问，以及从事管理、监督活动的公务员等。"②

还有学者在比较了各国（地区）的立法规定后认为："对于第三类侵犯商业秘密的行为来说，其行为主体只能是特殊主体，即基于工作关系、业务关系、许可关系而知悉权利人的商业秘密，并负有保密义务的自然人或者单位。就自然人而言，具体包括：（1）因职务或业务需要而知悉商业秘密的厂长、经理和其他管理人员，以及工商企业的职工、临时雇佣工等；（2）为商业秘密的权利人提供服务的外部人员，如公司的高级顾问、律师、注册会计师等；（3）商业秘密权利人的业务伙伴，如贷款银行、供货商、代理商等；（4）付出使用费用后取得商业秘密使用权的受让人；（5）对工商企业有管理、监督、检查、调查和管理权的人，比如审计人员、税务人员、主管行政机关人员、工商人员等。凡不具有这些特定身份的人，不能实施该种行为。所以，那种泛泛而论认为侵犯商业秘密的犯罪主体为一般主体的观点是不确切的。"并认为："从以上各国（地区）的规定来看，多数规定本罪的主体可以是一般主体，也可以是特殊主体，对于商业秘密的泄露，一般得由因各种

---

　　① 马克昌主编：《经济犯罪新论——破坏社会主义经济秩序罪研究》，武汉大学出版社1998年版，第546-547页。

　　② 高铭暄主编：《新型经济犯罪研究》，中国方正出版社2000年版，第841页。

身份关系知悉商业秘密并负有保密义务的人构成，包括内部人员和外部人员，主要有以下几类：一是企业的雇佣人员，如公司高级管理和技术人员、中下层干部、保安人员等。二是具有一定业务身份的人员，如科研单位的技术人员，在履行职责过程中可能接触委托人商业秘密的律师、专利代理人、会计师、税务代理人、经济审计人员、公司企业的顾问、社会咨询或者调查机构等。三是具有一定职务身份的人员，如公务员、具有特别公务之人、依职位代理法执行相同任务或者职权的人。四是因商业活动而知悉商业秘密的人，如原材料供应商、仓储公司、银行、销售商等。五是商业秘密的被许可人……至于非法获取或者使用商业秘密的则不必是具备特定身份的人，即为一般主体。"①

以上三种归纳，虽然繁简不同，但都认为本罪的主体主要是具有一定身份的人，这些人由于知悉权利人的商业秘密，极易在追名逐利的心理驱使下实施披露、使用或者允许他人使用权利人的商业秘密等侵权行为。只是如前所述，由于刑法第 219 条第 1 款第 3 项惩罚的是侵权行为而不是违约行为，行为人的得以知悉权利人商业秘密的特定身份，尽管是其实施违约行为的前提，但并不是其实施披露、使用等侵权行为的身份要素，换句话说，由于刑法并未将某种特定身份规定为侵犯商业秘密行为的构成要素，故本罪的主体仍是一般主体而非特殊主体。

四、侵犯商业秘密罪的单位犯罪主体

根据我国刑法第 220 条的规定，单位也可成为本罪主体，对单位犯本罪的，应对单位判处罚金，并对其直接负责的主管人员和其他直接责任人员，依照刑法第 219 条的规定处罚。但是在定罪量刑的数额标准上，单位犯罪与个人犯罪是不一样的，根据 2004 年 12 月 22 日《最高人民法院、最高人民检察院关于办理侵犯知识产权

---

①　杜国强、廖梅、王明星著：《侵犯知识产权罪比较研究》，中国人民公安大学出版社 2005 年版，第 337-338 页。

刑事案件具体应用法律若干问题的解释》第 15 条的规定，单位的定罪量刑标准是个人定罪量刑标准的三倍。虽然 2001 年 4 月 18 日《最高人民检察院、公安部关于经济犯罪案件追诉标准的规定》并未对本罪的单位犯罪和个人犯罪的定罪量刑标准予以区分,①但根据后法优于前法的一般原理以及新的司法解释第 17 条的明确规定，在新的司法解释出台后，旧的司法解释中与新的司法解释相冲突的部分自然失效。由于单位犯罪与个人犯罪的定罪量刑标准不同，因此在具体办案过程中，应特别注意区分是单位犯罪还是个人犯罪。

　　关于单位犯罪与个人犯罪的区分，1999 年 6 月 18 日通过的《最高人民法院关于审理单位犯罪案件具体应用法律有关问题的解释》第 1 条规定："刑法第 30 条规定的公司、企业、事业单位，既包括国有、集体所有的公司、企业、事业单位，也包括依法设立的合资经营、合作经营企业和具有法人资格的独资、私营等公司、企业、事业单位。"第 2 条规定："个人为进行违法犯罪活动而设立的公司、企业、事业单位实施犯罪的，或者公司、企业、事业单位设立后，以实施犯罪为主要活动的，不以单位犯罪论处。"第 3 条规定："盗用单位名义实施犯罪，违法所得由实施犯罪的个人私分的，依照刑法有关自然人犯罪的规定定罪处罚。"2002 年 7 月《最高人民检察院关于涉嫌犯罪单位被撤销、注销、吊销营业执照或者宣告破产的应如何进行追诉问题的批复》认为："涉嫌犯罪的单位被撤销、注销、吊销营业执照或者宣告破产的，应当根据刑法关于单位犯罪的相关规定，对实施犯罪行为的该单位直接负责的主管人员和其他直接责任人员追究刑事责任，对该单位不再追诉。"

---

　　①　该司法解释第 65 条规定："侵犯商业秘密，涉嫌下列情形之一的，应予追诉：1. 给商业秘密权利人造成直接经济损失数额在 50 万元以上的；2. 致使权利人破产或者造成其他严重后果的"。与其他条文比如第 61 条假冒注册商标案、第 62 条销售假冒注册商标的商品案、第 69 条合同诈骗案、第 70 条非法经营案明确规定单位与个人的不同定罪量刑标准相比，该条并未对单位和个人侵犯商业秘密案的定罪量刑标准作出不同规定。

　　此外，以下规定虽然是针对特定犯罪作出的，但在办案过程中也可参照适用。

　　2000 年 9 月《全国法院审理金融犯罪案件工作座谈会纪要》中规定："以单位名义实施犯罪，违法所得归单位所有的，是单位犯罪……以单位的分支机构或者内设机构、部门的名义实施犯罪，违法所得亦归分支机构、部门所有的，应认定为单位犯罪。不能因为单位的分支机构、部门没有可供执行罚金的财产，就不将其认定为单位犯罪，而按照个人犯罪处理……对于应当认定为单位犯罪的案件，检察机关只作为自然人犯罪案件起诉的，人民法院应及时与检察机关协商，建议检察机关对犯罪单位补充起诉。如检察机关不补充起诉的，人民法院仍应依法审理，对被起诉的自然人根据指控的犯罪事实、证据及庭审查明的事实，依法按单位犯罪中的直接负责的主管人员或者其他直接责任人员追究刑事责任，并应引用刑法分则关于单位犯罪追究直接负责的主管人员和其他直接责任人员刑事责任的有关条款。"

　　2002 年 7 月《最高人民法院、最高人民检察院、海关总署关于办理走私刑事案件适用法律若干问题的意见》第 17 条中规定："被告单位没有合适人选作为诉讼代表人出庭的，因不具备追究该单位刑事责任的诉讼条件，可按照单位犯罪的条款先行追究单位犯罪中直接负责的主管人员或者其他直接责任人员的刑事责任。"第 18 条中规定："具备下列特征的，可以认定为单位走私犯罪：（1）以单位的名义实施走私犯罪，即由单位集体研究决定，或者由单位的负责人或者被授权的其他人员决定、同意；（2）为单位谋取不正当利益或者违法所得大部分归单位所有……单位是否以实施犯罪为主要活动，应根据单位实施的走私行为的次数、频度、持续时间、单位进行合法经营的状况等因素综合考虑认定。"

第二节　侵犯商业秘密罪的主观方面

　　由于刑法第 219 条对侵犯商业秘密罪的罪状规定比较特殊，在刑法条文中首次也是唯一一次出现了"应知"这一术语，导致学界对本罪的罪过究竟是故意还是也包括过失争议极大，因而有必要仔细探讨。

一、侵犯商业秘密罪主观方面的争议

关于本罪的罪过形式，大致可以分为两类几种观点：

第一类是"包含过失说"。即认为本罪的罪过形式既包括故意，也包括过失。这是多数论者的观点，但在观点上略有差异。第一种观点认为，本罪的主观方面"既可以是故意，也可以是过失"；第二种观点认为，"本罪在主观方面一般是故意，少数情况下是过失"；第三种观点认为，直接侵犯商业秘密的犯罪行为只能由故意构成，"以侵犯商业秘密论"的行为主观方面既可以是故意也可以是过失；第四种观点认为，刑法列举的四种侵犯商业秘密的行为中除第一种只能由故意构成外，其余的均可由故意或过失构成；第五种观点认为，应根据行为的具体方式来分别确定其罪过形式是故意还是过失，认为：（1）盗窃、利诱、胁迫或以其他不正当手段获取商业秘密的，其主观心理应是故意；（2）披露、使用或允许他人使用以上述手段获得的商业秘密的，其中的披露行为在主观上可以是故意或过失，但使用或允许他人使用行为应只能由故意构成；（3）披露、使用或允许他人使用以正当手段获得的商业秘密的，其中披露行为的主观心理是故意或者过失，使用或允许他人使用的主观心理只应是故意；（4）第三人获取、使用或允许他人使用有关商业秘密的，其主观心理可能是故意或过失。①

第二类是"仅为故意说"，认为本罪的罪过形式仅为故意而不包括过失，但在内容上又有所不同。第一种观点是"仅为直接故意说"，认为本罪的主观方面是故意，而且只能是直接故意，间接故意和过失均不构成本罪；第二种观点是"包含间接故意说"，认

---

① 以上第一至第五种观点参见李富友：《侵犯商业秘密罪的罪过形式探讨》，载《时代法学》2003年第2期，第52页。

为本罪的主观方面包括直接故意和间接故意，但过失不构成本罪。① 有学者将主张本罪罪过形式仅为故意的观点概括为概括故意说、明示放任说和明示间接故意说三种，② 从而遗漏了"仅为直接故意说"的观点。

　　以上"包含过失说"与"仅为故意说"的观点的差别主要根源于对刑法第 219 条第 2 款规定中的"应知"的理解不同。"包含过失说"者几乎都认为"应知"的含义是"应知而不知"，认为"应知"是行为人负有应知义务的表达，应知而不知，在主观上只能解释为疏忽大意的过失，别有其他罪过能符合。③ 也有学者认为还包括过于自信的过失，认为在"应知且不知"时当然是疏忽大意的过失，但在"应知且已知"的情况下，虽然不是疏忽大意的过失，但也未必就是故意，而如果不是故意就只能解释为过于自信的过失。④ 持"仅为故意说"者则大多认为"应知"是一种推定的明知，即尽管行为人辩解不知道，但司法机关根据案件的具体情况和其他证据足以认定行为人主观上知道；而如果行为人主观上确实由于疏忽大意而不知道，则不能构成本罪。⑤ 至于不能将刑法第 219 条第 2 款中的"应知"解释为过失、应当解释为推定的明知的理由，则主要从刑法的谦抑精神、法条内部与法条外部之间的协调与逻辑关系、相关司法解释对"应知"含义的说明、刑法与反不正当竞争法的渊源关系、处罚过失侵犯商业秘密的行为不符合正义

　　①　参见俞利平、刘柏纯：《侵犯商业秘密罪疑难问题探讨》，载《政法学刊》2002 年第 6 期，第 41 页。

　　②　参见杨凯：《析侵犯商业秘密罪的定义与构成要件》，载《湘潭大学社会科学学报》2001 年第 1 期，第 79 页。

　　③　参见林亚刚：《侵犯商业秘密罪再探》，载《法制与社会发展》2000年第 1 期，第 54 页。

　　④　参见杨凯：《析侵犯商业秘密罪的定义与构成要件》，载《湘潭大学社会科学学报》2001 年第 1 期，第 80 页。

　　⑤　参见李富友：《侵犯商业秘密罪的罪过形式探讨》，载《时代法学》2003 年第 2 期，第 54 页。

公平理念与实质的罪刑法定原则、不利于劳动力合理流动等方面进行说明。①

　　当然，也有少数学者不仅认为出于"应知"而实施的侵权行为是过失，而且认为刑法第 219 条规定的三种行为方式中也可能包括过失。比如第一类观点中的第四种观点认为，只有直接获取他人商业秘密的行为在主观方面才仅为故意，其他各种侵犯商业秘密的行为在主观上均既可以是故意也可以是过失；第五种观点认为，直接获取行为以及使用或允许他人使用行为在主观方面为故意，披露行为以及"以侵犯商业秘密论"行为的主观方面既可以是故意也可以是过失。

二、侵犯商业秘密罪的主观方面辨析

　　关于本罪的罪过形式，笔者赞同"仅为故意说"，认为刑法条文中的"应知"是推定明知的一种表达，而不是负有应知义务的表达，更不能解释为应知而不知。由于学界对该罪的罪过只能为故意已论述得较为充分，故笔者拟在归纳、总结各家观点及理由的基础上，进一步深入探讨这个问题。在探讨之前，有必要先反驳一下持"仅为故意说"者的几个理由，因为正是这些似是而非的理由给反对者以口实，让反对者抓住了把柄。

　　第一个理由是，处罚过失侵犯商业秘密行为违反了刑法谦抑精

---

　　① 参见何正泉：《论间接侵犯商业秘密罪的主观方面》，载《中南民族学院学报（人文社会科学版）》2001 年第 5 期；朱宇晖、朱小川、吴允锋：《侵犯商业秘密罪主观内容的分析——兼论"应知"的刑法学意义》，载《江南论坛》2003 年第 6 期；李富友：《侵犯商业秘密罪的罪过形式探讨》，载《时代法学》2003 年第 2 期；杜国强：《侵犯商业秘密罪罪过形式探析》，载《知识产权》2002 年第 3 期；陈秋：《论过失不是侵犯商业秘密罪的罪过形式》，载《广西警官高等专科学校学报》2006 年第 1 期；寇占奎、刘娟：《侵犯商业秘密罪罪过形式只能为故意》，载《人民检察》2002 年第 6 期；侯丽君、张光君：《侵犯商业秘密罪的罪过形式之辩》，载《渝西学院学报（社会科学版）》2005 年第 6 期；等等。

神。持"仅为故意说"者大多将处罚过失侵犯商业秘密行为违反刑法谦抑精神作为一个重要理由，认为刑法只应处罚那些动用民事、行政法律手段仍不足以抗制的严重危害社会的行为，而过失侵犯商业秘密行为运用民事或行政法律手段足以抗制，根本无需刑法的介入。其中，有学者认为肯定过失犯罪的观点混淆了民事责任与刑事责任的界限,① 有学者认为本罪是一种法定犯，其危害后果不严重，在伦理道德上的可谴责性较弱，故对过失侵犯商业秘密行为不应动用刑事制裁手段,② 有学者甚至认为过失侵犯商业秘密行为都是一些情节显著轻微危害不大的行为，处罚过失侵犯商业秘密行为违反了刑法总则的但书规定。③ 笔者丝毫不怀疑刑法谦抑精神的价值取向，认为由于刑罚是一种最严厉的法律制裁手段，不仅牵涉到公民的名誉，而且涉及公民的人身自由，自然应少用或尽可能不用，"慎刑"是我国有史以来的优良传统，"刑罚犹如两刃之剑，用之不当，则国家和个人两受其害"。但是，所谓刑法谦抑精神并不是一个大箩筐，凡是认为不应入罪或不应受刑的东西都可往里装，而必须具有针对性，必须有充足的理由认为某种行为的社会危害性确实达不到犯罪的程度，或者运用民事或行政法律手段确实足以抗制，才谈得上运用刑法谦抑精神以出罪。而过失侵犯商业秘密行为，其社会危害性是否真的达不到犯罪的程度或运用行政或民事法律手段足以抗制而根本不需要刑法的介入呢？笔者未见有哪位学者作过充分论证，而多是想当然地认为应当这样，这不够严谨。尽管论证某种行为的社会危害性达不到犯罪的程度与论证某种行为的社会危害性已经严重到必须动用刑罚的程度同样困难，但至少，我

① 参见杜国强：《侵犯商业秘密罪罪过形式探析》，载《知识产权》2002年第3期，第35页。
② 参见陈秋：《论过失不是侵犯商业秘密罪的罪过形式》，载《广西警官高等专科学校学报》2006年第1期，第40页。
③ 参见侯丽君、张光君：《侵犯商业秘密罪的罪过形式之辩》，载《渝西学院学报（社会科学版）》2005年第6期，第57页。

们不应在想入罪时就认为不入罪会放纵犯罪，想出罪时就认为不出罪会违反刑法谦抑精神，而应有充分论证。若论证不了，则只能是一种猜测、一种看法，不应作为支持己方观点的一种理由。其实，支持刑法介入过失侵犯商业秘密行为的处理也能找出一定理由。比如，司法解释规定侵犯商业秘密的行为，只有给权利人造成经济损失50万元以上才能构成犯罪，由于侵权人无力赔偿或转移财产等原因，完全可能使权利人遭受巨额财产损失却得不到分文赔偿，此时，不让侵权人承担刑事责任对权利人是极不公平的，这不利于保护商业秘密，不利于整个知识产权的保护。又如，所谓社会危害性是否严重，并没有一个精确的衡量标准，某种行为，在一定历史条件下被认为有严重的社会危害性，应予刑事制裁，在另一历史背景下又被认为没有社会危害性，不应构成犯罪，或者相反，故衡量某一行为是否具有严重的社会危害性、是否应予刑事制裁，关键还是看刑法是否已将该行为规定为犯罪，故过失侵犯商业秘密行为能否构成犯罪，关键还是如何理解刑法第219条第2款的规定，不能毫无针对性地套用所谓刑法谦抑精神。同理，认为追究过失侵犯商业秘密行为的刑事责任有违刑事立法宗旨、违反刑事政策的观点，都无法找到充分的理由，因而难以令人信服，正如死刑存废问题一样，争论了几百年也无法达成一致意见。

第二个理由是，间接侵犯商业秘密行为的社会危害性比直接侵犯商业秘密行为的社会危害性要轻，直接侵犯商业秘密行为尚且只能由故意构成，间接侵犯商业秘密行为反而可以由过失构成，在逻辑上不通。①这个理由也值得商榷。首先，如本书第三章第一节所述，无论何种方式的侵犯商业秘密行为，都只能是直接侵犯而不是所谓间接侵犯，对于不属于自己的商业秘密而获取、披露、使用或允许他人使用，都是对他人商业秘密的直接侵犯。举个不恰当的例子，甲为收养拐来乙的儿子，收养一段时间转给丙收养，甲丙都直

---

① 参见杜国强：《侵犯商业秘密罪罪过形式探析》，载《知识产权》2002年第3期，第36页。

接侵犯了乙的权利，不能说甲是直接侵犯而丙是间接侵犯。故间接侵犯一说不能成立，至多只能说第二人是直接从权利人处获取商业秘密而第三人是间接从权利人处获取商业秘密，还是沿用刑法条文中"以侵犯商业秘密论"一说更为妥当。其次，认为"以侵犯商业秘密论"行为的社会危害性比第二人侵犯商业秘密行为的社会危害性要轻不符合实际。据统计，我国发生的侵犯商业秘密案件，60%以上是由掌握企业商业秘密的员工跳槽或自立门户引发的。①可想而知，能给权利人造成重大损失的侵犯商业秘密行为主要是使用或允许他人使用行为，向社会公众披露或获取行为所占比例并不大。而在使用与允许他人使用两种行为中，员工自立门户自己使用商业秘密显然比员工跳槽并将商业秘密披露给新雇主使用给权利人造成的损失要小很多，因为员工无论在经济实力、人力资源或商业网络等方面都无疑比新雇主差得远，自立门户的比例也比跳槽的比例要小，最终给权利人造成重大损失的，更可能是接受披露的新雇主的使用行为，而不是跳槽或自立门户的员工的侵权行为，即一般说来，第三人侵犯商业秘密行为的社会危害性要比第二人侵犯商业秘密行为的社会危害性严重。如此分析，刑法规定第二人侵犯商业秘密只能是故意，而规定第三人侵犯商业秘密既可以是故意也可以是过失亦无可厚非。再次，尽管同一罪名只能有一种罪过是立法和解释原则，但立法情况是复杂的，立法者在立法时不见得就考虑到了所有刑法理论，完全可能针对不同的侵权行为方式设置不同的罪过，这在逻辑上也勉强解释得通，并不是完全不通。因此，问题的关键还是如何理解刑法第219条第2款的规定。

---

　　① 参见李立：《立法聚焦：侵权还是犯罪全凭一个数字——制裁过度与制裁不足并存——中国商业秘密刑事保护亟待解惑》，http：//www. iolaw. org. cn/shownews. asp？id＝14946，该文写道，"这一数据是为配合国家知识产权战略中商业秘密保护问题的研究而进行的专门调查后得出的"；高铭暄主编：《新型经济犯罪研究》，中国方正出版社2000年版，第827页；赵秉志、田宏杰著：《侵犯知识产权犯罪比较研究》，法律出版社2004年版，第298页。

　　具体说来，应将刑法所规定的"应知"理解为推定的明知的理由有：

　　第一，从相关司法解释来看，司法实践部门是将"应知"理解为根据事实和证据推定的"明知"的，而不是"应知而不知"。早在 1992 年 12 月 11 日，《最高人民法院、最高人民检察院关于办理盗窃案件具体应用法律的若干问题的解释》第 8 条就规定："窝赃、销赃罪，是指明知是犯罪所得的赃物而予以窝藏或者代为销售的行为。认定窝赃、销赃罪的'明知'，不能仅凭被告人的口供，应当根据案件的客观事实予以分析。只要证明被告人知道或者应当知道是犯罪所得的赃物而予以窝藏或者代为销售的，就可以认定。"该司法解释明确将"明知"解释为知道与应当知道两种情形。接着，1998 年 5 月 8 日，《最高人民法院、最高人民检察院、公安部、国家工商行政管理局关于依法查处盗窃、抢劫机动车案件的规定》第 17 条又规定："本规定所称的'明知'，是指知道或者应当知道。有下列情形之一的，可视为应当知道，但有证据证明属被蒙骗的除外：（1）在非法的机动车交易场所和销售单位购买的；（2）机动车证件手续不全或者明显违反规定的；（3）机动车发动机号或者车架号有更改痕迹，没有合法证明的；（4）以明显低于市场价格购买机动车的。"该司法解释同样将"明知"解释为知道与应当知道。其后，2000 年 11 月 17 日，《最高人民法院关于审理破坏森林资源刑事案件具体应用法律若干问题的解释》第 10 条又规定："刑法第 345 条规定的'非法收购明知是盗伐、滥伐的林木'中的'明知'，是指知道或者应当知道。具有下列情形之一的，可以视为应当知道，但是有证据证明确属被蒙骗的除外：（1）在非法的木材交易场所或者销售单位收购木材的；（2）收购以明显低于市场价格出售的木材的；（3）收购违反规定出售的木材的。"该司法解释同样将"明知"解释为知道与应当知道。如果说这三个司法解释只适用于盗窃犯罪等传统犯罪，不能类比适用于像本罪这样的新型破坏社会主义市场经济秩序类犯罪的话，那么，2003 年 12 月 23 日《最高人民法院、最高人民检察院、公安部、国家烟草专卖局关于办理假冒伪劣烟草制品等刑事案件适用法律问题座谈会纪要》与 2004 年 11 月 2 日《最高人民法院、最高人民检察院关于办理侵犯知识产权刑事案件具体应用法律若干问题的解释》的规定则可认为与本罪有较近的"亲缘"关系，前者第 2 条规定："根据刑法第 214 条的规定，销售明知是假冒烟用注册商标的烟草制品，销售金额较大的，构成销售假冒注册商标的商品罪。'明知'，是指知道或应当知道。有下列情形之一的，可以认定为'明知'：（1）以明显低于市场价格进货的；（2）以明显低于市场价格销售的；（3）销售假冒烟用注册商标的烟草制品被发现后转移、销毁物证或者提供虚假证明、虚假情况的；（4）其他可以认定为明知的情形。"后者第 9 条规定："刑法第 214 条规定的'销售金额'，是指销售假冒注册商标的商品后所得和应得的全部违法收入。具有下列情形之一的，应当认定为属于刑法第 214 条规定的'明知'：（1）知道自己销售的商品上的注册商标被涂改、调换或者覆盖的；（2）因销售假冒注册商标的商品受到过行政处罚或者承担过民事责任、又销售同一种假冒注册商标的商品的；（3）伪造、涂改商标注册人授权文件或者知道该文件被伪造、涂改的；（4）其他知道或者应当知道是假冒注册商标的商品的情形。"两者同样将刑法规定中的"明知"解释为知道与应当知道两种情形。可见，司法实践部门的看法是一脉相承的，都认为刑法规定中的"明知"包括知道与应当知道两种情形，都认为只要根据案件的有关情况，根据常理可以推定行为人事实上应当是认识到了犯罪成立的某种事实，就可以认定行为人主观上具备了犯罪成立的"明知"要件，都认为"应当知道"是一种事实推定的明知，是"知道"而非"不知道"，既不是指行为人负有应当知道的义务，更不同于疏忽大意过失中的应当预见而没有预见。尽管最高司法机关没有明确将刑法第 219 条第 2 款中的"应知"解释为"明知"，但从其将"明知"解释为知道与应当知道的一贯传统来看，应该认为，刑法第 219 条第 2 款中的"应知"同样是"明知"的一种情形，是根据案件的具体情况依常理所推定的"明知"而非"应知而不知"。

那么，能否因为刑法第 219 条第 2 款将"明知"与"应知"并列规定就认为前者是指明明知道而后者是指应当知道而不知道呢？笔者认为不能，因为该款将"明知"与"应知"并列，不过是为了强调"应知"这种推定的明知，并不是为了强调在明知之外，还有一种应知而不知，后者完全可以根据刑法总则关于过失犯罪的规定处理，根本没有必要在分则中特意规定。

第二，从刑法第 219 条的立法渊源来看，应当认为"应知"是一种推定的明知。刑法第 219 条是根据反不正当竞争法第 10 条修订的，不同之处在于，一是删除了关于侵权主体"经营者"和"第三人"的规定；二是将反不正当竞争法中的"视为侵犯商业秘密"改为"以侵犯商业秘密论"；三是增加了一款作为第四款，对何谓权利人作了解释；四是适应刑法的特点设置了法定刑。由此，在刑法条文中首次出现了"应知"这一术语。而"应知"这一术语在反不正当竞争法中共出现两次，第一次出现在第 9 条第 2 款中，规定"广告的经营者不得在明知或者应知的情况下，代理、设计、制作、发布虚假广告"。对此，《中华人民共和国反不正当竞争法释义》一书认为，"明知"或者"应知"皆为故意，而"应知"是指一种可预见性。第二次即出现在第 10 条中，对此，前书认为，第 10 条第 2 款是对第三人侵犯商业秘密的禁止性规定，其所谓明知或者应知，也是一种客观上的预见性，不以违法者自述为准。而前书是由国务院法制局协同有关部门组织编写，并由参加起草、审查法律法规的同志撰稿的，应当认为，它比较真实地反映了立法原意。从以上解释可以看出：首先，无论是明知还是应知，都是故意的要素；其次，明知或者应知是一种客观上的"预见性"，只要查明客观上应当知道即可，不管违法者如何辩解，是一种视同明知的情形；再次，由于明知和应知都是故意的要素，故应排除应当知道而确实因疏忽大意而不知的过失要素。其立法本意是想用诉讼上的高效率来保证实体公正，并非想处罚过失，因为在有些情形下，要证明被告人的行为是否出于故意非常困难。由于新刑法是直接将反不正当竞争法第 10 条的规定纳入刑法第 219 条的，故应认为，刑法第 219 条也基本上沿用了反不正当竞争法第 10 条的立法本意。①

第三，将刑法分则中的"应知"直接理解为疏忽大意的过失混淆了刑法总则中的应当预见与刑法分则中的应当知道这两个概念。学界一般认为，应区分分则中的明知与总则中的明知，两者是不同层次的概念，前者是第一层次的明知，后者是第二层次的明知，只有具备了前者，才可能具备后者，反之，具备了总则中的明知必然具备了分则中的明知。② 总则中的明知是指对行为危害结果的明知，分则中的明知是指对行为对象或其他构成要素的明知。③同理，应区分分则中的应当知道与总则中的应当预见，前者是指行为人对行为对象或其他构成要件要素的性质或情况应当知道，后者则指应当预见到自己的行为会发生危害社会的结果。而前述持"包含过失说"者几乎都直接将刑法第 219 条第 2 款中的"应知"理解为总则中的应当预见，进而混淆了第三人应当知道第二人实施或将要实施侵权行为与自己的行为会发生危害社会的结果这两个概念。实际上，在刑法第 219 条第 2 款中，"应知"的对象非常明确，即第二人将要向其披露的是他人的商业秘密而不是第二人自己有权处分的商业秘密。但是，即便是知道他人将向其侵权披露商业秘密，也可以不接受，并不是非接受不可，而如果不接受，自然谈不上第三人构成本罪的问题。显然，这里的"应知"只是对行为前有关事实情况的应知，还不能与应当预见自己的行为会发生危害社会的结果划等号。认为这里的"应知"是行为人负有应知义务的表达，无异于说任何人都负有知道他人有侵权披露商业秘密行为

---

① 参见何正泉：《论间接侵犯商业秘密罪的主观方面》，载《中南民族学院学报（人文社会科学版）》2001 年第 5 期，第 133 页。

② 参见张明楷：《如何理解和认定窝赃、销赃罪中的'明知'》，载《法学评论》1997 年第 2 期，第 89 页。

③ 参见刘宪权主编：《中国刑法理论前沿问题研究》，人民出版社 2005 年版，第 474 页。

的义务，即无异于说任何人都应当知道其他人的犯罪情况，这是不恰当的。

另外，从分则中的"明知"与"应知"的关系来看，如果直接将分则中的"应知"理解为应当知道而不知道，进而理解为一种过失侵犯商业秘密行为，则相应地，只能将分则中的"明知"理解为直接故意、间接故意和过于自信的过失，因为三者的认识因素大致相似，都是事实上已经知道有关情况，只是意志因素有所不同，分别为希望、放任和轻信能够避免，但将"明知"理解为包括过于自信的过失，恐怕没有人愿意接受。一则，"明知"是故意犯罪的固定表达，总则对故意犯罪与过于自信的过失犯罪分别使用了"明知"与"已经预见"两个词语，学界一般也认为分则中的"明知"仅能构成故意犯罪而不包括过失犯罪；二则，认为分则中的"明知"能构成故意犯罪与过于自信的过失犯罪将导致主观恶性完全不同的行为面临完全相同的法定刑，有违罪刑均衡原则；三则，直接根据分则中的"明知"来判断构成故意犯罪还是过失犯罪，实际上混淆了总则中的"明知"与分则中的"明知"这两个概念；四则，这也与论者根据"明知"和"应知"来区分故意和过失的本意相矛盾。因此，不能根据分则中的"明知"或"应知"来推定罪过的性质，仅从"应知"这一词语不能得出本罪是过失犯罪的结论，主张本罪罪过包括过失的学者都忽视了这一点。

第四，从法条之间的对比来看，本罪规定在刑法第三章破坏社会主义市场经济秩序罪第七节侵犯知识产权罪中，表明其同类客体是知识产权。该节中的其他罪名，如假冒注册商标罪，销售假冒注册商标的商品罪，非法制造、销售非法制造的注册商标标识罪，假冒专利罪，侵犯著作权罪，销售侵权复制品罪等6种犯罪，其主观罪过都只是故意；在法定刑幅度方面，除假冒专利罪和销售侵权复制品罪的法定刑为3年以下有期徒刑或拘役，并处或单处罚金之外，其他5个罪名，包括本罪在内，其法定刑均分为两档，相当于情节严重者处3年以下有期徒刑或拘役，并处或单处罚金，相当于情节特别严重者处3年以上7年以下有期徒刑，并处罚金。且专利、商标、著作权与商业秘密具有明显的区别，专利、商标均需向行政主管机关申请批准、注册登记，因而是公开的，任何人都可查阅，著作权虽自创作之日起自动取得，不需要向主管机关登记，但作品一旦发表，也就公开了，而商业秘密的重要特性之一是秘密性，唯有保持秘密性才能获得法律保护，知道的人越少其价值就越大，因而对社会公众来说是秘密的，不容易知晓，很可能使用了他人的商业秘密而浑然不觉。侵犯专利、商标、著作权等客体公开的权利尚且只能追究故意行为的刑事责任，侵犯商业秘密权这种客体隐蔽的权利就更应当只追究故意行为的刑事责任了。因此，从本罪与其他侵犯知识产权罪之间的协调统一来看，应认为本罪同其他侵犯知识产权罪一样，其主观罪过只能是故意。

　　第五，从法律适用的实际效果来看，追究过失侵犯商业秘密行为的刑事责任，不利于市场稳定与合理竞争秩序的形成。从本质上看，知识产权法是平衡权利人利益与社会利益的一种法律工具，应时刻注意权利人利益与社会利益的均衡。追究过失侵犯商业秘密行为的刑事责任，的确有利于保护权利人的合法利益，但是否有利于社会利益，则不无疑问。从建设社会主义市场经济的目标出发，似可认为，对过失侵犯商业秘密行为追究刑事责任不利于这一目标的实现。因为市场经济在本质上是一种竞争经济，要求社会资源的合理配置，要求人力资源的自由流动，要求技术交流与合作。如果要求新用人单位审查跳槽者是否侵犯原用人单位的商业秘密，赋予其预见跳槽者可能披露原用人单位商业秘密的义务，实际上意味着企业员工一旦掌握了企业的商业秘密，便很难跳槽，即使跳槽，新用人单位也基本不敢录用，否则很可能被追究刑事责任，这势必严重束缚劳动力的合理流动，不利于形成合理的市场竞争秩序，也侵犯了劳动者的劳动权和就业选择权。① 同理，在技术开发、技术转让、技术咨询与技术服务过程中，如果要求委托开发的委托方、合

---

　　① 参见游伟主编：《华东刑事司法评论》（第6卷），法律出版社2004年版，第220页。

作开发的合作各方、技术受让方、技术咨询方、接受技术服务方应当知道对方可能披露他人的商业秘密，应当预见自己接受对方披露技术的行为可能侵犯他人商业秘密权，则技术开发、技术转让、技术咨询与技术服务几乎进行不下去了，因为谁也不能确保对方不会披露他人的商业秘密，即使对方承诺保证不会侵犯他人权利也无济于事，因为这种双方之间的内部保证并不能对抗司法机关对接受技术披露一方注意义务的审查，这势必严重影响技术交流与合作，影响市场经济发展，也非常不利于科技进步与社会发展。

第六，将"应知"解释为推定的明知并不违反罪刑法定原则。因为罪刑法定原则不仅具有形式合理性，更具有实质合理性，其实质合理性的重要内容之一便是要求刑罚法规所规定的犯罪和刑罚都应适当，要求刑法规定的犯罪，必须是以该行为确实需要用刑罚处罚为前提，且规定的刑罚应与犯罪的危害程度相适应。①如前所述，许多学者根据刑法第 219 条第 2 款中的"应知"得出了本罪的罪过包括疏忽大意的过失这一结论，并且也意识到这种结论很不合理，但囿于对刑法条文字面含义的理解，不敢进行实质解释，进而认为刑法的规定不合理。其实，当遇到解释结论不合理时，应首先想想自己的解释是否合理，然后才是怀疑刑法的规定是否合理。在对刑法规定进行文理解释不能得出合理结论时，就应当在罪刑法定原则下进行扩大或缩小条文字面含义的解释，以使结论符合实质正义，即便进行有利于被告人的类推解释，也是允许的，因为它符合罪刑法定原则实质的旨趣。②因此，在由于刑法的文字表述使之从字面上看包含了不值得科处刑罚的行为时，就应当对刑法进行实质解释，将刑法所规定的行为解释为仅限于值得科处刑罚的行为。而采用上述司法解释的观点，认为"应知"是一种推定的明知，将

①　参见马克昌著：《比较刑法原理——外国刑法学总论》，武汉大学出版社 2002 年版，第 74-77 页。

②　参见马克昌著：《比较刑法原理——外国刑法学总论》，武汉大学出版社 2002 年版，第 16 页。

本罪罪过统一解释为故意，不仅顺理成章，而且更加符合罪刑法定原则。

综上所述，刑法第 219 条第 2 款中的"应知"就是"明知"，是一种推定的"明知"。具体说来，是指综合案件的具体情况，可以推定第三人在当时情况下，"明知"第二人向其披露的商业秘密是以盗窃、利诱、胁迫或者其他不正当手段获取的，或者"明知"第二人向其披露商业秘密将违反约定或者违反权利人有关保守商业秘密的要求。而第三人既然明知第二人存在违法行为，明知第二人无权处分商业秘密，却仍然从第二人处获取，甚至进而使用或者披露权利人的商业秘密，其对行为必然或可能给权利人造成重大损失主观上也是明知的，故第三人的罪过形式只能是故意，不包括过失。总而言之，本罪的罪过只能是故意，包括直接故意和间接故意，不包括过失。

三、侵犯商业秘密罪的认识错误问题

综上所述，本罪是故意犯罪，包括直接故意和间接故意。而故意犯罪与认识错误问题息息相关，因为罪过的成立是以行为人对自己的行为会发生危害社会的结果具有认识或认识可能性为前提的，在行为人发生认识错误时，认识错误往往会影响罪过的有无及罪过的形式。在行为人的认识与实际情况不一致的情形下，是故意还是过失侵犯商业秘密，能否构成本罪，都需要对本罪的认识错误问题进行探讨。

所谓认识错误，是指主观认识与客观实在不一致，即对事实的真实情况或法律性质存有不正确认识或缺乏应有认识，是对所实施的行为的社会危害性和犯罪构成要素的不正确观念。① 一般认为，认识错误可分为事实错误与法律错误。"事实错误是指行为人所认

---

① 参见马克昌著：《比较刑法原理——外国刑法学总论》，武汉大学出版社 2002 年版，第 279-280 页。

识的事实与现实发生的事实在刑法评价上有重大差别"，① 事实错误可能影响罪过形式；"法律错误，是指行为人行为时对行为的事实情况有正确认识，但对其行为的性质及法律后果所作的主观评价与刑法规范的评价不相符合。这种错误是由于行为人不知法律或者误解法律所造成的"。② 法律错误一般不影响罪过形式。

具体到本罪，下列情形应适用认识错误理论进行处理。

（一）事实错误的情形

第一种情形是，第三人确实不知是权利人的商业秘密，误以为是第二人的商业秘密而经第二人允许从第二人处获取，进而披露、使用或允许他人使用。在此种情形下，行为人对实施获取等行为是故意的，但由于误以为是第二人的商业秘密，误以为第二人是有权处分商业秘密的权利人，主观上没有侵犯他人商业秘密权的故意。如何处理应根据具体情况而定，如果行为人不可能认识到是权利人的商业秘密，属于意外事件，如果行为人能够认识并且有义务认识，则是过失侵犯商业秘密，均不构成本罪。

第二种情形是，第三人确实不知是权利人的商业秘密，误以为是第二人的商业秘密而以不正当手段从第二人处获取，进而披露、使用或允许他人使用。在此种情形下，行为人虽然对何者是权利人有错误认识，但这种错误认识属于对构成要件事实以外的事实的错误认识，而对以不正当手段获取等行为本身并不具有错误认识，主观上仍具有侵犯第二人商业秘密权的故意，虽然客观上侵犯的是权利人的商业秘密，但根据主客观相统一原则，③ 仍应认定为具有侵犯商业秘密的故意，而可能构成本罪。

第三种情形是，行为人认为权利人的有关信息不属于商业秘

---

① 刘明祥著：《刑法中错误论》，中国检察出版社 2004 年版，第 53 页。

② 刘明祥著：《刑法中错误论》，中国检察出版社 2004 年版，第 202 页。

③ 参见刘明祥著：《刑法中错误论》，中国检察出版社 2004 年版，第 92 页。

密，而实施了不正当获取、披露、使用或允许他人使用行为。在此种情形下，行为人对侵犯他人某种权利具有故意，但不具有侵犯他人商业秘密权的故意，同第一种情形一样，应视情况不同而属于意外事件或过失侵犯商业秘密，均不构成本罪。

第四种情形是，行为人主观上不想给权利人造成重大损失，试图将可能造成的损失控制在定罪标准以下，但最终仍给权利人造成了重大损失。此种情形，行为人对自己行为侵犯他人商业秘密权的性质是明知的，又不想构成犯罪以避免刑事处罚，因而想钻法律的空子试图控制行为的危害性，由于过失而造成了结果，这种情形正如明知盗窃罪的定罪标准为人民币 2000 元，因而只想盗窃价值 1800 元的财物，不料实际上却盗窃了价值 2000 元以上的财物一样，行为人对于实施危害行为及造成一定结果是故意的，对于预料之外的结果则是过失的，如何处理值得研究。即使认定为故意犯罪，也应与明知并追求较重结果发生的情形区别处理，而酌情从轻处罚。

（二）法律认识错误的情形

第一种情形是，行为人认为前雇主的商业秘密主要是抄袭国外专利而形成的，自己披露、使用或允许他人使用并不构成侵权。此种情形，行为人对披露、使用他人商业秘密的事实有认识，但认为自己的行为不构成侵权，这种错误不影响故意，可构成本罪。

第二种情形是，善意第三人收到权利人关于侵权的通知后，认为自己已经支付了购买商业秘密的对价或者已经为使用作了重要准备而使自己的生产经营状况有重要改变，其可继续使用而不构成侵权。此种情形，行为人收到通知后，对自己使用他人商业秘密的事实是有认识的，但认为自己的行为不构成侵权。此时，应根据具体案情，平衡权利人与行为人双方的利益，判断行为人是否构成侵权。但即使认定侵权并责令行为人承担民事责任，也不宜以犯罪论处。

第三种情形是，第三人明知第二人是以不正当手段获取后向其披露或者违约或违反保密要求向其披露权利人的商业秘密，但认为自己接受披露并不违法，即对第二人侵犯商业秘密是明知的，但误认为自己接受披露并不违法，此种错误不影响故意，属于刑法第219条第2款规定的"以侵犯商业秘密论"的行为，可构成本罪。

综上，对于侵犯商业秘密罪认识错误问题的处理，既要考虑认识错误的一般理论，又必须结合商业秘密保护的基本理论，以得出一个既公平合理又不违背法理的结论。

第五章　侵犯商业秘密罪的犯罪形态

任何直接故意犯罪，都有一个从发生、发展到完成的过程，也都可能由多人共同实施，因而都可能存在犯罪的停止形态和共同犯罪形态问题。侵犯商业秘密罪也不例外。

第一节　侵犯商业秘密罪的停止形态问题

侵犯商业秘密罪在大多数情况下是一种直接故意犯罪，且是一种结果犯，有一个从预备到实施到犯罪结果发生的过程，因而存在犯罪的停止形态问题。

一、侵犯商业秘密罪有无未遂形态

对于本罪是否存在未遂形态，主要有以下三种观点：

第一种观点是否定说。该说认为：本罪只存在犯罪是否成立的问题，不存在犯罪既未遂问题。具体理由不一。有学者认为，"刑法对本罪采取了结果本位主义的立法标准，以给权利人造成重大损失作为犯罪成立的要件，行为人实施侵权行为，但尚未造成损失或损失尚未达到重大标准的，不构成犯罪"。[1] 另有学者认为："本罪是结果犯，侵犯商业秘密的行为必须给权利人造成重大损失，才可以犯罪论处。如果行为人虽有上述侵权行为，但没有给权利人造

---

① 孙国祥、魏昌东著：《经济刑法研究》，法律出版社 2005 年版，第535 页。

成重大损失，则不构成本罪，只能按一般侵权行为处理。"① 也有学者认为："侵犯商业秘密罪客观方面的要素之一是犯罪行为给商业秘密的权利人造成重大损失。本罪是结果犯，特定的损害结果不具备，就不成立犯罪。"② 还有学者认为："行为人实施上述行为必须在给商业秘密的权利人造成重大损失的情况下，才可构成犯罪，如果行为人虽有上述侵权行为，但没有给权利人造成重大损失的，不能以犯罪论处，只能按一般侵权行为处理。"③ 可见，上述学者均是从本罪是结果犯、只有发生了犯罪结果才能成立犯罪的角度出发，认为本罪不存在未遂形态而只有犯罪是否成立问题。对此，有学者认为，上述观点混淆了结果犯和情节犯、犯罪既遂和犯罪成立等概念，认为本罪不是结果犯而是情节犯，只有情节达到一定程度才能成立犯罪，否则就不构成犯罪，也谈不上犯罪既未遂问题，故"造成重大损失"不是本罪既遂的标志，而是本罪成立的标志。④

第二种观点是肯定说。该说认为，本罪也存在犯罪未遂形态。具体理由大致相同，均是认为"造成重大损失"是本罪的犯罪既遂要素而非成立要素，认为由于本罪在大多数情况下是直接故意犯罪，故也应存在犯罪未遂形态。如有学者认为，在行为人已经着手实行犯罪，由于意志以外的原因而没有给权利人造成重大损失的情况下，根据案件情况，尤其是商业秘密价值的大小，行为有可能给权利人造成重大损失的，应当以本罪的未遂犯论处。⑤还有学者认

① 张天虹著：《经济犯罪新论》，法律出版社2004年版，第214页。
② 刘宪权主编：《中国刑法理论前沿问题研究》，人民出版社2005年版，第480页。
③ 聂洪勇著：《知识产权的刑法保护》，中国方正出版社2000年版，第224页。
④ 参见陈洪兵：《侵犯商业秘密罪疑难问题研究》，载《临沂师范学院学报》2004年第5期，第119页。
⑤ 参见赵永红著：《知识产权犯罪研究》，中国法制出版社2004年版，第388页。

为，不能把"给权利人造成重大损失"这一客观要素作为判断本罪成立与否的唯一标志，而应以本罪的全部构成要件要素是否齐备作为判断本罪是否成立的标准；本罪在大多数情况下是直接故意犯罪，具备基本的犯罪构成和修正的犯罪构成，只有连修正的犯罪构成都不符合的行为，才不构成犯罪，否则，即应构成本罪的预备、未遂或中止等形态。①另有学者在肯定我国刑法分则规定的犯罪是以既遂为标准的前提下，进一步从本罪未遂行为的实质可罚性方面论证本罪存在未遂形态。②

第三种观点是折中说。此说认为，本罪只有在侵权行为可能"造成特别严重后果"的情况下，才能构成犯罪未遂，否则不成立犯罪。认为对于侵犯知识产权犯罪，如果只规定了一个刑罚幅度和数额，则这个数额就是定罪标准，未达此数额即不构成犯罪，不存在犯罪未遂问题；但如果规定了两个或者两个以上刑罚幅度和数额，则最低档次数额同样是罪与非罪的标准，但在符合最低档次数额的前提下针对其他档次数额进行犯罪而未得逞，则可按相应档次数额的未遂犯论处。③

在上述观点中，第一种观点也是各权威教材及大多数论文所持的观点，从这个意义上讲，认为本罪不存在未遂形态应是通说，但很少有学者具体论证为什么本罪不存在未遂形态，大多仅粗略地提及"本罪是结果犯，只有发生犯罪结果才能成立犯罪，否则连犯罪都不成立，谈何未遂"等理由。第二种观点是试图反对通说的观点，相关论文仅有寥寥数篇，其理由不外乎认为本罪在大多数情况下是直接故意犯罪因而理应存在未遂形态，我国刑法分则规定的

---

① 参见杨凯：《析侵犯商业秘密罪的定义与构成要件》，载《湘潭大学社会科学学报》2001 年第 1 期，第 81-82 页。

② 参见杨志国：《侵犯商业秘密罪未遂形态辨析》，载《中国刑事法杂志》2005 年第 3 期，第 40-42 页。

③ 参见徐建波、邹云翔：《侵犯知识产权犯罪司法疑难八题》，载《人民检察》2005 年第 2 期，第 42 页。

犯罪以既遂为标准，因而"给权利人造成重大损失"是本罪的既遂要素而非成立要素，本罪的未遂在实质上也具有可罚性等方面。第三种观点仅是极少数学者的观点，该观点认为"给权利人造成重大损失"是本罪的成立要素，而"造成特别严重后果"是本罪加重构成形态的既遂要素，所采标准并不统一，究其理由，不外乎认为"本罪是轻罪，为了限制处罚范围，对第一定罪量刑档次的未遂形态不应处罚"等，该观点若从刑事政策的角度来看，或许有其合理之处，但在逻辑上及刑法理论上，则值得商榷。

笔者认为，虽然不排除本罪在理论上存在间接故意犯罪的情况，但在大多数情况下，本罪还是一种直接故意犯罪，同其他直接故意犯罪一样，也有一个从发生、发展到完成的过程，同样可划分为犯罪预备、犯罪实行和实行以后犯罪结果发生等各个阶段，行为人的犯罪行为也可因各种主客观原因而在犯罪进程中的某个阶段停顿下来，而形成相应阶段的形态。因而，仅从故意犯罪停止形态理论来讲，本罪也应存在犯罪预备、犯罪未遂和犯罪中止等未完成形态，上述持否定说的学者，也大都能认识到这一点。因此，产生上述观点分歧的关键在于，根据现行刑法能否处罚本罪的未遂形态？对此，持否定说者认为不能，持肯定说者则认为可以，持折中说者则认为第一量刑档次的未遂不能处罚，第二量刑档次的未遂可以处罚。至于刑法分则规定的犯罪是以既遂还是以成立为模式，在笔者看来其实是一种无谓的争论，至多只能作为支持己方观点的论据之一而不具有独立意义。这是因为：第一，任何原则都有例外，即使认为我国刑法分则规定的犯罪是以既遂为模式的，也不必然得出本罪也是以既遂为模式的结论。否则，大多数学者也就不会一方面认为我国刑法分则规定的犯罪以既遂为模式、结果犯的结果是犯罪既遂要素，另一方面又根据"给权利人造成重大损失的"这一表述得出本罪以成立为模式，其结果是犯罪成立要素这一看似自相矛盾的结论。反之亦然。而刑法本身并未对其所规定的犯罪是以既遂还是以未遂为模式作出任何规定，也未明确要求处罚本罪的未遂形态。第二，虽然我国刑法总则原则上规定可以处罚犯罪的预备、未遂和中止形态，但事实上分则规定的许多犯罪是无法处罚预备、未遂和中止形态的，是否可以处罚未完成形态，仍得具体情况具体分析，视刑法分则的规定及犯罪的社会危害程度而定。既然连总则明文规定的原则上应予处罚的行为，在理论上和实践中都可认为不应处罚，那么仅仅是理论探讨的犯罪规定模式问题就更不能决定某一犯罪的未完成形态能否处罚了。第三，持否定说者并非认为本罪不存在未遂形态，因为任何直接故意犯罪都有一个从发生、发展到完成的过程，行为人已经着手实施侵犯商业秘密行为，由于意志以外的原因而未得逞的，当然构成侵犯商业秘密行为的未遂，这是犯罪停止形态的一般理论，持否定说者并不否认这一理论，只是认为根据现行刑法无法对这种未遂行为进行处罚而已，因为刑法规定对"给权利人造成重大损失的"才能处罚，那么对没有给权利人实际造成重大损失的当然不能处罚。而持肯定说者之所以认为这种行为可以处罚，在很大程度上是从本罪的未遂形态也具有严重的社会危害性，也应该予以处罚的角度出发的。因此肯定说与否定说实质上并无真正的交锋，因为应不应该处罚，与能不能够处罚，并不是同一层面的问题，而是一个为应然一个为实然的问题。鉴于现行刑法的明确规定，以及极少处罚本罪未遂犯的司法实际，笔者赞同否定说，认为根据现行刑法对侵犯商业秘密行为的未遂形态不能够进行处罚，除非修改了刑法。但是，不能够处罚并不妨碍在理论上对某种行为是否具备应受刑罚处罚的严重社会危害性进行探讨，对此肯定说的理由和观点也有一定道理，笔者同样赞成对本罪的未遂应该予以处罚的观点。

二、侵犯商业秘密的未遂行为并非一概不可罚

笔者虽然同意根据现行刑法不能够对本罪的未遂形态进行处罚，但同样认为，某些侵犯商业秘密的行为，即便处于犯罪未遂阶段，也具有严重的社会危害性，应该受到刑事追究。

第一，从打击犯罪与预防犯罪并重的原则出发，有必要处罚本罪的未遂。关于刑罚的正当化根据，有报应刑论与目的刑论之争，

其中又分为绝对报应刑论、相对报应刑论、一般预防论与特别预防论等观点。其中，相对报应刑论是德、日刑法学界的通说。① 我国刑法学者也大多赞同这一观点，认为刑罚的正当化根据既在于报应也在于预防，是报应与预防的辩证统一，② 是"因为有犯罪并为了没有犯罪而科处刑罚"。③ 而报应与预防的辩证统一体现在犯罪停止形态理论方面，就是既要打击已然之罪，又要防范未然之罪，既要处罚犯罪完成形态，又要适当处罚犯罪未完成形态，要强调打击犯罪与预防犯罪并重原则。对于已经给权利人造成了重大损失的侵犯商业秘密行为，当然要定罪处罚，而对于虽尚未给权利人造成重大损失但很可能给权利人造成重大损失的行为，同样应予定罪处罚。只有这样，才能有效地打击和预防犯罪。正如不能等待杀人犯已将被害人杀死，强奸犯的强奸行为已经得逞，放火犯的放火行为已经危害公共安全并造成严重后果才予定罪处罚一样，对正在实施的可能给权利人造成重大损失的侵犯商业秘密行为，刑法也应尽早介入。否则，等到已经给权利人造成了重大损失才予以处罚，则一方面放纵了具有明显主观恶性和客观危害性的行为人，另一方面也不利于特殊预防和一般预防目的的实现，不利于遏制和打击当前日益增多的侵犯商业秘密犯罪。

第二，处罚本罪的未遂并不违背刑法谦抑精神。所谓刑法谦抑精神，是指刑法的适用必须慎重，只有在必须适用刑法时才能动用刑罚手段。刑法谦抑原则有其合理之处，但由于其认定标准宽泛模糊而时常被滥用，许多学者一提到某种行为不应处罚，就说处罚该种行为违背刑法谦抑精神，正如一说到某种行为应予处罚，就说该

---

① 参见张明楷著：《外国刑法纲要》，清华大学出版社 1999 年版，第 15-16 页。

② 参见陈兴良著：《刑法哲学》，中国政法大学出版社 1992 年版，第 436-444 页。

③ 参见张明楷著：《刑法格言的展开》，法律出版社 2003 年版，第 264-276 页。

行为具有严重的社会危害性一样。尽管如此，笔者还是认为，有些侵犯商业秘密行为的未遂具有严重的社会危害性，对这种行为进行处罚并不违背刑法谦抑精神。首先，这种行为的社会危害性较为严重，从主客观相统一的社会危害性来看，具备了应受刑罚处罚性，值得科处刑罚。一方面，行为人以实施可能给权利人造成重大损失的侵犯商业秘密行为为目标，主观上具有较为严重的主观恶性；另一方面，这种行为客观上威胁了权利人的重大利益，使权利人的重大利益陷入极度危险之中，如果不是由于行为人意志以外的原因，必然给权利人造成重大损失，并且实际上也可能已经给权利人造成了较大损失，只是尚未达到司法解释规定的50万元的定罪标准而已。比如行为人以盗窃等不正当手段获取了权利人的商业秘密，刚刚投入生产经营即被查获，事后查明，如果不是查获及时的话，则给权利人造成的损失至少在千万元以上，对于这种行为，即使未遂，也如同故意杀人等严重罪行的未遂行为一样，具备了应受刑罚处罚的社会危害性，不予处罚对被害人很不公正。其次，这种行为由于实际上并未给权利人造成重大损失，根据民法、行政法等民事行政法律不足以制裁和预防这种行为，不足以有效保护权利人的合法权益。因为民事赔偿以填补权利人实际损失为原则，权利人损失多少，侵权人就赔偿多少，权利人没有损失，侵权人就无须赔偿，如仅仅适用民法，则大量侵犯商业秘密行为就无法得到有效制裁；而民事上停止侵权责任的适用也仅能制止已被发现的侵权行为，对于大量主观恶性严重，以侵犯权利人重大利益为目标但尚未被发现的侵犯商业秘密行为就无法起到足够的威慑作用。行政上的制裁措施虽然可给侵权人一定的罚款处罚，但行政法毕竟不能代替刑法，行政上的罚款也不能代替刑罚。因此，对于这种行为，民法和行政法是无能为力的，必须动用刑法才能有效制止，也就是说，刑法必须介入。再次，刑法并不处罚所有的未遂行为，而仅是处罚根据行为性质客观上可能给权利人造成重大损失的行为，对于客观上不可能给权利人造成重大损失的侵犯商业秘密行为，刑法当然不能介入，否则既违背了罪刑法定原则，又违背了刑法谦抑精神。比如，对于客观上仅可能给权利人造成 49 万元损失的行为，即使既遂，也不能适用刑法，因为刑法仅处罚可能给权利人造成 50 万元以上重大损失的行为。以此为界，处罚这种客观上可能给权利人造成重大损失的行为的未遂并不会混淆刑法与行政法的界限，并不违背刑法谦抑精神。

第三，正如研究商业秘密法的权威专家张玉瑞教授所言，由于 50 万元的数额标准是我国目前区分商业秘密民事侵权与刑事犯罪的唯一界限，导致司法实践中存在对严重的侵犯商业秘密行为制裁不足的问题。"最典型的情况是有些企业人员将自己掌握的原单位图纸、磁盘提供给新单位；有些企业不惜以重金收买有关人员，将他人商业秘密载体据为己有；甚至还有不法分子以应聘方式窃取核心商业秘密文件后，另起炉灶等。目前这类恶性案件越来越多。在这些有明显犯罪手段的案件中，如果被举报人对技术、经营文件尚未来得及转手、使用、投产，在实践中也很容易被认定为尚未给权利人造成损失或者重大损失，而最终逃脱刑事责任。对上述明显不正当的竞争行为，现在以数额区别罪与非罪的结果，就使公安机关对这种典型的犯罪行为进退两难——如果不立案，眼看科研秩序、生产秩序受到严重破坏；如果立案，一旦数额达不到 50 万元的标准，就被认定为不构成犯罪，办了错案。"为此，有学者呼吁："对以不正当手段获取商业秘密的犯罪行为，国家应加强制裁力度，降低数额限制，由现在的'已经造成损失'改为'有可能造成损失'等。"①显然，该学者也认为现行立法以实际造成的损失数额作为罪与非罪的标准不够妥当，导致对以盗窃、利诱等明显不正当手段获取商业秘密的行为打击不力，不利于防范这种日益猖獗的恶性案件的增长，因而提出或者降低数额标准，或者将实际损失修改为'有可能造成损失'。也即认为本罪的未遂形态也具有严重

---

① 参见李立：《立法聚焦：侵权还是犯罪全凭一个数字—制裁过度与制裁不足并存—中国商业秘密刑事保护亟待解惑》，http：//www. iolaw. org. cn/shownews. asp？id = 14946。

的社会危害性，也应予以处罚。

第四，从形态上讲，本罪既是结果犯，又是数额犯，也不排除有的学者将其理解为情节犯。而无论是结果犯、数额犯，还是情节犯，其未遂形态均并非一概不可罚。因此不能以此来推论本罪的未遂形态不可罚。首先，对于结果犯，刑法通说所采的是既遂标准说，认为特定结果是犯罪既遂的标志,①因此对大多数结果犯，比如故意杀人罪、生产销售假药罪、走私罪等，都是可以处罚未遂犯的。其次，对于数额犯是否存在未遂犯，理论上也有肯定说、否定说与折中说的争论。肯定说认为，数额标准是犯罪既遂要素，未达此标准者仍可成立未遂犯；否定说认为，数额标准是犯罪成立要素，故数额犯只存在犯罪是否成立的问题，不存在犯罪既未遂问题，特定的犯罪数额不具备，则不成立犯罪;②折中说认为，对于数额犯，如刑法只规定了一个量刑档次，则数额标准是区分罪与非罪的要素，如刑法规定了两个以上的量刑档次，则第一量刑档次的数额是区分罪与非罪的标准，第二以上量刑档次的数额是区分既遂与未遂的标准。③其中，肯定说是大多数学者的观点，并且也符合司法实际。且不说对于传统的财产犯罪，比如盗窃、诈骗、抢夺、敲诈勒索等犯罪，司法实践中处罚这些犯罪的未遂，即使对于较为新型的经济犯罪，比如生产、销售伪劣产品罪、保险诈骗罪等犯罪，司法实践中也是处罚这些犯罪的未遂的，这一方面有司法解释的明确规定，另一方面也有犯罪停止形态理论的支撑。再次，即使认为侵犯商业秘密罪是情节犯，也不必然得出该罪未遂形态不可罚的结论。对于情节犯是否可以处罚未遂，理论上也有肯定说与否定

---

①   参见王志祥著：《危险犯研究》，中国人民公安大学出版社 2004 年版，第 103-115 页；金泽刚著：《犯罪既遂的理论与实践》，人民法院出版社 2001 年版，第 75-83 页。

②   参见刘之雄著：《犯罪既遂论》，中国人民公安大学出版社 2003 年版，第 130-132 页。

③   参见徐建波、邹云翔：《侵犯知识产权犯罪司法疑难八题》，载《人民检察》2005 年第 2 期，第 42 页。

说之争。否定说认为，所有的情节犯都不存在未遂形态；肯定说认为，有的情节犯存在未遂形态，可以处罚未遂犯。比如刑法第228条规定的非法转让、倒卖土地使用权罪，如果行为人已经购买到司法解释规定的达到"情节严重"的土地亩数，尚未倒卖出去便被查获，即属于未遂犯，刑法第326条规定的倒卖文物罪也是如此。①

综上所述，本罪的未遂形态并非一概不可罚，有的未遂行为也是具有严重的社会危害性的，只是由于现行刑法规定不够合理，才导致不宜追究未遂行为的刑事责任。

三、侵犯商业秘密的预备、中止行为不可罚

如前所述，本罪在大多数情况下是一种直接故意犯罪，存在一个犯罪发生、发展到完成的过程，也存在犯罪未遂形态。同理，本罪也应存在犯罪的预备和中止形态。所谓本罪的预备形态，是指行为人为实施侵犯商业秘密行为而实施了准备工具、制造条件的行为，由于行为人意志以外的原因，而被迫停止在着手实行犯罪之前，也即行为人为侵犯他人商业秘密作了一定的准备，但由于意志以外的原因而尚未来得及实施不正当获取、披露、使用或允许他人使用等行为；所谓本罪的中止形态，是指行为人为了实施或已经着手实施不正当获取、披露、使用或允许他人使用等侵犯商业秘密行为，但在犯罪过程中自动放弃犯罪或自动有效防止犯罪结果发生的犯罪形态。多数国家的刑法均以不处罚预备行为为原则，以处罚预备犯为例外。其主要原因，一是预备行为在客观上没有对社会造成危害或社会危害性极其轻微，二是要证明行为人具有犯罪意识非常困难，三是出于刑事政策的考虑不应处罚预备犯。②对于犯罪中止，

---

① 参见金泽刚著：《犯罪既遂的理论与实践》，人民法院出版社2001年版，第129-134页。

② 参见王志祥著：《危险犯研究》，中国人民公安大学出版社2004年版，第268-278页。

各国刑法大多规定原则上应处罚中止犯，只是在量刑上可以减轻或者免除处罚，也有的国家规定行为人不承担刑事责任或不处罚；而对中止犯予以减、免刑罚的理由，有刑事政策说、刑罚目的说、危险消灭说、法律说及综合说等不同学说。①既然根据现行刑法的规定，对本罪的未遂形态都不宜追究刑事责任，那么，根据出罪时举重以明轻的精神，对本罪的中止和预备形态就更不宜追究刑事责任了，并且从应然角度来看，侵犯商业秘密的预备和中止行为的社会危害性一般来说尚未达到应受刑罚处罚的严重的社会危害性，也不宜追究。

四、侵犯商业秘密罪停止形态中的其他问题

由于以不正当手段获取权利人商业秘密的行为（以下简称"获取行为"）与非法披露、使用与允许他人使用权利人商业秘密的行为（以下简称"其他行为"）之间存在一种时间上的先后及逻辑上的递进关系，只有获取之后才能实施其他行为，故在某种意义上可以说，获取是其他行为的预备行为，这在行为人为了实施其他行为而获取时尤其如此。因此认定本罪的停止形态时应特别注意，由于获取与其他行为在刑法中是并列处罚的行为，不能将获取看做其他行为的预备行为，不能以行为人主观上想实现的犯罪构成作为衡量本罪停止形态的标志。例如，若行为人为了实施其他行为而获取了商业秘密，即使尚未来得及实施其他行为即被查获，也应认为其获取行为已经着手并实行终了，而不是尚处于其他行为的预备阶段，不能认定为其他行为的预备形态。在此情形下，若获取行为已经给权利人造成重大损失，应认定为犯罪既遂；虽尚未给权利人造成重大损失但在客观上确有可能给权利人造成重大损失，应认定为犯罪未遂；若尚未给权利人造成重大损失并且在客观上也不可能给权利人造成重大损失的，则应根据行为人有无认识错误而定：如果

---

① 参见马克昌著：《比较刑法原理——外国刑法学总论》，武汉大学出版社 2002 年版，第 580-592 页。

行为人主观上想给权利人造成重大损失但由于对象错误或方法错误而未造成的，属于犯罪未遂，例如，误将价值轻微的 A 商业秘密当作价值重大的 B 商业秘密而窃取、由于操作失误仅拷贝到商业秘密的一小部分内容、由于使用方法不当而不可能生产出合格产品等；如果行为人没有认识错误，则属于一般违法行为，因为其行为不具有导致重大损失结果发生的可能性。

而由于获取行为与其他行为都只是侵犯商业秘密的不同行为方式，并非各自独立的罪名，因此即使行为人同时或先后实施了获取、披露、使用或允许他人使用等多种行为，即使这些行为分别侵犯了不同权利人的商业秘密，仍只构成一罪而非数罪。因此，无论这些行为处于何种停止形态以及给权利人造成了多大损失，无论是否针对不同权利人，都只需要将各行为给各权利人实际造成的损失数额相加并以此作为定罪师量刑的依据即可，无需分别认定各行为的停止形态及所造成的损失数额。至于这些行为有可能造成但尚未实际造成的损失数额，则应累计相加，作为酌定量刑情节。

第二节　侵犯商业秘密罪的共犯形态

根据我国刑法第 25 条的规定，共同犯罪是指两人以上共同故意犯罪。由商业秘密的信息本质及使用特点所决定，实践中发生的侵犯商业秘密案件，大多是由两个或两个以上主体共同实施的，单独犯罪反而较为少见，因此有必要研究本罪的共犯形态问题。

一、侵犯商业秘密罪的共同正犯问题

所谓共同正犯，是指两人以上共同实行犯罪的情况。根据各共犯人参与实施犯罪的时间不同，可以将共同正犯分为两种，一种是普通的共同正犯，另一种是继承的共同正犯，前者是指各行为人同时参与实行犯罪的情况，后者是指先行为人已经实施了一部分实行行为之后，后行为人再以共同实行的意思参与实行犯罪的情况。在普通的共同正犯场合，由于各行为人相互利用、补充其他人的行为，使自己的行为与其他人的行为成为一体导致了构成要件结果的发生，故即使只是分担了一部分实行行为的行为人，也要对共同的实行行为所导致的全部结果承担正犯的责任，这就是部分实行全部责任原则。而对于继承的共同正犯，首先碰到的问题是，当先行为人实施了一部分实行行为之后，后行为人以共同实行的意思参与犯罪时，能否成立共同正犯？通说对此持肯定态度。在此前提下所产生的实质性问题是，后行为人对参与之前的先行为人所实施的实行行为以及由该行为所产生的结果是否承担责任。① 对此，肯定说认为，后行为人对参与之前的先行为人所实施的行为及其结果应当承担责任；否定说则认为，后行为人对参与之前先行为人所实施的行为及其结果不承担责任；限定的肯定说则认为，仅在若干例外的情形下，后行为人才应对参与之前的先行为人所实施的行为及其结果承担责任。②

　　对于本罪的普通的共同正犯问题容易理解，即本罪的普通共同正犯是指两人以上共同实行刑法第 219 条规定的本罪的实行行为的情况，比如共同实施以盗窃、利诱或胁迫等不正当手段获取他人商业秘密的行为，共同实施披露、使用或允许他人使用权利人的商业秘密的行为等。这种共犯容易认定，所定罪名一样，在量刑时，也只要考虑各行为人在共同犯罪中所起的作用大小，再根据各行为人的具体情节，决定相应的刑罚就行了。理论上和实践中容易忽视的是本罪的继承的共同正犯问题，笔者尚未见有关于本罪的继承的共同正犯的理论探讨和适用这一理论的实际案例，实际案例大多是不加区分地将各行为人均认定为共犯，至多再根据各行为人在共同犯罪中的作用区分主从犯，从而对从犯适用从轻、减轻或者免除处罚。但是，对于像本罪这样的侵权后果大体上与侵权持续时间成正

---

①　参见张明楷著：《外国刑法纲要》，清华大学出版社 1999 年版，第 305-308 页。

②　参见陈家林著：《共同正犯研究》，武汉大学出版社 2004 年版，第 226-244 页。

比的犯罪来说，仅仅划分主从犯，而不引入继承的共同正犯理论，是远远不够的，因为这不仅涉及量刑问题，有时甚至和罪与非罪问题密切相关。比如，由于本罪的要素之一是给权利人造成重大损失，而这一要素在司法实践中必须量化为一定标准，才具有可操作性，才能使司法实践中有较为一致的可供遵循的定罪量刑标准，故司法解释规定了一个标准，就是给权利人造成重大损失 50 万元以上。假设，甲、乙共同使用他人的商业秘密，使用 4 个月之后，丙也加入到甲乙的侵权行列，继续使用 1 个月之后案发，司法机关认定甲、乙、丙三人的非法使用行为给权利人造成了 50 万元的重大损失，对甲、乙无疑要定罪量刑，对丙要不要定罪量刑，则值得研究。因为根据最简单的计算方法，很容易得出甲、乙、丙三人的侵权行为，平均每个月给权利人造成损失 10 万元，故丙只参与 1 个月，其与甲、乙的共同行为应只给权利人造成了 10 万元损失的结论。显然，根据这 10 万元损失并不能对丙定罪量刑。或者将上例中的数字变一变，甲、乙共同使用 24 个月后，丙再加入侵权行列，使用 1 个月后案发，共给权利人造成损失 260 万元，对甲和乙无疑要定罪，并且应适用"造成特别严重后果"这一档次的法定刑，但是对丙要不要定罪量刑？如果要，是适用第一档次还是第二档次的法定刑则不无疑问。如果不分清红皂白地对三人同样适用第二档次的法定刑，则即使划分主、从犯，对丙也是很不公平的，有违背罪责刑相适应原则之嫌。故在上述举例中，对丙要不要定罪量刑，得先解决丙是否与甲、乙构成共同犯罪的问题，不是仅仅划分主从、犯就能解决的。并且，由于刑法仅对从犯的划分标准和处罚原则作了规定，而对减轻处罚的下限却没有规定，因此从理论上讲，法官对减轻的幅度的自由裁量权是很大的，这也无法使理论研究精细化，因此有必要引入继承的共同正犯理论来探讨本罪的共同正犯问题。

但是，并非所有的犯罪形态都会发生继承的共同正犯问题。比如在由一个动作构成犯罪的单纯犯中，就不可能发生继承的共同正犯问题；而在连续犯中，由于连续犯是本来的数罪，其各个行为均可独立成罪，因此就整个连续犯而言，不发生继承的共同正犯问题，各行为人分别按其参与实施的犯罪处理即可，但对其中的某一个犯罪行为，如果是以继续犯、徐行犯或接续犯方式实施的，对中途加入实施犯罪者就会发生继承的共同正犯问题。具体说来，在本罪的各种行为方式中，非法使用行为是典型的继续犯。以盗窃、利诱或胁迫等不正当手段获取行为一般是即成犯；但若行为人有意识地分数次获取同一商业秘密，则属于徐行犯；而由于盗窃、利诱或胁迫等不正当手段通常都是由多个身体动作组成的，单纯由一个身体动作即能完成犯罪的情况较为少见，故获取行为通常都是接续犯。非法披露行为的情况同不正当获取行为类似，可以构成徐行犯、接续犯或单纯犯，比如一次性地将某项商业秘密在互联网上公开，属于即成犯；有意识地分多次公开，每次仅公开某项商业秘密内容的一部分，构成徐行犯；公开行为通常都由不同的举动构成，比如开机、上网、上传、向阅读者答疑解惑等，构成接续犯。允许他人使用由于得以向他人披露为前提，且在客观行为上表现为披露，故其在犯罪形态方面等同于披露行为，不具有单独的意义。如果多次获取多项商业秘密、多次披露多项商业秘密、多次向不同的人披露同一项商业秘密、多次使用不同的商业秘密，均构成数罪而非一罪，这种数罪同连续犯一样，就整体不发生继承的共同正犯问题，但可就其中某一次犯罪发生继承的共同正犯问题。总之，是否会发生继承的共同正犯问题，要看某一具体的犯罪行为能否呈现出一个过程，而不同行为人能否在不同的时间点加入到这个过程。

　　笔者认为，对于本罪的继承的共同正犯而言，考虑后行为人应否对先行为人所造成的损失承担刑事责任，既应考虑罪责刑相适应原则，也应考虑具体的行为方式，因为各种刑法理论所最终要解决的问题，都是应否追究刑事责任的问题。在行为人主观上具有与他人共同侵犯商业秘密的故意，客观上也参与实施了一定的行为，并因此也给权利人造成了部分损失时，对其定罪量刑也算是顺理成章的，只是还应考虑本罪的结果犯、数额犯特征。具体说来，在以不正当手段获取、非法披露、非法使用权利人商业秘密等行为方式中，获取和披露行为一般是即成犯中的接续犯或者是徐行犯，无论后行为者在犯罪过程中的哪一时间参与犯罪，最终给权利人造成重大损失的，都是先行者与后行者的共同行为即同一个不正当获取行为或同一个披露行为所致，故后行者应对整个犯罪行为承担共同正犯的责任；但是非法使用的情况则有所不同。非法使用是一种典型的继续犯，继续犯虽然在刑法评价上也是一个行为，但实际上其行为的社会危害性具有随着时间的向前推移而不断增加的特点，从某种意义上可以认为，继续犯的社会危害性与行为持续的时间成正比，多拘禁一天，社会危害性的量就增加一天，多使用一天，给权利人造成的损失的量也就增加一天，这种事实是显而易见的，并不因刑法评价而改变。在这种情况下，让后行者与先行者共同对整个行为承担责任，对后行者显然是不公平的。举个较为极端的例子，甲、乙未经允许擅自使用前雇主的商业秘密生产销售某种产品，使用 360 天之后，丙见有利可图加入甲、乙的侵权行列，但不满 5 天就被公安部门抓获，最后认定甲、乙、丙三人的行为给权利人造成了 60 万元的损失，如果按平均每天的损失计算，则丙的行为给权利人造成的损失不足 1 万元，远未达到 50 万元的定罪标准。因此，鉴于罪责刑相适应原则并且从公平起见，应当认为，对于非法使用商业秘密的行为，后行为人应仅对其参与后共同实施的行为及该行为给权利人造成的损失承担责任，而对参与之前先行为人的行为及其结果不承担责任。而后行为人承担责任的数额，一般应以整个侵权行为所造成的损失总额除以整个侵权行为的持续时间再乘以后行为人所参与的时间计算。如果经计算未达到司法解释规定的 50 万元的定罪标准，则对后行为人不应追究刑事责任；如果达到 50 万元但未达到 250 万元，而先行为人应承担的数额达到了 250 万元的加重构成标准，则对后行为人应仅适用第一档次的法定刑，而对先行为人适用第二档次的法定刑。

二、侵犯商业秘密罪的教唆犯问题

所谓教唆犯，是指故意唆使他人产生犯罪的决意，并希望或者放任他人基于此决意实施犯罪的情况。教唆犯的成立，要求教唆者具有教唆的故意和实施了教唆行为。

关于本罪的教唆犯问题，主要是教唆犯与共同实行犯的区分问题。因为根据刑法第219条第1款第1项的规定，利诱、胁迫以及其他不正当手段均可成为获取权利人商业秘密的一种手段，而这些手段无疑也可成为教唆的方式方法，在行为人以利诱、胁迫等手段获取权利人的商业秘密，或者行为人以这些手段促使他人实施获取、披露、使用或允许他人使用等行为时，是构成本罪的教唆犯还是实行犯，值得仔细研究。具体说来，如果行为人以利诱、胁迫、欺骗等手段教唆他人去实施盗窃、利诱或胁迫等不正当获取商业秘密的行为，则行为人构成教唆犯，他人构成实行犯，是不正当获取行为的共同犯罪。如果行为人以上述手段从权利人的雇员等合法知悉权利人商业秘密的人以及从其他以不正当手段获取权利人商业秘密的人那里获取商业秘密，则行为人是以不正当手段获取商业秘密的单独实行犯，其与非法披露者之间不构成共同犯罪。而无论是教唆合法知悉者还是非法获取者披露或使用，只要行为人没有参与披露或使用行为，则仍构成教唆犯；反之，如果行为人自己接受披露，则构成不正当获取行为的单独实行犯；如果行为人参与披露或使用，则构成参与非法披露、非法使用行为的共同实行犯。而如果他人拒绝接受教唆，或虽接受教唆但未能着手实施侵犯商业秘密的行为，则行为人属教唆未遂或以不正当手段获取行为的未遂。这里应当把握三点：

第一点是根据多数学者的看法，当刑法将某种教唆行为规定为独立的犯罪时，对教唆者不能依总则规定的教唆犯论处，而应以刑法分则规定的犯罪论处，比如刑法第103条第2款规定的煽动分裂国家罪、第105条第2款规定的煽动颠覆国家政权罪、第278条规定的煽动暴力抗拒法律实施罪、第301条第2款规定的引诱未成年人聚众淫乱罪等，都是直接根据刑法分则定罪而不是定其他罪的教唆犯。

第二点是只有当教唆的内容与教唆者希望或放任被教唆者实施

的行为的内容一致、性质相同时，才能构成教唆犯，否则不成立共同犯罪，因为只有同一种性质的犯罪行为才谈得上是否共同犯罪的问题，故教唆犯的犯罪性质必须与被教唆者的犯罪性质相同。否则，一个买一个卖，一方披露一方获取，均是对向性行为而非共犯行为，不成其为教唆犯，正如行贿者与受贿者之间不成立共同犯罪一样，获取者与披露者之间也不成立共同犯罪。这里应特别注意的是，本罪的四种行为方式尽管罪名都是侵犯商业秘密罪，总的性质都是侵犯商业秘密行为，但实际上是四种性质不同的行为，不能笼统地认为它们的行为性质相同。对此，有学者认为，第三人明知或应知第二人实施了侵权行为，仍然获取、使用或披露他人商业秘密，其与第二人不构成共同犯罪，因为若第三人仅与第二人中的任意一类行为主体发生联系，以共犯论处并无不妥，但若第三人同时与前三类行为主体都发生联系，如以共犯论处，势必造成第三人需不止一案地与前三类主体分别以共犯论处，还会发生是否需要并罚的问题，最终难以确定其刑事责任，故以个案对待为宜。①这种观点的不妥之处在于：一是误认为获取、披露、使用等行为的性质相同，从而不加分析地认为实施这些行为的主体之间可以构成共犯；二是以案件的处理是否麻烦来决定是否应以共犯论处，在逻辑上存在错误，没有任何依据；三是一概认为第三人与第二人之间能或不能成立共犯都是错误的，若第三人与第二人实施的行为性质不同或者分别实施，比如一个披露一个获取或者分别披露或使用等，自然不构成共犯，但若第三人与第二人共同实施某一行为，比如共同披露或使用同一项商业秘密，自然构成共犯，即使其与不同的第二人同时构成共犯，也只发生同种数罪应否并罚的问题，而不影响共犯是否成立。

第三点是教唆犯是指唆使他人实施犯罪而自己并不实施犯罪的人，如果教唆犯自己参与实施犯罪，则往往不能按教唆犯处理。也

① 参见林亚刚：《侵犯商业秘密罪再探》，载《法制与社会发展》2000年第1期，第53页。

就是说，在本罪，如果要成立教唆犯，必须是教唆者仅动口不动手，不能参与实施任何行为。否则，如教唆者不仅教唆，并且参与实行，则在被教唆者没有犯被教唆的罪时，教唆者构成教唆犯与实行犯的竞合；在被教唆者犯了被教唆的罪时，教唆者构成教唆犯与共同实行犯的竞合。前者，教唆者与被教唆者不构成共同犯罪，但根据刑法第29条第2款的规定，理论上可认为教唆者单独构成犯罪；后者，教唆者与被教唆者实施的是同一个行为，发生共同实行犯与教唆犯的竞合，应按共同实行犯处理。

对于本罪的教唆犯，一种观点认为："行为人采用利诱、胁迫等方法教唆商业秘密权利人以外的人，包括知密人和不知密人员，实施侵犯他人商业秘密的犯罪，但被教唆人没有实施侵犯商业秘密罪。这种情况也不构成侵犯商业秘密罪的共同犯罪，行为人利诱、胁迫等教唆行为也属于刑法第219条第1款第1项规定的非法获取他人商业秘密的行为，单独构成侵犯商业秘密罪，但可以从轻或者减轻处罚。"① 这种观点是片面的，是在假定一切教唆者主观上都具有非法获取权利人商业秘密的目的之前提下而发的空论，实际上这种假定很难成立，因为行为人出于其他目的而实施教唆行为的情况是客观存在的，比如，利诱或胁迫权利人的雇员向社会公开权利人的商业秘密、逼迫权利人的雇员向他人提供商业秘密、甚至仅仅为了损害权利人利益而利诱、胁迫权利人的雇员使用商业秘密等，行为人自己并不直接从中获得利益，也不实施获取、披露、使用或允许他人使用等行为，而这些都是典型的教唆行为，并不是非法获取他人商业秘密的未遂行为。

三、侵犯商业秘密罪的帮助犯问题

所谓帮助犯，是指帮助正犯者实行犯罪的人。帮助犯的成立，要求帮助者具有帮助他人犯罪的故意并实施了一定的帮助行为，包

括物理上的帮助和心理上的帮助。

对于本罪的帮助犯，2004 年 12 月 8 日《最高人民法院、最高人民检察院关于办理侵犯知识产权刑事案件具体应用法律若干问题的解释》第 16 条规定："明知他人实施侵犯知识产权犯罪，而为其提供贷款、资金、账号、发票、证明、许可证件，或者提供生产、经营场所或者运输、储存、代理进出口等便利条件、帮助的，以侵犯知识产权犯罪的共犯论处。"此外，本罪的帮助犯还包括其他情况，比如，单位内部人员知道本单位商业秘密存放的地方，将这种情况告诉行为人，从而为行为人窃取商业秘密提供条件，或者告诉行为人进入本单位的路线；或者与行为人事前通谋，在行为人非法获取他人商业秘密后，为行为人窝藏该商业秘密并寻找商业秘密的购买者等。由于我国刑法中没有规定帮助犯，仅规定了主犯、从犯、胁从犯及教唆犯等共犯类型，因此对于理论上的帮助犯，可以认定为刑法规定的共犯类型，给予相应处罚。具体说来，主犯与从犯主要是根据各行为人在共同犯罪中所起的作用进行划分的，并辅之以是否犯罪集团的组织者、领导者标准，即在共同犯罪中起主要作用的，是主犯，起次要或辅助作用的，是从犯，但组织、领导犯罪集团进行犯罪活动的，都是主犯；教唆犯与胁从犯则是根据犯罪的发起或参与原因划分的，即教唆犯是指教唆他人实行犯罪者，是犯罪的发起者，胁从犯是指被他人威胁强迫而参与犯罪者，是被动参加犯罪者；故对帮助犯，一般可以按照他在共同犯罪中所起的作用，认定为从犯，给予从轻、减轻或者免除处罚，但对于被胁迫参加犯罪的，也可认定为胁从犯，按照他的犯罪情节减轻或者免除处罚。当然，从犯及胁从犯不仅包括帮助他人实行犯罪的帮助犯，也包括在共同犯罪中起次要或辅助作用的实行犯以及被他人胁迫参与犯罪的实行犯。

四、侵犯商业秘密罪共犯竞合问题

对于本罪的共犯，实践中还可能发生教唆犯、帮助犯与实行犯的竞合问题。所谓教唆犯与实行犯竞合，是指教唆者教唆他人实行犯罪后又与他人一起实行犯罪，比如教唆他人盗窃商业秘密后又与他人一起去盗窃商业秘密，或者在被教唆者没有犯被教唆的罪时，教唆者亲自实施所教唆的罪的情况；所谓教唆犯与帮助犯竞合，是指教唆者教唆他人实行犯罪后又帮助他人实行犯罪，比如教唆他人使用权利人的商业秘密并为他人提供资金、设备等便利条件。对此，应根据独立行为吸收非独立行为、重行为吸收轻行为的原则处理。具体说来，实行行为是重行为，教唆行为和帮助行为是轻行为，教唆行为又重于帮助行为；实行行为是独立行为，教唆行为和帮助行为是非独立行为；当教唆犯或帮助犯与实行犯竞合时，应以实行犯论，教唆犯与帮助犯竞合时，应以教唆犯论。①

---

① 参见马克昌著：《比较刑法原理——外国刑法学总论》，武汉大学出版社 2002 年版，第 745-746 页。

第六章 侵犯商业秘密罪与
相关犯罪的界限

在司法实践中，惩治和打击侵犯商业秘密犯罪的前提是准确定罪，而要准确定罪，不仅要区分罪与非罪，而且要区分此罪与彼罪，将侵犯商业秘密罪与相近犯罪区别开来，只有这样，才能准确地适用刑法定罪量刑。

第一节 侵犯商业秘密罪与财产犯罪的界限

由于商业秘密也是一种财产，并且侵犯商业秘密罪的行为方式与传统财产犯罪也有相似之处，导致侵犯商业秘密罪在某些情形下极易与相近财产犯罪相混淆。

一、侵犯商业秘密罪与盗窃罪的区别

侵犯商业秘密罪与盗窃罪的渊源相当深厚，这一方面缘于实践中许多侵犯商业秘密案件都表现为秘密窃取他人商业秘密或者以秘密窃取他人商业秘密为前提，而 1997 年刑法修订以前没有专门针对侵犯商业秘密的刑法条文；另一方面缘于许多学者认为商业秘密也是盗窃罪的对象。因此，在 1997 年刑法修订以前，对实践中出现的窃取商业秘密案件，大多以盗窃罪追究行为人的刑事责任，这不仅有理论上的支持，也有司法解释作依据。比如 1992 年 12 月 11 日《最高人民法院、最高人民检察院关于办理盗窃案件具体应用法律的若干问题的解释》第 1 条第 4 项规定："盗窃的公私财物，既指有形财物，也包括电力、煤气、天然气、重要技术成果等

无形财物"；1994 年 6 月 17 日《最高人民检察院、国家科学技术委员会关于办理科技活动中经济犯罪案件的意见》第 5 条规定："对非法窃取技术秘密，情节严重的，以盗窃罪追究刑事责任。上述技术秘密，是指不为公众所知悉，具有实用性、能为拥有者带来经济利益或竞争优势，并为拥有者采取保密措施的技术信息、计算机软件和其他非专利技术成果"；1994 年 9 月 29 日《最高人民法院关于进一步加强知识产权司法保护的通知》第 3 条规定："对盗窃重要技术成果的，应当以盗窃罪依法追究刑事责任。"但是，尽管有司法解释的明文规定，仍有不少学者认为，商业秘密不是一种财物，不能成为盗窃罪的对象。① 1997 年刑法修订时增设了侵犯商业秘密罪，其中规定了以盗窃等不正当手段获取权利人商业秘密的行为。由此，最高人民法院亦不失时机地出台了新的司法解释，其于 1997 年 11 月 4 日通过的《关于审理盗窃案件具体应用法律若干问题的解释》第 12 条第 6 项规定："盗窃技术成果等商业秘密的，按照刑法第 219 条的规定定罪处罚。"同样，尽管有刑法和司法解释的明文规定，仍有不少学者认为，商业秘密等重要技术成果仍可成为盗窃罪的对象，对于盗窃商业秘密的，当然应按侵犯商业秘密罪定罪量刑，但对于盗窃其他重要技术成果的，仍可按盗窃罪定罪量刑。② 学者们关于盗窃罪与侵犯商业秘密罪的争议主要集中在以下几个方面：一是商业秘密是否一种财物，能否成为盗窃罪的对象；二是行为人明知是商业秘密而盗窃时，其罪数形态如何；三是盗窃商业秘密连同商业秘密的载体一并盗窃的，其罪数形态如何。

---

① 转引自刘志伟著：《侵占犯罪的理论与司法适用》，中国检察出版社 2000 年版，第 92-93 页。

② 参见赵秉志、田宏杰著：《侵犯知识产权犯罪比较研究》，法律出版社 2004 年版，第 353 页；刘方、单民著：《侵犯知识产权犯罪的定罪与量刑》，人民法院出版社 2001 年版，第 301 页。

（一）商业秘密是否一种财物，能否成为盗窃罪的对象

对此问题主要有两种观点。

肯定说认为，商业秘密也是一种财物，可以成为盗窃罪的对象。具体理由不一。理由一认为，"最高人民法院、最高人民检察院《关于办理盗窃案件具体应用法律的若干问题的解释》中规定，盗窃公私财物，既指有形财物，也包括无形财物。这说明盗窃犯罪的对象也可以包括商业秘密"。① 理由二认为，由于作为盗窃罪犯罪对象是公私财物既可以是有形财产也可以是无形财产，而商业秘密本质上是一种无形财产，具有财产属性，因而商业秘密也可以是盗窃罪的对象。② 理由三认为，由于技术成果是脑力劳动产品，具有价值和使用价值，可以用于市场交换，产生经济效益，因此技术成果也是一种商品一种财物，另从法律上看，由于技术成果具有可支配性和可移动性，与一般财物具有相同的本质属性，故否认技术成果所体现的社会关系是一种财产所有权关系站不住脚。③ 理由四认为，从技术秘密的本质分析，技术秘密可以成为盗窃罪的对象，因为技术秘密本质上也是一种财物；随着科学的发展和社会的进步，财物概念的内涵及外延也在不断发展变化，虽然传统刑法的盗窃罪理论认为财物仅限于有形物，但这种理论已很难适应形势发展的需要，强调有形物与无形物差别的是民法理论，在刑法视野中强调这种差别无太大意义，甚至在民法理论中，随着现代经济和科学技术的发展，物的概念也在不断被赋予新的内容，许多西方学者就把财产分为有形财产和无形财产，或分为动产、不动产和知识财产，并把它们统一到"物"的概念中；而在经济上，技术秘密也

① 汤友洪、胡朗民：《侵犯商业秘密罪初探》，载《人民司法》1994 年第 9 期，第 26 页。

② 参见周宇：《侵犯商业秘密犯罪侦查中的几个认识问题》，载《江苏警官学院学报》2003 年第 5 期，第 33-34 页。

③ 参见赵秉志主编：《中国刑法案例与学理研究》（分则篇四），法律出版社 2001 年版，第 136 页。

是一种商品，具有明显的经济价值性；在法律上，技术秘密也可以被人力所控制支配，同样可以被不法分子窃取，只不过窃取的方式有所不同而已。①

否定说则认为，商业秘密不是一种财物，不能成为盗窃罪的对象。具体理由也不尽一致。理由一认为，由于立法已经将商业秘密从盗窃罪的对象中分离出来了，故不能再认为它可以成为盗窃罪的对象了；技术成果虽然也是一种无形财产，但与电力、煤气、天然气等无形财产在本质上还是有区别的，前者体现的是一种知识产权，后者体现的则是普通的物权。② 理由二认为，虽然近年来的司法解释确实将盗窃罪的侵害对象扩大到包括技术成果在内的无形财产，但这不过是针对经济生活中盗窃商业秘密现象日益增多而立法滞后情况下的权宜之计，严格说来，盗窃技术成果等商业秘密并不符合盗窃罪的犯罪特征，因此，盗窃罪的对象不应包括技术成果等商业秘密。③ 理由三认为，由于盗窃罪与盗窃商业秘密行为的主体和所侵犯的客体均不同，前者主体仅是自然人，后者主体则包括自然人和法人，前者侵犯的是财产所有权，后者侵犯的则是商业秘密使用权及市场公平竞争秩序，故盗窃罪的对象不包括商业秘密。④理由四认为，作为无形财产的商业秘密并不具有财物的一般属性，其在进入流通领域或被实际利用之前，很难计算其实际价值，很难计赃定罪或计赃论刑，故商业秘密不能成为盗窃罪的对象。⑤ 理由

① 参见董玉庭著：《盗窃罪研究》，中国检察出版社 2002 年版，第 34-36 页。

② 参见李富友：《侵犯商业秘密罪的法条竞合问题探讨》，载《政法论丛》2003 年第 3 期，第 9 页。

③ 参见庞良程：《侵犯商业秘密罪的认定及司法效应》，载《人民检察》1998 年第 2 期，第 22 页。

④ 参见张宇润、杨勇：《侵犯商业秘密罪初探》，载《人民检察》1996 年第 8 期，第 37 页。

⑤ 参见龙洋：《侵犯商业秘密罪辨析》，载《西安政治学院学报》1999 年第 5 期，第 62 页。

五认为，对盗窃商业秘密的行为按盗窃罪定罪量刑具有一定的不合
理之处，因为盗窃罪侵犯的客体是公私财产所有权，侵犯的对象一
般是有体物，而商业秘密是一种无形的知识产权，侵犯商业秘密在
本质上是一种破坏市场竞争秩序的不正当竞争行为，英国及我国台
湾地区的刑法学者也普遍认为盗窃罪的对象不包括商业秘密。① 理
由六认为，虽然在我国刑法上，财产与财物没有区别，但将包括技
术秘密在内的知识产品视为侵犯财产罪的对象确有其不妥之处，一
是与侵犯财产罪犯罪构成的通行观念相悖，将技术秘密解释为物质
产品或财物比较牵强，技术秘密毕竟难以纳入财物的范畴，并且侵
犯知识产品的行为与侵犯财产罪所危害的社会关系以及给所有人带
来的后果也不相同；二是将知识产品视为侵犯财产罪的对象也不利
于对知识产品实行全面、系统的保护。② 理由七认为，技术秘密不
是财物，因为所有权是一种物权，物权与其他财产权如知识产权的
重要区别之一是标的不同，物权的标的只能是物，而不能是智力成
果或行为，而知识产权的标的是智力成果，智力成果虽属于无形财
产但根本不是一种物，不能成为盗窃罪的对象，况且，技术秘密也
不可能被盗窃，因为技术秘密被"盗窃"后，被"盗"者仍可行
使占有、使用、收益与处分等权利。③

　　笔者认为，以上两种观点中，否定说是正确的，商业秘密虽然
是一种财产，但并不是一种财物，不能成为盗窃罪的犯罪对象。以
上否定说所持的各种理由均从不同侧面说明了不宜将商业秘密看做
盗窃罪犯罪对象的理由，具有相当的说服力，而肯定说的各种理
由，无论是从商业秘密也是一种商品，在实质上也像有形财产一样

---

　　① 　参见赵永红著：《知识产权犯罪研究》，中国法制出版社 2004 年版，
第 328-331 页。

　　② 　参见刘志伟著：《侵占犯罪的理论与司法适用》，中国检察出版社
2000 年版，第 93-96 页。

　　③ 　参见陈新亮：《论我国刑法中的盗窃罪》，载赵秉志等编：《全国刑
法硕士论文荟萃》，中国人民公安大学出版社 1989 年版，第 686 页。

具有经济价值，还是认为应扩大财物概念的外延，将商业秘密包括在财物概念范围内的观点，均不足以说明商业秘密可以成为盗窃罪的对象。固然，司法解释的规定不足为据，而认为商业秘密是一种商品，具有经济价值因而就可以成为盗窃罪犯罪对象的观点也没有依据，因为刑法规定盗窃罪的对象是"公私财物"，并未规定盗窃罪的对象是商品；认为商业秘密可以支配、控制或被窃因而就具备了财物的本质属性的观点也不知有何依据，容易使人误认为财物的本质属性就在于其可以支配、控制或被窃。而简单地认为刑法上区分财物与财产的意义不大的观点也是错误的，相反，在民法上可以不区分财物与财产，但在刑法上则应准确区分财物与财产这两个概念，因为民法的解释原则相对宽松，只要解释结论符合实质公平正义及诚实信用原则就行了，而刑法的解释原则极为严格，因为有罪刑法定原则的限制。前述否定说的各种理由已经比较详尽了，这里有必要补充谈谈财物的概念。

关于财产罪的对象，大陆法系通说认为是他人的财物（包括金钱与实物）与财产性利益，其中，以财物作为侵害对象的是财物罪，比如盗窃罪、侵占罪、毁弃罪和赃物罪；以财产性利益作为侵害对象的是利益罪（又称利得罪），比如背信罪；而诈骗罪、强盗罪、恐吓罪等既是财物罪又是利益罪。① 由于财产罪的对象有财物与财产性利益之分，故对仅以财物为犯罪对象的盗窃罪而言，弄清财物的概念，准确区分财物与财产性利益，就是一个事关罪与非罪的问题。对于财物的概念，大陆法系刑法理论上存在有体性说与管理可能性说之对立。有体性说认为，刑法上的财物仅指有体物，包括固体、液体和气体等占据一定空间并有形存在之物，电气等无体物不是财物，平野龙一、大谷实、前田雅英、曾根威彦、西田典

---

① 参见刘明祥：《财产罪比较研究》，中国政法大学出版社 2001 年版，第 4 页；蔡墩铭主编：《刑法分则论文选辑》（下），五南图书出版公司 1984 年版，第 670 页。

之等学者均持此说;① 管理可能性说认为,财物是指具有管理可能
性的东西,不仅有体物,具有管理可能性的无体物也是财物。而由
于管理可能性的界限极不明确,不仅无体物,擅自观赏戏剧、无票
乘车、盗打电话甚至侵害债权、不正当地获取他人信息等都可认为
具有管理可能性,构成盗窃罪,事实上也有观点认为几乎所有的利
益盗窃行为均具有可罚性,因而管理可能性说有违背罪刑法定原则
之嫌。② 为了克服这一缺点,有学者提出了物理管理可能性说,认
为财物应限于有物理的管理可能性者,仅有事务管理可能性而不具
有物理管理可能性的东西仍不是财物,如电力、热能等有物理管理
可能性的能源是财物,广播电波等能源、企业秘密等知识产品、权
利等观念上的东西由于不具有物理管理可能性因而不是财物。对
此,大塚仁教授认为,根据有体性说虽然有利于明确划定财物的范
围,但今日已很难贯彻,因为看不出刑法区分电力与电力之外其他
能源而仅保护电力的实际意义,故应根据管理可能性说来理解刑法
中财物的概念,将刑法第 245 条"电气视为财物"的规定扩张解
释为包括性质上与电气相同的热能和冷气等能量上,但是,管理可
能性物的范围毕竟应该只限于具备物质性的东西上,认为人的劳力
和牛马的牵引力等也是财物,则是过分之论,因为这些能量很难说
具有与电力等同样意义的物质性,而将债权这样的权利也认作是财
物,则根本无视财物和财产性利益的区别,应该说有违背罪刑法定
原则之嫌。并认为,虽然记录企业秘密、技术秘密的文书、磁带、
磁盘等均是财物,但企业秘密、技术秘密本身不可能是财物,而应
谋求特别的刑法保护。③ 而关于盗窃罪的对象,我国台湾地区存在

① 参见刘明祥:《财产罪比较研究》,中国政法大学出版社 2001 年版,
第 22 页。
② 参见 [日] 西田典之著:《日本刑法各论》,刘明祥、王昭武译,武
汉大学出版社 2005 年版,第 96 页。
③ 参见 [日] 大塚仁著:《刑法概说》(总论),冯军译,中国人民大
学出版社 2003 年版,第 173-176 页。

有体性说、管理可能性说、效用说和持有可能说之争。有体性说认为，刑法上所谓财物专指有体物；管理可能性说认为，只要具有管理可能性的东西，都不失为盗窃罪的对象；效用说认为，具有管理可能性的东西可以成为盗窃罪的对象固无需论，举凡具有物之效用者（包括物本身的效用及物与他物之间所有的一切效用），如所有权、债权等，均可为盗窃罪之对象；持有可能说认为，凡是可以支配的动产，都可为盗窃罪的对象。林敏生教授在分析上述各说后认为，物理的管理可能性说比较恰当。① 与德国、日本刑法将财产罪的对象区分为财物与财产性利益不同，我国刑法中没有明确区分财物与财产性利益，但是，我国刑法第 265 条的规定与日本刑法第245 条的规定是极其类似的，② 并且我国刑法"侵犯财产罪"一章从第 263 条抢劫罪至第 275 条毁坏财物罪，其犯罪对象均为"公私财物"、"财物"或"资金"、"款物"，没有与第 265 条相类似的规定。上述法条规定足以表明，第 265 条究竟是注意规定还是例外规定，侵犯与擅自使用通信线路、电信码号等性质相似的利益能否构成相应财产罪，也应引起足够的理论关注，故从理论上讲，我国刑法学界关于财物的概念，也应具有与德、日刑法理论上相似的争论。而从上述关于财物概念的争论来看，仅将财物限定为"有体物"的确不合时宜，但将债权或其他权利等观念上的东西看做财物又无疑过于宽泛，物理的管理可能性说是妥当的。根据哲学上物质和意识二分法的原理，具有物理管理可能性的东西属于物质范畴，各种权利等精神、意识上的东西属于意识范畴，两者不容混淆；作为盗窃罪犯罪对象的财物，首先必须是一种物，无论是有体

---

① 参见蔡墩铭主编：《刑法分则论文选辑》（下），五南图书出版公司1984 年版，第 718-723 页。

② 我国刑法第 265 条规定"以牟利为目的，盗接他人通信线路、复制他人电信码号或者明知是盗接、复制的电信设备、设施而使用的"，应按盗窃罪定罪处罚，日本刑法第 245 条规定"就本章规定之罪，电气视为财物"。

物还是无体物均可，而权利、知识产品等作为人类意识对物质世界的一种反映，在本质上属于意识范畴，不应成为盗窃罪的犯罪对象，否则即混淆了物质与意识的界限，违背了物质与意识二分法的基本原理。因此，商业秘密这种人类智力劳动的成果，作为一种人类认识世界、改造世界所取得的精神财富，在法律上体现为一种财产权利，在本质上则是一种意识而不是物质，不能成为盗窃罪的犯罪对象。

（二）行为人明知是商业秘密而盗窃时的罪数形态

该问题的答案实际上是与上一问题的答案紧密相连的。如果否认商业秘密是盗窃罪的对象，自然就认为盗窃商业秘密仅构成侵犯商业秘密罪，不会产生与盗窃罪的竞合或牵连问题。反之，如果认为商业秘密也是盗窃罪的一种犯罪对象，自然就会产生侵犯商业秘密罪与盗窃罪竞合或牵连的争议，这主要有两种观点。第一种观点是法条竞合犯说，认为盗窃商业秘密的行为同时触犯盗窃罪与侵犯商业秘密罪的法条，构成法条竞合犯。至于侵犯商业秘密罪法条与盗窃罪法条之间的关系，有学者认为是特别法与普通法的关系，发生竞合时，应依特别法优于普通法的原则，以侵犯商业秘密罪论处；① 有学者认为是全部法与部分法的关系，发生竞合时，应依全部法优于部分法的原则，按侵犯商业秘密罪论处。② 第二种观点是牵连犯说，认为以盗窃的方法获取商业秘密时，如果盗窃行为本身构成犯罪，则与侵犯商业秘密罪构成牵连犯，不应数罪并罚而应根据牵连犯的一般处理原则，从一重罪处断。③

---

① 参见董玉庭著：《盗窃罪研究》，中国检察出版社 2002 年版，第 36 页；赵秉志、田宏杰著：《侵犯知识产权犯罪比较研究》，法律出版社 2004 年版，第 353 页；等等。

② 参见陈洪兵：《侵犯商业秘密罪疑难问题研究》，载《临沂师范学院学报》2004 年第 5 期，第 120 页。

③ 参见李文玉：《侵犯商业秘密罪探析》，载《政法学刊》2003 年第 2 期，第 12 页。

对于法条竞合犯说，如前所述，由于商业秘密不是一种财物，不是盗窃罪的犯罪对象，故盗窃商业秘密的行为本身并不会触犯这两种罪名，不构成法条竞合犯。即便认为构成法条竞合犯，也只存在特别法优于普通法的问题，不存在全部法优于部分法的问题。因为从本质上说，一切法条竞合关系最终都可归结为特别法与普通法的关系，必然是由于特别法规定的犯罪构成中包含普通法规定的犯罪构成所不包含的要素，只有适用特别法规定的犯罪构成才能将行为所触犯的所有构成要素都评价完毕。比如，招摇撞骗罪与诈骗罪是交叉竞合关系，两者在冒充国家机关工作人员骗取他人财物这一构成要素范围内是完全重合的，但如果某人实施了这种行为，则只有招摇撞骗罪才能准确、完全地评价这一行为，如果定诈骗罪，就无法评价冒充国家机关工作人员这一要素，故相对而言，招摇撞骗罪是特别法而诈骗罪是普通法。至于牵连犯说，其错误在于认为以盗窃的方法获取他人商业秘密时，存在两个行为，一个是盗窃商业秘密的行为本身，另一个是与该行为相分离的盗窃行为，这种想象之大胆的确出人意料，但也不值一驳。

此外，有持法条竞合犯说者认为："对于盗窃不属于商业秘密的其他重要技术成果的行为，则仍然可以依照最高人民法院、最高人民检察院的前述司法解释，按盗窃罪来处理。"①这种看法并不妥当。重要技术成果尽管不属于商业秘密，但性质上仍属于意识范畴而非物质范畴，与商业秘密一样，不是一种财物，不能成为盗窃罪的对象，此其一；其二，将这种行为按盗窃罪处理会产生严重的罪刑不均衡现象，因为盗窃罪与侵犯商业秘密罪相当量刑档次的数

① 赵秉志、田宏杰著：《侵犯知识产权犯罪比较研究》，法律出版社2004年版，第353页；刘方、单民著：《侵犯知识产权犯罪的定罪与量刑》，人民法院出版社2001年版，第301页。

额标准相差极大,① 对同一数额, 比如 10 万至 49 万元, 依盗窃罪可能判处 10 年有期徒刑以上刑罚, 依侵犯商业秘密罪则可能不构成犯罪, 本来, 侵犯商业秘密的社会危害性应远远大于侵犯一般重要技术成果的社会危害性, 但前者的量刑反而比后者轻很多, 这一方面说明司法解释的观点不足为据, 另一方面也说明将技术成果看做财物很不恰当。因此, 对于盗窃不属于商业秘密的技术成果的行为, 不能以盗窃罪论处, 这种行为依现行刑法规定并不构成犯罪, 只能按民事侵权行为处理。

（三）盗窃商业秘密连同商业秘密载体一并盗窃时的罪数形态

盗窃商业秘密时, 除了以录音、录像、复印、窃听或头脑记忆等方式单纯盗窃商业秘密的内容的情况外, 大多数情况恐怕还是连

---

① 2004 年 12 月 22 日《最高人民法院、最高人民检察院关于办理侵犯知识产权刑事案件具体应用法律若干问题的解释》第 7 条规定:"实施刑法第219 条规定的行为之一, 给商业秘密的权利人造成损失数额在 50 万元以上的, 属于'给商业秘密的权利人造成重大损失', 应当以侵犯商业秘密罪判处 3 年以下有期徒刑或者拘役, 并处或者单处罚金。给商业秘密的权利人造成损失数额在 250 万元以上的, 属于刑法第 219 条规定的'造成特别严重后果', 应当以侵犯商业秘密罪判处 3 年以上 7 年以下有期徒刑, 并处罚金。"现行刑法第 264 条规定:"盗窃公私财物, 数额较大或者多次盗窃的, 处 3 年以下有期徒刑、拘役或者管制, 并处或者单处罚金; 数额巨大或者有其他严重情节的, 处 3 年以上 10 年以下有期徒刑, 并处罚金; 数额特别巨大或者有其他特别严重情节的, 处 10 年以上有期徒刑或者无期徒刑, 并处罚金或者没收财产; 有下列情形之一的, 处无期徒刑或者死刑, 并处没收财产: 1. 盗窃金融机构, 数额特别巨大的; 2. 盗窃珍贵文物, 情节严重的。"而根据 1998 年 3 月 17 日《最高人民法院关于审理盗窃案件具体应用法律若干问题的解释》以及 1998年 3 月 26 日《最高人民法院、最高人民检察院、公安部关于盗窃罪数额认定标准问题的规定》的规定, 个人盗窃公私财物, "数额较大"的起点为 500 元至 2000 千元, "数额巨大"的起点为 5000 元至 2 万元, "数额特别巨大"的起点为 3 万元至 10 万元以上的, 具体执行的数额标准由各省、自治区、直辖市高级人民法院会同人民检察院、公安厅（局）在上述数额幅度内, 共同研究确定。

同商业秘密的载体一同盗窃，对于后者如何定罪，理论上存在争议。日本有学者将前种情形称为无形侵害，将后种情形称为有形侵害，认为对无形侵害不能适用财产罪的规定，但对于企业的员工等人实施无形侵害的，则可能以违背业主信任侵犯企业全体财产的背信罪来追究，对于有形侵害则可直接适用相应财产罪的罪名，因为该有形物可被定性为具有价值化身的财物。① 我国台湾学者苏俊雄也认为，企业秘密附着于文书或图样之上时，例如生产技术的设计图纸、资料、样品、备忘录及其他记录或书表等，其本身是一种有体物，在具有"财物"意义的范围内，属于一种刑法上财产罪章保护的对象；而对于不附着于文书图样等有体物的无形秘密，由于与刑法上财物或准财物的概念不符，不能以财产罪论处。② 我国台湾另有学者认为，由于刑法上盗窃罪的客体原则上以动产为限，而营业秘密本身并非动产，故藉由电话线路或电脑网络等单纯窃取他人营业秘密资讯的行为，不构成盗窃罪，但盗窃记载于文件、磁带、磁碟等不同媒介上的营业秘密，则可构成盗窃罪。③ 英国也有类似看法，认为对于以盗窃、诈骗等手段获取他人商业秘密物质载体的行为，可以按侵犯财产罪论处，但以复制、记忆或拍照等方法获取他人商业秘密的行为则不构成犯罪，比如在"格兰特对地方检察官"的上诉案中，高等刑事法院声称苏格兰法律中并没有关于不诚实地利用他人秘密资料的罪名，因而拒绝给被告人定罪。④ 产生上述看法的原因，一是因为上述学者认为商业秘密不是一种财物，不能成为盗窃罪的对象；二是因为这些国家和地区的刑法中没有针对盗窃商业秘密的行为设立专门罪名，故上述学者认为单纯盗

① 参见［日］神山敏雄：《侵害企业秘密的犯罪》，陆一心译，荣颂安校译，载《现代外国哲学社会科学文摘》1997年第4期，第21-22页。

② 参见蔡墩铭主编：《刑法分则论文选辑》（下），五南图书出版公司1984年版，第490-491页。

③ 参见谢铭洋、古清华等著：《营业秘密法解读》，中国政法大学出版社2003年版，第135页。

④ 参见赵永红著：《知识产权犯罪研究》，中国法制出版社2004年版，中国法制出版社2004年版，第329页。

窃商业秘密的行为一般不构成犯罪,连同物质载体一并盗窃的行为也仅构成盗窃罪一罪,不发生罪数竞合问题。

在我国,由于 1997 年刑法增设了侵犯商业秘密罪,其中包括以盗窃手段获取他人商业秘密的行为,故对于盗窃商业秘密连同载体一并盗窃的,在罪数形态方面必然会产生争议,加之部分学者认为商业秘密也是盗窃罪的犯罪对象,更增加了问题的复杂性,对此主要有三种观点。第一种观点认为,对于窃取商业秘密同时将样品、样机等载体据为己有的,如果载体的价值仅是达到数额较大的标准,一般仍以侵犯商业秘密罪论处,因为行为人的目的主要是窃取商业秘密,但如果载体的价值特别巨大,则应按盗窃罪定罪处罚,只有这样才能体现罪刑相适应原则,这是一个犯罪性质转化的问题。① 第二种观点认为,这种行为由于同时侵犯了商业秘密及其载体,既侵犯了商业秘密罪的客体又侵犯了盗窃罪的客体,故应构成侵犯商业秘密罪和盗窃罪两罪,至于如何处理,又有三种意见:一种意见认为应数罪并罚;另一种意见认为属于法条竞合犯,应依特别法优于普通法原则,以侵犯商业秘密罪论处;第三种意见认为属于一行为触犯数罪名的想象竞合犯,应从一重罪论处即以盗窃罪论处。② 第三种观点认为,虽然这种行为表面上符合想象竞合犯的特征,但不能一概以重罪盗窃罪论处,而应根据行为人的故意内容和载体性质进行分析,如果载体本身价值较大,适合商业销售,就不排除行为人盗窃时对载体存有非法占有目的,如果载体本身已失去使用价值,如被使用过的图纸,则应认为行为人欲盗窃的只是商业秘密而非载体,不应认为行为人对载体存有非法占有目的。③

① 参见邱素琴:《侵犯商业秘密罪的法律适用》,载《法律适用》2004年第 12 期,第 65 页。
② 参见林文生:《关于侵犯商业秘密罪若干问题的探讨》,载《知识产权》2000 年第 4 期,第 43 页。
③ 参见林文生:《关于侵犯商业秘密罪若干问题的探讨》,载《知识产权》2000 年第 4 期,第 44 页。

笔者认为，上述观点尽管各有道理，但均有不妥之处。第一种观点认为由于行为人的目的主要是盗窃商业秘密，故只有当载体价值特别巨大时，才应以盗窃罪论处，否则均应以侵犯商业秘密罪论处，并认为这是一个犯罪性质转化的问题，显然，这种观点的依据是极为含糊的，论者的依据是认为这种情形属于一行为触犯数罪名的想象竞合犯，应从一重罪论处，还是认为商业秘密的价值可与财物的价值相提并论，应累加计算因而应主要根据犯罪目的定罪，抑或是认为这种情形属于一般应以侵犯商业秘密罪论处，仅在后果严重时转化为重罪的转化犯，不得而知。由于其依据不明，不便反驳，但有一点是明显的，即侵犯商业秘密罪的最高量刑档次为 3 至 7 年有期徒刑，盗窃罪数额特别巨大的量刑幅度为 10 以上有期或者无期徒刑，故在 7 至 10 年有期徒刑这一空间内，按这种观点两种罪都不存在；且这种观点忽略了侵犯商业秘密罪与盗窃罪相当量刑档次的数额标准相差极大这一事实，按这种观点将产生严重罪刑不均衡现象。比如，盗窃他人价值 2: 5 万元的电脑，依盗窃罪应处 3 至 10 年有期徒刑并处罚金，但如果该电脑上附有经鉴定至多可能给权利人造成 47 万元（加上电脑本身的价值 2.5 万元，仍不够 50 万元的定罪标准）损失的商业秘密，则其行为不构成犯罪。第二种观点认为这种情形同时触犯侵犯商业秘密罪与盗窃罪两个罪名的看法是正确的，但没有结合两罪的数额标准进行分析，因而有所偏颇，应区分针对商业秘密本身的盗窃与针对载体的盗窃，前者必须给权利人造成重大损失（50 万元以上）才能构成犯罪，后者只需载体价值达到定罪标准（500 至 2000 元）即可构成犯罪，而只有前者与后者均达到定罪标准，才谈得上同时触犯两罪的问题。而在同时触犯两罪的情况下，虽然客观上只实施了一个盗窃行为，但主观上具有盗窃商业秘密和盗窃载体两个故意，同时侵犯了侵犯商业秘密罪的客体和盗窃罪的客体，构成想象竞合犯而非法条竞合犯，应以重罪即盗窃罪论处并适当从重处罚，既不应数罪并罚也不应以轻罪即侵犯商业秘密罪论处。所谓法条竞合犯的观点只有在认为商业秘密也是一种财物并且仅盗窃商业秘密而不盗窃载体的情况下才能成立，应属盗窃商业秘密本身所涉及的罪数形态问题而非连同载体一并盗窃时的罪数形态问题。第三种观点认为应根据载体的价值大小来认定行为人对载体是否存有非法占有目的，进而认定行为人对载体是否构成盗窃罪，这种以主客观相统一原则为出发点的思路是正确的，但其理由值得商榷。首先，即便载体的价值极其轻微，行为人的主要目的也的确不在于盗窃载体，但既然行为人是连同载体一并盗窃的，就应认为行为人对载体也具有非法占有目的，否则不会连同载体一并盗窃，故是否构成盗窃罪还是取决于载体的价值大小；其次，载体的价值大小是客观的，不应以行为人的主观意图为转移，不能因为行为人的主要目的不在于盗窃载体而否认载体本身的价值。

二、侵犯商业秘密罪与其他财产犯罪的区别

上文在侵犯商业秘密罪与盗窃罪的区别中所探讨的一般原理也适用于侵犯商业秘密罪与诈骗罪、抢夺罪、抢劫罪、侵占罪、毁坏财物罪、职务侵占罪或贪污罪等侵犯财产罪的区别，因为这些犯罪的对象都是财物，而商业秘密不是财物，故单纯侵犯商业秘密的行为，不会触犯这些罪名，不发生与这些罪名的牵连或竞合问题；但附有商业秘密的载体则是一种财物，侵犯商业秘密同时侵犯载体所有权的，如果数额均达到定罪标准，则会同时触犯侵犯商业秘密罪与这些侵犯财产罪的罪名，构成想象竞合犯。一般来说，由于侵犯商业秘密罪是轻罪，侵犯财产罪是重罪，应适用侵犯财产罪的罪名并适当从重处罚。比如，抢劫他人商业秘密时，如果连同载体一并抢劫，应以抢劫罪从重处罚；诈骗他人商业秘密时，如果连同载体一并骗走，应以诈骗罪从重处罚。又如，对利用职务上的便利，将商业秘密据为己有拒不交出的，如果连同载体一并侵占，可以按职务侵占罪或贪污罪从重处罚；但如果仅侵占商业秘密的内容而不侵占载体，比如雇员拒不向雇佣单位披露其职务研究所取得的商业秘密，则不构成职务侵占罪或贪污罪，这种情形能否构成侵犯商业秘密罪，值得进一步研究，因为它与以不正当手段获取权利人的商业

秘密在实质上是相同的，只是在解释上还存在一定困难。再如，披露他人商业秘密的，由于一般仅是披露商业秘密的内容而不需要破坏商业秘密的载体，故一般只构成侵犯商业秘密罪而不构成故意毁坏财物罪。

三、侵犯商业秘密罪与赃物罪的区别

刑法第六章"妨害社会管理秩序罪"第二节"妨害司法罪"第 312 条及 2006 年刑法修正案（六）第 19 条规定了掩饰、隐瞒犯罪所得、犯罪所得收益罪，从所处的章节位置来看，该罪不属于财产犯罪的范畴，但由于该罪也主要以财物为犯罪对象，并且赃物罪在德、日刑法中常被看做一种财产犯罪，因此在本文一并探讨。

对于第二人以不正当手段获取的商业秘密，第三人明知而予以收购的，依 1979 年刑法并不构成犯罪，依 1997 年刑法也只构成侵犯商业秘密罪而不构成收购赃物罪，因为在这两部刑法中，赃物罪的犯罪对象仅限于赃物，属于财物的一种，而商业秘密不是一种财物，不属于赃物范畴，由于犯罪对象不同，不发生竞合问题。但现在情形不同了。由于 2006 年刑法修正案（六）对赃物罪的犯罪对象做了修改，由"赃物"扩展为"犯罪所得及其产生的收益"，①

① 我国刑法关于赃物罪的立法变化，1979 年刑法第 172 条规定："明知是犯罪所得的赃物而予以窝藏或者代为销售的，处 3 年以下有期徒刑、拘役或者管制，可以并处或者单处罚金"；1997 年刑法第 312 条规定："明知是犯罪所得的赃物而予以窝藏、转移、收购或者代为销售的，处 3 年以下有期徒刑、拘役或者管制，并处或者单处罚金"；2006 年 6 月 29 日刑法修正案（六）第 19 条规定："将刑法第 312 条修改为：'明知是犯罪所得及其产生的收益而予以窝藏、转移、收购、代为销售或者以其他方法掩饰、隐瞒的，处 3 年以下有期徒刑、拘役或者管制，并处或者单处罚金；情节严重的，处 3 年以上 7 年以下有期徒刑，并处罚金'。"关于罪名，2007 年 11 月《最高人民法院、最高人民检察院关于执行〈中华人民共和国刑法〉确定罪名的补充规定（三）》规定，将《刑法修正案（六）》第 19 条的罪名确定为掩饰、隐瞒犯罪所得、犯罪所得收益罪，取消窝藏、转移、收购、销售赃物罪罪名。

对于以盗窃、利诱或胁迫等不正当手段获取权利人商业秘密的第二人来说，其所获取的商业秘密无疑也是一种"犯罪所得"，第三人明知这是一种"犯罪所得"仍予以收购，无疑可同时触犯侵犯商业秘密罪和掩饰、隐瞒犯罪所得罪（原"收购赃物罪"）两个罪名，因为从第二人处收购商业秘密实际上是一种接受披露的不正当获取行为，该商业秘密既是第二人的犯罪所得，又是第三人接受披露的对象。由于只有一个行为，且侵犯商业秘密罪与掩饰、隐瞒犯罪所得罪在犯罪构成的四个要件之间都存在重合关系，符合法条竞合犯的特征，构成法条竞合犯，应依特别法优于普通法的原则以侵犯商业秘密罪论处；而其他人明知是第二人以不正当手段获取的商业秘密而代为销售的，也同时触犯掩饰、隐瞒犯罪所得罪（原"销售赃物罪"）和侵犯商业秘密罪两罪，构成法条竞合犯，因为"代为销售"的前提是向他人披露权利人的商业秘密，并且意味着"允许他人使用"；而对于其他人明知而予以窝藏、转移或以其他方法掩饰、隐瞒的，则应根据该他人是否知悉商业秘密的内容而定，如果该他人因此知悉了商业秘密的内容，则构成不正当获取权利人商业秘密的第三人，构成侵犯商业秘密罪与掩饰、隐瞒犯罪所得罪的法条竞合犯，但如果该他人不知商业秘密的内容，则仍构成掩饰、隐瞒犯罪所得罪，因为该他人并未实施不正当获取或披露、使用等行为。此外，对第二人违反约定或违反权利人有关保守商业秘密的要求而披露的商业秘密，其他人明知而予以收购的，应仅构成侵犯商业秘密罪而不构成掩饰、隐瞒犯罪所得罪（原"收购赃物罪"），因为该商业秘密并非第二人的犯罪所得或其收益，而是第二人实施犯罪的前提；其他人明知而窝藏、转移或以其他方法掩饰、隐瞒的，应根据该他人是否知悉商业秘密的内容而定，如果该他人因此知悉了商业秘密的内容，则构成不正当获取权利人商业秘密的第三人，如果该他人不知商业秘密的内容，则不构成犯罪，因为其既未实施获取行为，也未与第二人共同实施披露、使用或允许他人使用等行为；其他人明知而代为销售的，则构成披露权利人商业秘密的第三人，因为销售的前提是向收购者披露，并且允许收购者使用。这里应把握两个原则，第一个是根据具体情形分析是否同时触犯侵犯商业秘密罪和掩饰、隐瞒犯罪所得罪、犯罪所得收益罪的罪名，第二个是如同时触犯两罪，则构成法条竞合犯，应依特别法优于普通法原则，以侵犯商业秘密罪论处。

第二节　侵犯商业秘密罪与侵犯国家秘密犯罪的界限

我国刑法所保护的秘密信息，除商业秘密外，还有国家秘密，且从条文数量及罪名来看，刑法中有5个条文9个罪名是直接针对国家秘密的，尚有第110条间谍罪、第284条非法使用窃听、窃照专用器材罪、第285条非法侵入计算机信息系统罪等也主要涉及国家秘密的保护，① 而对商业秘密的保护只有第219条一个条文一个罪名，故可认为刑法对国家秘密的保护远甚于对商业秘密的保护。而由于有些秘密信息同时兼具商业秘密和国家秘密两种性质，且侵犯商业秘密罪与侵犯国家秘密犯罪的行为方式也有相同之处，②因此两者极易发生混淆，故有探讨之必要。

---

① 我国刑法关于国家秘密保护的条文有：第111条为境外窃取、刺探、收买、非法提供国家秘密、情报罪，第282条非法获取国家秘密罪与非法持有国家绝密、机密文件、资料、物品罪，第398条故意泄露国家秘密罪与过失泄露国家秘密罪，第431条非法获取军事秘密罪与为境外窃取、刺探、收买、非法提供军事秘密罪，第432条故意泄露军事秘密罪与过失泄露军事秘密罪。此外，尚有第110条、第284条、第285条可能涉及国家秘密或商业秘密。

② 侵犯商业秘密罪包括以盗窃、利诱、胁迫或其他不正当手段获取权利人的商业秘密以及披露、使用或允许他人使用权利人的商业秘密等行为方式，侵犯国家秘密犯罪也包括窃取、刺探、收买、泄露、非法提供国家秘密或者情报等行为方式，这些行为方式在实质上是相同的，盗窃与窃取、利诱与收买、披露与泄露、允许他人使用与非法提供之间大致存在一一对应的关系，刺探也无非是获取秘密信息的不正当手段之一。

一、国家秘密与商业秘密的关系

对于国家秘密与商业秘密的关系，主要有两种观点。第一种观点认为，国家秘密与商业秘密是两个不同的范畴，不会也不容产生某一信息既是国家秘密又是商业秘密的现象。"之所以说要界定国家秘密与商业秘密的界限，主要指涉嫌交叉国家秘密与商业秘密的事项，也即企业特别是国有企业的关系国家安全和利益的重大经济、技术秘密，是按国家秘密抑或是按商业秘密保护的问题。根据前述国家秘密和商业秘密的区别与联系的分析可以看出，二者分属不同的范畴和层次，不应混淆。一般而言，凡涉嫌交叉国家秘密与商业秘密的部分秘密事项，应按国家秘密与商业秘密各自的特征，分别情况，认定其归属问题。"① "确定商业秘密的是权利人，确定国家秘密的是有关国家机关，只有经有关国家机关确认后的国家秘密才不是商业秘密。"② "对于上述两种秘密交叉部分的定性定罪，其关键在于行为侵犯的对象是国家秘密还是商业秘密。如果行为侵犯的秘密是重大技术和经营信息，关系到国家安全和利益，关系到国民经济和社会重大发展，则属国家秘密……如果行为侵犯的秘密是市场主体的生产经营信息，不涉及国家安全和利益，也不事关国民经济和社会重大发展的，则属商业秘密。"③ 第二种观点认为，某项信息可以同时既是国家秘密又是商业秘密。"根据《中华人民共和国保密法》的规定，国家秘密包括国民经济和社会发展中的秘密事项和科学技术中的秘密事项。而有些权利人，如公司、企业、科研机构所持有的商业秘密很可能是影响国民经济和社会发

① 高铭暄主编：《新型经济犯罪研究》，中国方正出版社 2000 年版，第 845 页。

② 孙国祥、魏昌东著：《经济刑法研究》，法律出版社 2005 年版，第 541 页。

③ 王昌学主编：《市场经济犯罪纵横论》，法律出版社 2001 年版，第 613 页。

展的重要国家秘密，某些重要的科学技术发明也能被列为国家秘密，那么商业秘密同时又是国家秘密。"① "有的人认为二者性质根本不同，是相互不包容的两个概念。在实践中作为商业秘密保护的，就不能获得国家秘密保护。笔者认为，二者的确是两种不同性质的法律关系，但是两种法律关系的调整对象有交叉之处。不能排除商业秘密作为国家秘密受到保护的可能，也不能排除国家秘密在企事业单位中被授权开发、利用的可能，因而在实践中就可能出现国家秘密、商业秘密两种权利并存的情况。"②

笔者认为，第二种观点是正确的，这从有关法律规定可以看出。1989 年 5 月 1 日《中华人民共和国保守国家秘密法》第 2 条规定："国家秘密是关系国家的安全和利益，依照法定程序确定，在一定时间内只限一定范围的人员知悉的事项。"第 8 条规定："国家秘密包括符合本法第 2 条规定的下列秘密事项：（1）国家事务的重大决策中的秘密事项；（2）国防建设和武装力量活动中的秘密事项；（3）外交和外事活动中的秘密事项以及对外承担保密义务的事项；（4）国民经济和社会发展中的秘密事项；（5）科学技术中的秘密事项；（6）维护国家安全活动和追查刑事犯罪中的秘密事项；（7）其他经国家保密工作部门确定应当保守的国家秘密事项。"显然，该法第 8 条第 5 项规定的科学技术中的秘密事项也是一种商业秘密，而第 4 项规定的国民经济和社会发展中的秘密事项也可以包括商业秘密，这说明有的国家秘密（第 4、5 项）是商业秘密，有的国家秘密（第 1、2、3、6、7 项）不是商业秘密。而 1990 年 5 月 25 日国家保密局发布的《中华人民共和国保守国家秘密法实施办法》第 8 条规定："各机关、单位对所产生的国家秘密事项，应当依照保密范围的规定及时确定密级，最迟不得超过

---

① 庞良程：《侵犯商业秘密罪的认定及司法效应》，载《人民检察》1998 年第 2 期，第 22 页。
② 张玉瑞著：《商业秘密法学》，中国法制出版社 1999 年版，第 118 页。

10 日。"国家科委、国家保密局 1995 年 1 月 6 日发布的《科学技术保密规定》第 7 条规定:"关系国家的安全和利益,一旦泄露会造成下列后果之一的科学技术,应当列入国家科学技术秘密范围:(1)削弱国家的防御和治安能力;(2)影响我国技术在国际上的先进程度;(3)失去我国技术的独有性;(4)影响技术的国际竞争能力;(5)损害国家声誉、权益和对外关系。"第 12 条规定:"个人完成的科学技术成果,由其所在省、自治区、直辖市的科技主管部门确定密级,并按照本规定予以管理。"上述法条说明,企事业单位或个人对其生产经营活动中所产生或完成的国家秘密事项,应及时向有关国家机关申报确定密级,这既是他们的一项权利,又是他们的一项义务,不及时申报确定密级是违法的。可想而知,从企事业单位和个人从事生产经营活动的本意来看,其所欲研究开发的,是属于商业秘密的科技成果,通常不会去特意研发国家秘密,只是当所完成的科技成果同时符合国家秘密的构成特征时,其有义务及时向有关国家机关申报确定密级,但这些商业秘密并不因被确定为国家秘密而丧失商业秘密性质,而是可以同时获得商业秘密法和国家秘密法的双重保护,因为并无法律、法规明确规定被认定为国家秘密的商业秘密不能再作为商业秘密进行保护,故有的商业秘密是国家秘密而有的商业秘密不是国家秘密。综上分析,应认为国家秘密与商业秘密之间是一种交叉关系。简言之,有的信息既是商业秘密又是国家秘密。详言之,有的国家秘密是商业秘密有的国家秘密不是商业秘密,并且有的商业秘密是国家秘密有的商业秘密不是国家秘密。理清两者在逻辑上的关系非常重要,许多学者正是没有搞清楚这一点而误以为两者之间是包含关系,认为商业秘密是国家秘密的一种,进而认为侵犯商业秘密罪是特别法条而侵犯国家秘密犯罪是一般法条。

至于国家秘密与商业秘密的区别,有学者概括为:(1)法律性质不同。国家秘密关系到国家的安全和利益,体现国家意志,是一种公权,商业秘密关系到权利人的竞争优势和经济利益,体现个人意志,是一种私权。(2)权利主体不同。商业秘密权的主体可

以是自然人或者单位，国家秘密权的主体是国家。（3）信息范围
不同。国家秘密涉及国家的政治、军事、外交、外事、国民经济、
社会发展、科学技术、国家安全和刑事司法等重大领域，商业秘密
一般只涉及生产和经营领域。（4）确立程序不同。国家秘密必须
经有关机关依法定程序确定，商业秘密则只须具备新颖性、价值
性、秘密性并经权利人采取了保密措施即可。（5）保护措施的要
求不同。国家秘密须采取严格的保密措施，商业秘密只须采取合理
的保密措施即可。（6）法律效力不同。国家秘密一般不得有偿转
让，商业秘密则可自由转让。（7）泄露后果不同，国家秘密泄露
后损害的是国家的安全和利益，商业秘密泄露后损害的是权利人的
经济利益和竞争优势。①

　　显然，当某项信息既是国家秘密又是商业秘密时，必然同时兼
具两者的特点又受对方的限制。比如，性质上既属私权又属公权，
国家有权利管并从中受益，个人或单位也有权利管并从中受益，所
谓"国有民营"或"民有国管"。而在转让方面则要受到严格限
制。比如技术秘密的转让应经有关主管部门批准并在合同中明确规
定技术的密级、保密期限及受让方应承担的保密义务，技术秘密的
出口则应依国家秘密技术出口审查的有关规定办理审批手续，等
等。②

二、侵犯商业秘密罪与侵犯国家秘密犯罪的罪数形态

　　当某项信息既是商业秘密又是国家秘密时，本罪与侵犯国家秘
密犯罪在犯罪对象上会发生竞合；而当某种行为方式既符合本罪的
行为特征，也符合侵犯国家秘密犯罪的行为特征时，两种犯罪在行
为方式上也会产生竞合。当然，这种竞合只有在肯定某项信息可以

---

　　①　参见保密法比较研究课题组编著：《保密法比较研究》，金城出版社
2001年版，第137-138页。
　　②　参见张玉瑞著：《商业秘密法学》，中国法制出版社1999年版，第
121-122页。

同时构成商业秘密和国家秘密时才能存在，如果认为这两种秘密不可能并存，自然不会认为这两种犯罪存在竞合问题。对于这种情形属于何种竞合以及应如何处理，主要有想象竞合说和法条竞合说两种观点。想象竞合说认为，这种情形属于一行为触犯数罪名的想象竞合犯。如有学者认为，当生产单位或者个人自行投资完成的技术成果经申报、审查批准而转化为国家秘密后，该技术成果并不因此而失去商业秘密身份，侵犯这种技术成果就可能同时触犯本罪和侵犯国家秘密的犯罪，构成一个行为触犯数个罪名的想象竞合犯，一般应当按照从一重处的原则，以侵犯国家秘密的犯罪处罚；① 另有学者认为，由于本罪与侵犯国家秘密犯罪侵犯的法益不同，仅定其中任何一罪都不足以对行为所侵犯的法益做包括的刑法评价，故这种情形属于想象竞合犯，应当按照从一重处断的原则处罚。② 法条竞合说认为，这种情形属于一行为触犯数法条的法条竞合犯。至于属何种法条竞合关系，又有两种观点：一种观点认为属于特别竞合，认为本罪是特别法，侵犯国家秘密犯罪是普通法，应依特别法优于普通法的原则，以本罪论处；③ 一种观点认为属于交叉竞合关系，认为本罪与侵犯国家秘密犯罪之间是交叉关系，不存在谁是特别法、谁是普通法问题，因此应依重法优于轻法的原则，以侵犯国家秘密犯罪论处。④

而由于本罪是结果犯，行为必须在客观上可能给权利人造成50 万元以上的重大损失，才能构成本罪，侵犯国家秘密犯罪除故意或过失泄露国家秘密或军事秘密罪要求"情节严重"以外，都

---

① 参见姜伟主编：《知识产权刑事保护研究》，法律出版社 2004 年版，第 337 页。

② 参见陈洪兵：《侵犯商业秘密罪疑难问题研究》，载《临沂师范学院学报》2004 年第 5 期，第 120 页。

③ 参见王钰：《对侵犯商业秘密罪的几点认识》，载《烟台教育学院学报》2004 年第 1 期，第 31 页。

④ 参见赵秉志主编：《侵犯知识产权罪疑难问题司法对策》，吉林人民出版社 2000 年版，第 451 页。

是行为犯，没有情节或数额等方面的要求，当某种行为因为数额未达定罪标准而不构成本罪时，能否依侵犯国家秘密犯罪论处，持特别竞合说者又有三种意见：其一，认为由于对特别竞合只能依特别法优于普通法的原则以本罪论处，故在因没有造成重大损失而不构成本罪时，不可再以其他罪论处，只能作为不正当竞争行为或民事侵权行为处理，否则有悖于罪刑法定原则。① 其二，认为既然既是商业秘密又是国家秘密，则其社会危害性就不仅仅在于侵犯知识产权一方面，而是同时包括了对国家保密制度的破坏，且侵犯国家秘密犯罪是行为犯，本罪是结果犯，从规范的打击面来看，行为犯当然重于结果犯，故侵犯国家秘密犯罪是重法，本罪及《反不正当竞争法》是轻法，在没有给权利人造成重大损失时，既然本罪不能适用，就不发生特别法优于普通法的问题，而应依重法优于轻法原则，以侵犯国家秘密犯罪论处。否则，在有刑法规定并且可以适用时，不适用刑法而去适用行政法规，显然是违背"重法优于轻法原则"的不适法行为。② 其三，认为法规竞合犯成立的前提是一个行为同时符合数个法条的规定，既然由于没有造成重大损失而不构成本罪，自然就不发生法规竞合犯问题，直接依侵犯国家秘密犯罪处理即可。③ 此外尚有其他处理意见，比如有学者认为，一旦某项商业秘密被认定为国家秘密，就应依有关保护国家秘密的法律规定予以保护，对于侵犯这种秘密的行为，应当依侵犯国家秘密的犯罪定罪处罚，不宜再以本罪论处；④ 另有学者认为，对于侵犯既属国家秘密又属商业秘密的信息时，应从主客观两方面进行分析判

---

① 参见庞良程：《侵犯商业秘密罪的认定及司法效应》，载《人民检察》1998 年第 2 期，第 22 页。

② 参见屈学武：《侵犯商业秘密罪研讨》，载《法学杂志》1998 年第 5 期，第 24 页。

③ 参见徐祝：《侵犯商业秘密罪若干问题探讨》，载《浙江省政法管理干部学院学报》2000 年第 1 期，第 68 页。

④ 参见邱素琴：《侵犯商业秘密罪的法律适用》，载《法律适用》2004 年第 12 期，第 65 页。

断，如行为人违反保守国家秘密法的规定，故意或过失泄露上述秘密，情节严重的，应以泄露国家秘密罪论处，如行为人以侵犯他人商业秘密、扰乱公平竞争秩序为目的，故意实施侵犯上述秘密的行为并给权利人造成重大损失的，则应以本罪论处；① 等等。

　　笔者认为，上述观点之争可以归结为以下几个方面：一是侵犯既属国家秘密又属商业秘密的信息能否构成竞合犯？对此，否认构成竞合犯者，认为凡是侵犯被认定为国家秘密的商业秘密，均应依侵犯国家秘密犯罪论处，以及认为应依行为人的主客观内容进行分析定罪的意见均与通常的罪数形态理论不符而显得依据不足，肯定成立竞合犯的观点则是正确的；二是构成哪种竞合犯，对此，有想象竞合说和法条竞合说两种观点，笔者尚未见其他观点出现；三是如认为构成法条竞合犯，应属哪种法条竞合，应采何种处理原则？对此，有特别竞合说与交叉竞合说及特别法优于普通法与重法优于轻法之争；四是对不构成本罪的行为，能否直接依侵犯国家秘密犯罪处理，对此，持特别竞合说者内部又有争议。因此，这一看似简单的问题竟有如此之多的说法，足见理论研究有待加强。这里有必要简要回顾一下想象竞合犯与法条竞合犯的区别。

　　所谓想象竞合犯，是指实施一个行为，造成多个结果因而触犯数个罪名的情况。所谓法条竞合犯，是指实施一个行为，似乎几个条文所规定的不同罪名都可适用，但由于只有一个罪名才能最全面、最准确地评价行为所符合的所有构成要素，因而只能适用其中一个罪名而排除其他罪名适用的情况。对于法条竞合犯与想象竞合犯的区别，主要有三种观点。第一种观点是构成要件说，认为法条竞合犯只有一行为、一罪过和一构成结果，数罪之间仅是形式上的竞合而不具有实在性，想象竞合犯则是一行为、数罪过和数个结

　　①　参见马骊华：《商业秘密及其刑法保护》，载《贵州省政法管理干部学院学报》1999 年第 3 期，第 17 页。

果，是实实在在的形式数罪。① 第二种观点是法条关系说，认为一行为所触犯的数个罪名之间具有交叉或重合关系的，是法条竞合犯，不存在交叉或重合关系的，是想象竞合犯。② 第三种观点是最全面评价说，认为法条竞合犯所触犯的数罪名中，只有一个犯罪构成可以最恰当、最全面地评价整个犯罪行为，而想象竞合犯所触犯的数罪名中，无论用其中哪一个罪名都无法全面评价行为人的犯罪行为，必须同时并用数个罪名才能评价。③ 笔者认为，司法实践中最关心的是认定某一行为是构成想象竞合犯还是构成法条竞合犯，以便适用不同的原则，因此从实用角度来看，凡能将两者区分开来的方法，都是有效的，这与理论上更关注两者的本质区别的出发点不同。而从如何区分两者来看，上述三种观点均是正确的，或可单独适用或可同时适用，相互补充而非相互排斥。比如，当某行为所触犯的数罪名之间很明显不具有重合或交叉关系时，基本上可以认定为想象竞合犯；当某行为事实上造成了数个罪名的构成结果时，也可认为是想象竞合犯；而当仅适用其中一个罪名就能将行为所符合的全部构成要素都评价完毕时，无疑是法条竞合犯。但是，全面评价说是最有效和最准确的，因为如果用一个罪名能够将某行为所符合的所有构成要素都评价完毕，则一举解决了想象竞合犯与法条竞合犯的区分问题和应定哪个罪的问题。而所谓法条竞合犯是一罪过一客体、想象竞合犯是数罪过数客体的说法其实值得商榷，因为既然认为法条竞合犯也是一行为触犯数罪名，必然得认为该行为具备数罪名的罪过和客体，认为单一罪过单一客体能同时触犯数罪名，是自相矛盾的，不存在犯罪构成完全相同的不同罪名。比如，

---

① 参见吴振兴著：《罪数形态论》，中国检察出版社 1996 年版，第 172-173 页。

② 高铭暄主编：《刑法学原理》（第二卷），中国人民大学出版社 1993 年版，第 529 页。

③ 参见姜伟著：《犯罪形态通论》，法律出版社 1994 年版，第 412-413、432 页。

盗窃枪支罪与盗窃罪是公认的法条竞合犯，只有认为行为人既有盗窃枪支的故意，又有盗窃财物的故意，既侵犯了盗窃枪支罪的客体又侵犯了盗窃罪的客体，才能认为行为符合两罪的构成要件，否则法条竞合犯无从谈起。所谓一罪过一客体，仍是从是否能够最准确最全面地评价行为性质来说的，比如前例中，枪支无疑是一种财物，盗窃枪支无疑也侵犯了财产所有权，但认为行为人具有盗窃财物的故意以及侵犯了财产所有权则不够准确、不够全面，因为刑法已将枪支从一般财物中抽取出来单独规定了罪名。

　　根据上述分析，应当认为，侵犯既属国家秘密又属商业秘密的信息构成想象竞合犯而非法条竞合犯。首先，单独适用其中任何一个罪名都无法全面准确地评价这一行为的性质。如仅适用本罪，将遗漏侵犯国家秘密的一面，如仅适用侵犯国家秘密罪，则又遗漏侵犯商业秘密的一面，必须同时适用两罪才能将行为所符合的所有构成要素都评价完毕，这符合想象竞合犯的特征。其次，行为人既明知某种信息既是国家秘密又是商业秘密，仍实施侵犯行为，说明其主观上具有侵犯国家秘密和侵犯商业秘密两种故意，客观上也同时侵犯了两种客体，符合想象竞合犯具有数罪过和数客体的特征。再次，本罪与侵犯国家秘密罪的犯罪构成之间不具有竞合关系，因为竞合要求两者犯罪构成的四个基本要件都能重合，不是其中某一要件重合即可。显然，国家秘密与商业秘密是两种性质不同的秘密，是两种不同的犯罪对象，侵犯这两种犯罪对象的行为应分别适用不同的罪名，不可能构成法条竞合犯，正如走私普通货物、物品罪与走私文物罪、走私假币罪等不同的走私犯罪之间不构成法条竞合犯一样。因此，由于本罪与侵犯国家秘密犯罪的犯罪构成之间不存在竞合关系，不构成法规竞合，不存在谁的构成要素多一些、谁的构成要素少一些的问题，更不存在谁的要素可以包容谁的要素的问题，只能两种罪名同时适用，才能全面、准确地评价行为的性质。最后，尽管有的信息既是国家秘密又是商业秘密，但国家秘密与商业秘密在逻辑上属于交叉关系而非包含关系，不存在谁包容谁的问题，更不存在谁是特别法谁是普通法的问题，如认为侵犯交叉范围内的信息构成法条竞合犯，则由于无法区分特别法与普通法而无法适用，因此不宜认为是法条竞合犯。

综上所述，当侵犯既是国家秘密又是商业秘密的信息时，构成想象竞合犯，应根据从一重处的原则，以侵犯国家秘密犯罪论处并适当从重处罚。

三、侵犯商业秘密罪与侵犯国家秘密犯罪的具体比较

（一）侵犯商业秘密罪与为境外窃取、刺探、收买、非法提供国家秘密、情报罪的界限

刑法第 111 条规定了为境外窃取、刺探、收买、非法提供国家秘密、情报罪，是指为境外的机构、组织或个人窃取、刺探、收买、非法提供国家秘密或情报的行为。根据 2001 年 1 月 22 日起施行的《最高人民法院关于审理为境外窃取、刺探、收买、非法提供国家秘密、情报案件具体应用法律若干问题的解释》的规定，"国家秘密"是指《中华人民共和国保守国家秘密法》第 2 条、第 8 条以及《中华人民共和国保守国家秘密法实施办法》第 4 条确定的事项；"情报"是指关系国家安全和利益、尚未公开或者依照有关规定不应公开的事项。对为境外机构、组织、人员窃取、刺探、收买、非法提供国家秘密之外的情报的行为，应以为境外窃取、刺探、收买、非法提供情报罪定罪处罚；行为人知道或者应当知道没有标明密级的事项关系国家安全和利益，而为境外窃取、刺探、收买、非法提供的，或者通过互联网将国家秘密或者情报非法发送给境外的机构、组织、个人的，也应以为境外窃取、刺探、收买、非法提供国家秘密罪定罪处罚，但将国家秘密通过互联网予以发布，情节严重的，应依照刑法第 398 条故意或过失泄露国家秘密罪定罪处罚；需要对有关事项是否属于国家秘密或情报以及属于何种密级进行鉴定的，应由国家保密工作部门或者省、自治区、直辖市保密工作部门进行。其与侵犯商业秘密罪的区别主要有：（1）犯罪对象不同，前者为国家秘密或情报，侵犯商业秘密罪为商业秘密；（2）犯罪主体不同，前者为自然人，侵犯商业秘密罪为自然人或

单位；（3）犯罪客体不同，前者为国家的安全和利益，侵犯商业秘密罪为权利人的商业秘密权；（4）行为方式不尽相同，前者为窃取、刺探、收买和非法提供，侵犯商业秘密罪除相当于窃取、刺探、收买的非法获取行为和相当于非法提供的向他人披露或允许他人使用行为外，尚包括自己使用以及向不特定人或社会公众披露的行为；（5）服务对象不同，前者的服务对象是境外的机构、组织或个人，侵犯商业秘密罪的服务对象不限；（6）前者为行为犯，不要求特定结果，侵犯商业秘密罪为结果犯，要求"给权利人造成重大损失"这一结果。

（二）侵犯商业秘密罪与非法获取国家秘密罪的界限

刑法第 282 条规定的非法获取国家秘密罪，是指以窃取、刺探、收买方法，非法获取国家秘密的行为。其与侵犯商业秘密罪的区别主要有：（1）犯罪对象不同，前者为国家秘密，侵犯商业秘密罪为商业秘密；（2）犯罪客体不同，前者为国家的安全和利益，侵犯商业秘密罪为权利人的商业秘密权；（3）行为方式不尽相同，前者仅限于以窃取、刺探、收买方法获取国家秘密，侵犯商业秘密罪包括以各种不正当手段获取以及非法披露、使用和允许他人使用权利人的商业秘密的行为；（4）前者为行为犯，侵犯商业秘密罪为结果犯。

（三）侵犯商业秘密罪与故意或过失泄露国家秘密罪的界限

刑法第 398 条规定了故意泄露国家秘密罪与过失泄露国家秘密罪，是指国家机关工作人员或其他有关人员，违反保守国家秘密法的规定，故意或者过失泄露国家秘密，情节严重的行为。根据 1990 年 5 月 25 日国家保密局发布实施的《中华人民共和国保守国家秘密法实施办法》第 35 条的规定，"泄露国家秘密"是指违反保密法律、法规和规章，使国家秘密被不应知悉者知悉的或者使国家秘密超出了限定的接触范围，而不能证明未被不应知悉者知悉的行为。其与侵犯商业秘密罪的区别主要有：（1）犯罪对象不同，前者为国家秘密，侵犯商业秘密罪为商业秘密；（2）犯罪客体不同，前者为国家的安全和利益，侵犯商业秘密罪为权利人的商业秘密权；（3）行为方式不尽相同，前者为泄露一种，侵犯商业秘密罪包括不正当获取、披露、使用和允许他人使用多种；（4）既遂形态不同，前者为情节犯，要求情节严重，侵犯商业秘密罪为结果犯，要求造成重大损失的结果；（5）犯罪主体不同，前者主体主要是国家机关工作人员，侵犯商业秘密罪主体主要是因职务或业务关系知悉权利人商业秘密的人以及其他人。

主要参考文献

一、著作类

[1] 马克昌．比较刑法原理——外国刑法学总论［M］．武汉：武汉大学出版社，2002.

[2] 马克昌．犯罪通论［M］．武汉：武汉大学出版社，1999.

[3] 马克昌．经济犯罪新论——破坏社会主义经济秩序罪研究［M］．武汉：武汉大学出版社，1998.

[4] 高铭暄．刑法学原理［M］.2卷．北京：中国人民大学出版社，1993.

[5] 许发民．刑法的社会文化分析［M］．武汉：武汉大学出版社，2004.

[6] 林亚刚．犯罪过失研究［M］．武汉：武汉大学出版社，2000.

[7] 刘明祥．财产罪比较研究［M］．北京：中国政法大学出版社，2001.

[8] 赵秉志．犯罪主体论［M］．北京：中国人民大学出版社，1989.

[9] 赵秉志．犯罪总论问题探索［M］．北京：法律出版社，2003.

[10] 张明楷．外国刑法纲要［M］．北京：清华大学出版社，1999.

[11] 许玉秀．当代刑法思潮［M］．北京：中国民主法制出

版社，2005.

　　[12] 李洁．犯罪结果论［M］．长春：吉林大学出版社，1994.

　　[13] 李洁．犯罪对象研究［M］．北京：中国政法大学出版社，1998.

　　[14] 曲新久．刑法的精神与范畴［M］．北京：中国政法大学出版社，2000.

　　[15] 刘宪权．中国刑法理论前沿问题研究［M］．北京：人民出版社，2005.

　　[16] 李海东．刑法原理入门——犯罪论基础［M］．北京：法律出版社，1998.

　　[17] 赵秉志．侵犯知识产权罪疑难问题司法对策［M］．长春：吉林人民出版社，2000.

　　[18] 赵秉志，田宏杰．侵犯知识产权犯罪比较研究［M］．北京：法律出版社，2004.

　　[19] 党建军．侵犯知识产权罪［M］．北京：中国人民公安大学出版社，1999.

　　[20] 高晓莹．侵犯知识产权罪的认定与处理［M］．北京：中国检察出版社，1998.

　　[21] 赵永红．知识产权犯罪研究［M］．北京：中国法制出版社，2004.

　　[22] 姜伟．知识产权刑事保护研究［M］．北京：法律出版社，2004.

　　[23] 聂洪勇．知识产权的刑法保护［M］．北京：中国方正出版社，2000.

　　[24] 赵国玲．知识产权犯罪调查与研究［M］．北京：中国检察出版社，2002.

　　[25] 刘方、单民．侵犯知识产权犯罪的定罪与量刑［M］．北京：人民法院出版社，2001.

　　[26] 杜国强、廖梅、王明星．侵犯知识产权罪比较研究

［M］．北京：中国人民公安大学出版社，2005.

　　［27］姜伟．犯罪形态通论［M］．北京：法律出版社，1994.

　　［28］吴振兴．罪数形态论［M］．北京：中国检察出版社，1996.

　　［29］陈家林．共同正犯研究［M］．北京：武汉大学出版社，2004.

　　［30］李国如．罪刑法定原则视野中的刑法解释［M］．北京：中国方正出版社，2001.

　　［31］刘凌梅．帮助犯研究［M］．武汉：武汉大学出版社，2003.

　　［32］童伟华．犯罪客体研究——违法性的中国语境分析［M］．武汉：武汉大学出版社，2005.

　　［33］金泽刚．犯罪既遂的理论与实践［M］．北京：人民法院出版社，2001.

　　［34］王志祥．危险犯研究［M］．北京：中国人民公安大学出版社，2004.

　　［35］刘士心．竞合犯研究［M］．北京：中国检察出版社，2005.

　　［36］杨书文．复合罪过形式论纲［M］．北京：中国法制出版社，2004.

　　［37］李邦友．结果加重犯基本理论研究［M］．武汉：武汉大学出版社，2001.

　　［38］洪福增．刑法理论之基础［M］．台北：刑事法杂志社，1988.

　　［39］蔡墩铭．刑法分则论文选辑（上、下）［M］．台北：五南图书出版公司，1984.

　　［40］王作富．刑法分则实务研究（上、下）［M］．北京：中国方正出版社，2001.

　　［41］赵秉志．中国刑法案例与学理研究［M］．分则篇四．北京：法律出版社，2001.

［42］储槐植．美国刑法［M］．3 版．北京：北京大学出版社，2005.

［43］高铭暄．新型经济犯罪研究［M］．北京：中国方正出版社，2000.

［44］裴广川．经济犯罪的认定与处罚（下）［M］．长春：吉林人民出版社，2002.

［45］王昌学．市场经济犯罪纵横论［M］．北京：法律出版社，2001.

［46］孙国祥、魏昌东．经济刑法研究［M］．北京：法律出版社，2005.

［47］张天虹．经济犯罪新论［M］．北京：法律出版社，2004.

［48］游伟．华东刑事司法评论［M］．4，5 卷．北京：法律出版社，2003.

［49］游伟．华东刑事司法评论［M］．6 卷．北京：法律出版社，2004.

［50］董玉庭．盗窃罪研究［M］．北京：中国检察出版社，2002.

［51］刘志伟．侵占犯罪的理论与司法适用［M］．北京：中国检察出版社，2000.

［52］黄京平．破坏市场经济秩序罪研究［M］．北京：中国人民大学出版社，1999.

［53］张玉瑞．商业秘密法学［M］．北京：中国法制出版社，1999.

［54］张玉瑞．商业秘密的法律保护［M］．北京：专利文献出版社，1994.

［55］倪才龙．商业秘密保护法［M］．上海：上海大学出版社，2005.

［56］孔祥俊．商业秘密保护法原理［M］．北京：中国法制出版社，1999.

［57］张耕等．商业秘密法［M］．厦门：厦门大学出版社，2006.

［58］戴永盛．商业秘密法比较研究［M］．北京：华东师范大学出版社，2005.

［59］谢铭洋等．营业秘密法解读［M］．北京：中国政法大学出版社，2003.

［60］孙鸥．商业秘密概述及诉讼保护——厂长经理必读［M］．北京：知识产权出版社，2000.

［61］朱妙春．商业秘密诉讼案代理纪实——朱妙春律师办案辑（五）［M］．北京：知识产权出版社，2004.

［62］温旭编．技术秘密的秘密及其法律保护［M］．北京：中国政法大学出版社，1992.

［63］冯晓青．知识产权法哲学［M］．北京：中国人民公安大学出版社，2003.

［64］陶鑫良、袁真富．知识产权法总论［M］．北京：知识产权出版社，2005.

［65］郑成思．知识产权价值评估中的法律问题［M］．北京：法律出版社，1999.

［66］李琛．知识产权片论［M］．北京：中国方正出版社，2004.

［67］杨明．知识产权请求权研究——兼以反不正当竞争为考察对象［M］．北京：北京大学出版社，2005.

［68］李杨等．知识产权基础理论和前沿问题［M］．北京：法律出版社，2004.

［69］曲三强．知识产权法原理［M］．北京：中国检察出版社，2004.

［70］张今．知识产权新视野［M］．北京：中国政法大学出版社，2000.

［71］朱谢群．创新性智力成果与知识产权［M］．北京：法律出版社，2004.

［72］李玉香. 现代企业知识产权类无形资产法律问题［M］.北京：法律出版社，2002.

［73］万鄂湘. 国际知识产权法［M］. 武汉：湖北人民出版社，2001.

［74］汤宗舜. 知识产权的国际保护［M］. 北京：人民法院出版社，1999.

［75］王新建. 香港知识产权法实务［M］. 北京：人民法院出版社，1997.

［76］郑伟. 知识产权精案评析［M］. 北京：人民法院出版社，2004.

［77］张广良. 知识产权实务及案例探析［M］. 北京：法律出版社，1999.

［78］金长荣、吕国强. 知识产权案例精选［M］. 上海：上海人民出版社，2002.

［79］唐德华. 知识产权案例实录与解析精要［M］. 北京：研究出版社，2002.

［80］王越飞. 知识产权疑难案例精析［M］. 北京：人民法院出版社，2006.

［81］邵建东. 德国反不正当竞争法研究［M］. 北京：中国人民大学出版社，2001.

［82］戴建志、陈旭主编：知识产权损害赔偿研究［M］. 北京：法律出版社，1997.

［83］［美］威廉·M. 兰德斯、理查德·A. 波斯纳. 知识产权法的经济结构［M］. 金海军译. 北京：北京大学出版社，2005.

［84］［美］约翰·E. 克里贝特等. 财产法：案例与材料［M］. 7版. 齐东祥等译. 北京：中国政法大学出版社，2003.

［85］［日］野村稔. 刑法总论［M］. 全理其，何力译. 北京：法律出版社，2001.

［86］［日］曾根威彦. 刑法学基础［M］. 黎宏译. 北京：法

律出版社，2005.

［87］［日］小野清一郎．犯罪构成要件理论［M］．王泰译．北京：中国人民公安大学出版社，2004.

［88］［日］西原春夫．刑法的根基与哲学［M］．顾肖荣等译．北京：法律出版社，2004.

［89］［日］大塚仁．犯罪论的基本问题［M］．冯军译．北京：中国政法大学出版社，1993.

［90］［日］大塚仁．刑法概说（总论）［M］．冯军译．北京：中国人民大学出版社，2003.

［91］［日］泷川幸辰．犯罪论序说［M］．王泰译．北京：法律出版社，2005.

［92］［意］杜里奥·帕多瓦尼．意大利刑法学原理［M］．陈忠林，译评．北京：中国人民大学出版社，2004.

［93］［苏］А·Н.特拉伊宁．犯罪构成的一般学说［M］．北京：中国人民大学出版社，1958.

［94］［德］汉斯·海因里希·耶赛克、托马斯·魏根特．德国刑法教科书［M］．徐久生译．北京：中国法制出版社，2001.

［95］［美］道格拉斯·N.胡萨克．刑法哲学［M］．谢望原等译．北京：中国人民公安大学出版社，2004.

［96］［英］J·C.史密斯、B.霍根．英国刑法［M］．陈兴良等译．北京：法律出版社，2000.

［97］［日］西田典之．日本刑法各论［M］．刘明祥，王昭武译．武汉：武汉大学出版社，2005.

［98］［美］罗伯特·P.墨杰斯等．新技术时代的知识产权［M］．齐筠等，译．北京：中国政法大学出版社，2003.

二、论文类

［1］王鹏祥．侵犯商业秘密罪若干问题探析［J］．特区经济，2006（5）.

［2］陈哲勇，黄明儒．犯商业秘密罪构成要件论析［J］．沈

阳工程学院学报：社会科学版，2006（2）.

　　［3］申伶，姜道余．侵犯商业秘密罪的构成与认定［J］．唯实，2006（5）.

　　［4］陈秋．论过失不是侵犯商业秘密罪的罪过形式［J］．广西警官高等专科学校学报，2006（1）.

　　［5］谭瑞．对侵犯商业秘密罪刑罚配置的理性思考［J］．四川警官高等专科学校学报，2006（1）.

　　［6］陈小彪，曾庆云．侵犯商业秘密罪立法完善探析［J］．黑龙江省政法管理干部学院学报，2006（2）.

　　［7］张华．自诉程序中侵犯商业秘密罪认定的若干问题——兼评周智平，杨俊杰等侵犯商业秘密自诉案［J］．法律适用，2006（Z1）.

　　［8］童刚朝．一起由员工跳槽引发的侵犯商业秘密罪案件［J］．法制与经济，2005（10）.

　　［9］王炳宽．侵犯商业秘密罪的重点问题研究［J］．中国检察官，2005（6）.

　　［10］侯丽君，张光君．侵犯商业秘密罪的罪过形式之辨［J］．重庆文理学院学报：社会科学版，2005（6）.

　　［11］刘斯凡．略论知识产权视角下侵犯商业秘密罪的客体［J］．河南省政法管理干部学院学报，2005（6）.

　　［12］黄凯．侵犯商业秘密罪客观行为的理解与认定［J］．检察实践，2005（5）.

　　［13］张春喜，魏颖华．论侵犯商业秘密罪的"重大损失"［J］．河南省政法管理干部学院学报，2005（4）.

　　［14］韩宁，赵亚云．如何认定侵犯商业秘密犯罪的重大损失［J］．江苏警官学院学报，2004（4）.

　　［15］陈国凤．浅析侵犯商业秘密罪［J］．甘肃政法成人教育学院学报，2005（3）.

　　［16］陈哲勇．侵犯商业秘密罪概念辨析［J］．湖北省社会主义学院学报，2005（3）.

［17］杨志国．侵犯商业秘密罪未遂形态辨析［J］．中国刑事法杂志，2005（3）．

［18］丁海鹏．从一起案例谈侵犯商业秘密罪的认定［J］．北京人民警察学院学报，2005（3）．

［19］黄磊．浅议侵犯商业秘密罪的罪过形式［J］．和田师范专科学校学报，2005（2）．

［20］蒋蓉．浅谈侵犯商业秘密罪的立法缺陷及其完善［J］．特区经济，2005（3）．

［21］李文，祝捷．侵犯商业秘密罪相关问题探析［J］．山东审判，2005（1）．

［22］王俊民，李飞，赵宁．侵犯商业秘密罪若干问题三人谈［J］．中国刑事法杂志，2005（1）．

［23］杨秀英．侵犯商业秘密罪的研究［J］．浙江工商大学学报，2004（6）．

［24］邱素琴．侵犯商业秘密罪的法律适用［J］．法律适用，2004（12）．

［25］王钰．对侵犯商业秘密罪的几点认识［J］．烟台教育学院学报，2004（1）．

［26］田宏杰，王立君．侵犯商业秘密罪的对象研究［J］．政法学刊，2004（2）．

［27］李建民．论侵犯商业秘密罪的认定［J］．上海公安高等专科学校学报，2004（1）．

［28］刘军．侵犯商业秘密罪辨析［J］．人民检察，2004（9）．

［29］陈洪兵．侵犯商业秘密罪疑难问题研究［J］．临沂师范学院学报，2004（5）．

［30］杜宪苗，刘文涛．侵犯商业秘密罪的客观方面［J］．开封大学学报，2004（2）．

［31］曾志华．关于侵犯商业秘密罪立法上若干问题的思考［J］．四川教育学院学报，2004（7）．

[32] 于乾龙．析侵犯商业秘密罪之界定 [J]．辽宁公安司法管理干部学院学报，2004（3）．

[33] 赵永红．侵犯商业秘密罪危害结果的认定 [J]．人民检察，2004（7）．

[34] 寇占奎，刘娟．论侵犯商业秘密罪 [J]．中南民族大学学报（人文社会科学版）[J]．2004（1）．

[35] 孙晓红．关于侵犯商业秘密罪法律问题的几点思考 [J]．河南省政法管理干部学院学报，2003（6）．

[36] 李富友．侵犯商业秘密罪的罪过形式探讨 [J]．时代法学，2003（2）．

[37] 李文玉．侵犯商业秘密罪探析 [J]．政法学刊，2003（2）．

[38] 李富友．侵犯商业秘密罪的法条竞合问题探讨 [J]．政法论丛，2003（3）．

[39] 李希慧，刘斯凡．侵犯商业秘密罪的立法缺陷及其弥补 [J]．河南省政法管理干部学院学报，2003（3）．

[40] 王学良．浅析侵犯商业秘密罪 [J]．山西高等学校社会科学学报，2003（10）．

[41] 朱宇晖．侵犯商业秘密罪主观内容的分析——兼论"应知"的刑法学意义 [J]．江南论坛，2003（6）．

[42] 杜薇．侵犯商业秘密罪客观构成要件透析 [J]．安徽警官职业学院学报，2003（3）．

[43] 彭思彬．再论侵犯商业秘密罪的构成要件 [J]．广西政法管理干部学院学报，2003（S1）．

[44] 刘源．试析侵犯商业秘密罪 [J]．甘肃政法成人教育学院学报，2003（3）．

[45] 彭学龙，崔明霞．商业秘密权的知识产权属性 [J]．中南财经政法大学学报，2002（4）．

[46] 周光权．侵犯商业秘密罪疑难问题研究 [J]．清华大学学报：哲学社会科学版，2003（5）．

［47］杜国强．侵犯商业秘密罪罪过形式探析［J］．知识产权，2002（3）．

［48］俞利平，刘柏纯．侵犯商业秘密罪疑难问题探讨［J］．政法学刊，2002（6）．

［49］胡建华．浅析刑法设置第三人侵犯商业秘密罪［J］．宜宾学院学报，2002（5）．

［50］周正．关于侵犯商业秘密罪的法律思考［J］．苏州市职业大学学报，2002（2）．

［51］朱连祥．侵犯商业秘密罪的认定及法律适用［J］．山东公安专科学校学报，2002（3）．

［52］陈山．浅析刑法设置第三人侵犯商业秘密罪［J］．成都行政学院学报，2002（2）．

［53］寇占奎．侵犯商业秘密罪罪过形式只能为故意［J］．人民检察，2002（6）．

［54］田玉敏，张雅光．侵犯商业秘密罪的认定［J］．经济论坛，2002（10）．

［55］李晓明，辛军．对侵犯商业秘密罪的再研究［J］．法学，2002（6）．

［56］杨凯．析侵犯商业秘密罪的定义与构成要件［J］．湘潭大学社会科学学报，2001（1）．

［57］江勇．论侵犯商业秘密罪［J］．四川教育学院学报，2001（9）．

［58］傅朝霞．试谈侵犯商业秘密罪的立法完善［J］．广西政法管理干部学院学报，2001（2）．

［59］赵欣．略论侵犯商业秘密罪［J］．贵州警官职业学院学报，2001（3）．

［60］糜方强．侵犯商业秘密罪中侵犯他人技术信息之司法认定［J］．公安学刊－浙江公安高等专科学校学报，2001（6）．

［61］何正泉．论间接侵犯商业秘密罪的主观方面［J］．中南民族学院学报：人文社会科学版，2001（5）．

[62] 王庆民．认定侵犯商业秘密罪应注意的几个问题［J］．检察实践，2000（4）．

[63] 林文生．关于侵犯商业秘密罪若干问题的探讨［J］．知识产权，2000（4）．

[64] 徐祝．侵犯商业秘密罪若干问题探讨［J］．浙江省政法管理干部学院学报，2000（1）．

[65] 邢雨．侵犯商业秘密罪及立法完善［J］．行政与法，2000（2）．

[66] 吴光侠．浅谈侵犯商业秘密罪的几个问题［J］．聊城师范学院学报：哲学社会科学版，2000（2）．

[67] 林亚刚．侵犯商业秘密罪再探［J］．法制与社会发展，2000（1）．

[68] 游伟，张本勇．侵犯商业秘密罪的认定及诉讼问题［J］．人民司法，2000（3）．

[69] 薛啸．对商业秘密与侵犯商业秘密罪的几点认识［J］．公安研究，1999（4）．

[70] 张群．侵犯商业秘密刑事责任追究［J］．工商行政管理，1995（21）．

[71] 杨毓显．论侵犯商业秘密罪的几个问题［J］．云南大学学报：法学版，1999（4）．

[72] 龙洋．侵犯商业秘密罪辨析［J］．西安政治学院学报，1999（5）．

[73] 朱华池．关于侵犯商业秘密罪的两个问题［J］．武汉大学学报：人文社会科学版，1999（5）．

[74] 郭文姬．论侵犯商业秘密罪［J］．湖南省政法管理干部学院学报，1999（3）．

[75] 田立文，赵传保．"二王"的行为构成侵犯商业秘密罪［J］．人民司法，1999（2）．

[76] 张成法．侵犯商业秘密罪与泄露国家秘密罪比较研究［J］．理论界，1998（6）．

[77] 王登霄．侵犯商业秘密罪刍议［J］．科技与法律，1998（4）．

[78] 聂洪勇．论我国新刑法中的侵犯商业秘密罪［J］．甘肃政法学院学报，1998（3）．

[79] 屈学武．侵犯商业秘密罪研讨［J］．法学杂志，1998（5）．

[80] 庞良程．侵犯商业秘密罪的认定及司法效应［J］．人民检察，1998（2）．

[81] 胡康宁．试论侵犯商业秘密罪［J］．云南大学学报：法学版，1997（3）．

[82] 詹复亮．侵犯商业秘密罪若干问题探析［J］．人民检察，1997（9）．

[83] 张宇润，杨勇．侵犯商业秘密罪初探［J］．人民检察，1996（8）．

[84] 翟中东．谈侵犯商业秘密权的行为种类［J］．河北法学，1994（4）．

[85] 汤友洪，胡朗民．侵犯商业秘密罪初探［J］．人民司法，1994（9）．

[86] 王睿．侵犯商业秘密刑事诉讼管辖探究［J］．南京政治学院学报，2006（1）．

[87] 单海玲．我国商业秘密刑事救济困境的成因分析与对策研究［J］．法律适用，2006（Z1）．

[88] 王俊民．侵犯商业秘密刑事诉讼证明规则新探［J］．政治与法律，2005（2）．

[89] 李华鹏．保护知识产权慎用刑法．聚焦"商业秘密的刑事法律保护研讨会"［J］．中国律师，2004（12）．

[90] 李闽．商业秘密权的保护与限制［J］．科技与法律，1996（4）．

[91] 喻晓玲．论我国商业秘密的刑事法律保护［J］．江西财经大学学报，2001（3）．

[92] 赵小军.自主择业权与商业秘密权的冲突与衡平 [J].政法学刊,2006（1）.

[93] 黄锡生.论我国竞业禁止制度的完善——商业秘密权与劳动权的冲突和平衡 [J].重庆大学学报,2005（8）.

[94] 姜振颖.论商业秘密权的内容及其权利限制 [J].中州学刊,1997（3）.

[95] 张保红.浅析商业秘密权的定义和法律属性 [J].玉溪师范学院学报,2005（8）.

[96] 付慧姝.论商业秘密权的性质 [J].南昌大学学报:人文社会科学版,2005（2）.

[97] 王铁梅.商业秘密权及其法律属性 [J].山西大学学报:哲学社会科学版,2005（1）.

[98] 赵学强.专利权与商业秘密权立法价值取向的冲突研究 [J].政法论丛,2004（6）.

[99] 徐桂元.试论商业秘密权与侵权行为的认定 [J].黑龙江省政法管理干部学院学报,2004（5）.

[100] 董新凯.职工侵犯商业秘密权的法律问题 [J].法学,2004（1）.

[101] 张成立.论商业秘密权 [J].哈尔滨学院学报,2003（7）.

[102] 王海利.商业秘密权的具体权利 [J].科技成果纵横,2002（1）.

[103] 郭世栈.试论商业秘密权及其法律特征 [J].知识产权,2001（3）.

[104] 徐朝贤.商业秘密权初探 [J].现代法学,2000（6）.

[105] 周宇.侵犯商业秘密犯罪侦查中的几个认识问题 [J].江苏警官学院学报,2003（5）.

[106] [日] 神山敏雄.侵害企业秘密的犯罪 [J].现代外国哲学社会科学文摘,陆一心译,荣颂安校译.1997（4）.

　　［107］马骊华．商业秘密及其刑法保护［J］．贵州省政法管理干部学院学报，1999（3）．

　　［108］许双全，郝建志．侵犯商业秘密行为的界定［J］．经济论坛，2004（12）．

　　［109］崔金路，王学兴．浅谈商业秘密的构成要件［J］．渝西学院学报：社会科学版，2005（3）．

　　［110］邱平荣，欧阳仁根．论对商业秘密保护的限制［J］．政法论坛，1997（4）．

　　［111］王晓丹，李见刚．关于侵犯商业秘密的损失认定［J］．当代经济，2004（9）．

　　［112］寇占奎，许振台．TRIPS 协议中未披露信息与我国商业秘密构成要件的比较［J］．经济论坛，2002（21）．

三、学位论文类

　　［1］梁秋花．侵犯商业秘密罪研究［D］．桂林：广西师范大学，2005.

　　［2］李草原．论侵犯商业秘密罪［D］．长春：吉林大学，2002.

　　［3］王万琼．侵犯商业秘密罪研究［D］．成都：四川大学，2004.

　　［4］高文斌．论我国侵犯商业秘密罪的罪刑配置［D］．北京：对外经济贸易大学，2004.

　　［5］马静波．侵犯商业秘密罪研究［D］．黑龙江：黑龙江大学，2004.

　　［6］刘斯凡．侵犯商业秘密罪研究［D］．武汉：武汉大学，2004.

　　［7］刘晓．侵犯商业秘密罪的若干问题探讨［D］．武汉：华中师范大学，2004.

　　［8］尹学东．侵犯商业秘密罪研究［D］．成都：四川大学，2003.

[9] 廖芳．论侵犯商业秘密罪［D］．湘潭：湘潭大学，2001.

[10] 李建民．论侵犯商业秘密罪［D］．重庆：西南政法大学，2003.

[11] 高荣林．侵犯商业秘密罪若干法律问题研究［D］．北京：中国政法大学，2003.

[12] 姜跃红．试论侵犯商业秘密罪［D］．北京：中国政法大学，2003.

[13] 辛军．加入WTO后对侵犯商业秘密罪的再研究［D］．苏州：苏州大学，2003.

[14] 陈一娜．论我国商业秘密的刑事保护［D］．北京：对外经济贸易大学，2003.

[15] 许玲．论商业秘密的刑事保护［D］．苏州：苏州大学，2002.

[16] 许建兵．商业秘密权民事法律保护研究［D］．苏州：苏州大学，2004.

[17] 王铁梅．论商业秘密权的民法保护［D］．太原：山西大学，2005.

[18] 吴海微．商业秘密权研究［D］．长春：吉林大学，2005.

[19] 黄培芳．论对商业秘密权的法律保护［D］．厦门：厦门大学，2002.

后　记

　　本书是在我的同名博士论文《侵犯商业秘密罪》的基础上修改而成的。

　　在论文写作过程中，导师许发民教授给予了悉心指导，从选题、构思到修改、定稿无不凝聚着导师的心血。导师以其高尚的人格风范、严谨的治学态度和孜孜不倦的探索精神为我树立了做人做学问的榜样。

　　衷心感谢马克昌教授、莫洪宪教授、刘明祥教授、李希慧教授、林亚刚教授、康均心教授、刘艳红教授以及皮勇、陈家林、叶小琴等老师。马先生八十高龄，还亲自给我们授课，给我们传授为人处世之道，非常关心年轻人的成长与发展，令我们非常感动，更让我们受益匪浅。莫老师一直慈母般无私地关心我们、鼓励我们、支持我们，令我们终身难忘。林老师、康老师等诸位老师从我们进校到毕业，一直非常关心我们的学业和工作，在此深表感谢。

　　衷心感谢我的硕士生导师湘潭大学法学院的李交发教授，导师渊博的学识、高尚的师德、坦荡宽厚和淡泊名利的为人永远值得我们学习。

　　读博期间，有幸能与众多师兄弟姐妹相聚相知，共图学业，在此深表怀念和感谢。

　　在论文评阅和答辩过程中，陈兴良教授、刘志伟教授、黎宏教授、赵廷光教授、贾宇教授、夏勇教授、齐文远教授对论文提出了许多宝贵意见，在此深表感谢。

　　衷心感谢上海交通大学法学院的领导和同事们，他们为我提供了一个宽松自由的工作环境，使我得以顺利修改论文并交付出版。

　　衷心感谢我曾经工作过的江西省洪城监狱、广东省佛山市中级人民法院的领导和同事们，在我工作与求学兼顾的历程中，他们都以各种方式给予过我诸多支持和帮助。

　　本书的出版得到了武汉大学马克昌法学基金会的全额资助以及武汉大学出版社的大力支持，尤其是郭园园老师的大力帮助，在此深表敬意和感谢。

周铭川

二OO八年五月于上海

图书在版编目(CIP)数据

侵犯商业秘密罪研究/周铭川著.—武汉:武汉大学出版社,
2008.12
武汉大学刑法学博士文库
ISBN 978-7-307-06610-6

Ⅰ.侵…　Ⅱ.周…　Ⅲ.商业—保密—经济犯罪—研究—中国
Ⅳ.D924.334

中国版本图书馆 CIP 数据核字(2008)第 164324 号

责任编辑:白绍华　　责任校对:黄添生　　版式设计:马　佳

出版发行:**武汉大学出版社**　(430072　武昌　珞珈山)
　　　　(电子邮件:cbs22@whu.edu.cn　网址:www.wdp.com.cn)
印刷:湖北省荆州市今印印务有限公司
开本:880×1230　1/32　印张:8.375　字数:229 千字　插页:2
版次:2008 年 12 月第 1 版　　2008 年 12 月第 1 次印刷
ISBN 978-7-307-06610-6/D·843　　定价:18.00 元

武汉大学
刑法学
博士文库

书 目

不作为犯研究

量刑的基本理论研究

刑事责任的一般理论

犯罪过失研究

结果加重犯基本理论研究

正当防卫论

死刑限制论

电子商务领域犯罪研究

帮助犯研究

中国死缓制度的理论与实践

刑法的社会文化分析

共同正犯研究

身份犯研究

犯罪客体研究

间接故意研究

实行行为研究

侵犯商业秘密罪研究

论金融安全的刑法保护